D. G. R. Findeisen • Sport, Psyche und Immunsystem

D. G. R. Findeisen

Sport, Psyche und Immunsystem

Über die Zusammenhänge zwischen physischem und psychischem Wohlbefinden

FRIELING

Anschrift des Verfassers:
Prof. Dr. med. Dr. h.c. D. G. R. Findeisen
Mozartweg 8 - 10
D-14532 Kleinmachnow

Die Deutsche Bibliothek – CIP-Einheitsaufnahme
Findeisen, D. G. R.:
Sport, Psyche und Immunsystem: über die Zusammenhänge zwischen physischem und psychischem Wohlbefinden / D. G. R. Findeisen.
Orig.-Ausg., 1. Aufl. –Berlin: Frieling, 1994
(Frieling-Medizin)
ISBN 3-89009-571-2

Hünefeldzeile 18, D-12247 Berlin
Telefon: 0 30 / 7 74 20 11

ISBN 3-89009-571-2
1. Auflage 1994

Inhaltsverzeichnis

Einführung

Neue psychoimmunologische Erkenntnisse zum gesundheitsbezogenen „Wie man's treibt, so geht's" und zu verschiedenartigen Erfolgserlebnissen

Schon seit langem ahnten wir das Bestehen enger Zusammenhänge zwischen körperlichen und seelisch-geistigen Funktionen. Aber erst seit Beginn der achtziger jahre unseres Jahrhunderts ist die starke Wechselwirkung zwischen den körperlichen, insbesondere auf die Abwehrkräfte (Immunsystem) zielenden, und das Fühlen und Denken betreffenden (psychoimmunologischen) Vorgänge, wissenschaftlich-experimentell belegt. Der menschliche Organismus als ein „Mikrokosmos" steht demnach mit dem „Makrokosmos" und in diesem wirkenden Elementen, in einer sehr engen (biopsychosozialen) Verbindung. Letztlich beruht darauf auch der Wahrheitsgehalt des geläufigen „Wie man's treibt, so geht's".

Historisch gesehen sind hier seit Jahrtausenden die mit analogem Fühlen, Denken und Tun korrelierenden Paradigmen, beispielsweise des altchinesischen Yin und Yang, also die Kräfte des „Innen" bzw. Weiblichen und des „Außen" bzw. Männlichen, voll einbezogen in das für gesundheitliches Wohlbefinden und hohe physische und psychische Leistungsfähigkeit prägende selbstorganisierende menschliche System. Somit ist es keineswegs Zufall, daß bereits vor 2600 Jahren der Philosoph Laotse, in seinem „Tao te king" das Universum als eine Verkörperung der „ewigen Mutter" beschrieb und das Bemühen forderte, mit dem Leben zu harmonisieren, indem wir danach trachten, dem „sanften Weg der Natur" zu folgen.

Dies steht in offensichtlichem Widerspruch etwa zur biblischen „Vaterreligion" mit ihrer Betonung von Autorität und Herrschaft über die Natur, deren Folgen in allen Gebieten unseres Lebens wir begegnen, nicht allein im ökologischen (einschließlich ökoimmunologischen) Bereich. Entgegen die Bereiche unseres Daseins prägenden – bei streng Gläubigen ebenso wie bei Atheisten – autoritäten Denkmodelle, bilden aus traditionell-altchinesischer Sicht so scheinbar antagonistische, grundsätzlich aber gleichwertige Kräfte Yin (z. B. Gefühl, Herz, inneres Selbst, rechte Gehirnhälfte, Praxis, Materie, Entspannung, Liebe) und des Yang (Bewußtsein, Verstand, Außenorientierung, linke Gehirnhälfte, Geist, Theorie, Anspannung, Sex usw.) eine sich gegenseitig bedürfende Einheit. Naturgemäß verhält es sich sehr ähnlich beim sehr dynamischen und stetig wechselnden Verhältnis nach eigenem Gleichgewicht auf dem Wege unterschiedlich begründeter Erfolgserlebnisse, etwa (aber nicht nur!) beim bewußt sein Leben gestaltenden Sportler mit Zuwendung sowohl zur „Zeit“ als auch zum „Ort“. Ein durch Kenntnis, Erfahrung und Kritik Ausgewiesener vermag aus dem Chaos lebensbereichernde Ordnung schaffen. Einseitigkeit führt hingegen gewöhnlich zu Gleichgewichtsstörung, wie jede Tugend zu Laster entartet, wenn man sie übertreibt.

In diesem Zusammenhang erscheint auch erwähnenswert, daß die das Yin-Yang-Kräftepaar – sowohl die im Makrokosmos als auch die in den Mikrokosmen – alles verbindende und umfassende Energie, als das „Chi“, das darin ennthaltene Leben als „Tao“ (Weg) bezeichnet werden. Dabei ist das „Chi“ z. B. einbezogen in die Aus- und Einatmung, in die menschlichen Emotionen, aus heutiger Sicht die gegenwärtig im umfassendsten Sinn als „psychoneuroimmunoendokrinologisch“ bezeichneten Prozesse. Erinnert mann sich hier nicht auch an den überaus dialektischen Ausspruch eines Friedrich Dürrenmatt: „Gott sei Dank hatte ich Zucker [Diabetes, Verf.], sonst wäre ich an meiner Gesundheit schon längst gestorben.“?

Solches dem Menschen vorbehaltene Werteerleben, mit von der rein naturwissenschaftlich geprägten, auf der Newtonschen Physik basierenden „reduktionistischen“ Medizin bis in unsere Tage leider noch häufig vernachlässigten „psychosomatischen“ Einflüsse auf Gesundheit und Krankheit, wird gegenwärtig besonders auffällig an der fachspezifischen und individuellen Bewertung bzw. Aufarbeitung von „Streß“ verdeutlicht. Gerade aus sportimmunologischer Sicht zeigt sich hier der enge Zusammenhang zwischen Seele, Vertand sowie Wille und Motivation auf der einen, Organfunktion, Kräftekonstellation bzw. hormonelle Vorgänge und Immunsystem auf der anderen Seite. Hier offenbart sich sportimmunologisch ein individuell sehr unterschiedliches, kenntnis- und motivationsrelevantes Erleben körperlicher sowie seelischer Belastungen. Bezeichnend dafür waren eigene Untersuchungen insbesondere bei Lehrerinnen bzw. weiblichen Dozenten im Hochschulbereich: Mit teilweise erschreckender Deutlichkeit mußte hier ermittelt werden, daß überwiegend bei sportlicher Inaktivität jegliche, d. h. auch kaum nennenswerte Belastung, nahezu „gesetzmäßig“ als „ständiger Streß“ verbal und damit mental-emotional abqualifiziert wurde. Es steht dies leider in voller Übereinstimmung mit dem gegenwärtig geradezu inflationären Mißbrauch des Streßbegriffes eines H. Selye (1907–1982).

In den folgenden Kapiteln dürfte dem aufmersamen Leser transparent und er darüber hinaus befähigt werden, daß bzw. wie ein sowohl fitneß- als auch gesundheitsfördernder Ausgleich gerade bei besonders belastendem Erleben (als Manager, Lehrer, Sportler, Student u. dgl.) herstellbar, ja erforderlich ist. Bereits hier soll das regelmäßige Betreiben nicht irgendeiner, sondern einer Ausdauersportart als methodisch sehr relevant bei der anzustrebenden (psychoneuroimmunoendokrinologischen) Harmonisierung betont werden. Gerade dem einseitig beruflich Belasteten kommt regelmäßiges, wöchentlich mehrmaliges leicht anstrengendes Laufen (Joggen) besonders zugute, ist für ihn am „passendsten" mit der Eigenschaft wirklichen Glücksgefühls („Glück", altdeutsch „Gelücke" = in eine Lücke passend), mündet ein in psychophysischen (Eu-)Streß, nicht selten mit regelrechten Lustgefühlen („runners high" als Folge der Freisetzung sogenannter endogener Opioide, teilweise verbunden mit 30prozentiger Steigerug der Hirndurchblutung).

Fraglos werden künftige Untersuchungen ergeben – die psychoimmunologische Forschung steht hier noch völlig am Anfang –, daß entgegengesetzt verlaufenden Entwicklungen nach Art des (Di-)Streß, in seiner Extremform bei Vereinsamung mit konsekutiver Krebskrankheit, auf entsprechende Weise präventiv begegnet werden kann. Nur kurz erwähnt sei an dieser Stelle noch der sakrale Tanz: Durch das Zusammenspiel von Bewegung und Musik wird ebenso fromme Hingabe wie eigene Sinnlichkeit – entfernt von einer päpstlich-offiziell zu Unrecht verpönten Sexualität – erfahren und zum Ausdruck gebracht. Anstelle von Ängsten erlebt die/der Tanzende in sich selbst beglückende Geborgenheit.
Vielfache Bestätigung findet der heiße Draht zwischen Körper und Seele bzw. das zwischen Immunsystem und Zentralnervensystem bestehende Netzwerk, durch den Erfolg regelmäßiger Entspannungsübungen mit Hilfe von Yoga sowei vor allem mittels Autogenen Trainings. Gleichfalls unverzichtbar sind somit die mehrmals täglich nur wenige Minuten kostenden Entspannungsübungen für den „modernen Menschen" unserer Zeit, der ein Höchstmaß von angespannter Tätigkeit zu erbringen hat und in deren Verlauf er die lebensnotwendigen Ruhe- und Entspannungsphasen glaubt ignorieren zu dürfen, mit den bekannten Folgen massiver Gesundheitsschäden an den verschiedenen Organsystemen, namentlich Herz- und Kreislauf sowie Atmung.

In den folgenden Kapiteln wird nun zu zeigen versucht, wie auf vielgestaltige Weise, insbesondere auf molekularbiologischer Ebene, es über das „Ohr" des Gehirns für „Sprachmoleküle" des immunsystems, zum Dialog des bestehenden Leib-Seele-Verhältnisses zwischen Zentralnervensystem und Immunsystem kommt und auf welche Weise sich dieser vor allem in

Richtung Fitneß und Gesundheit zu artikulieren vermag. Psychosomatisch, vor allem aber sportimmunologisch wird nachweibar, wieso psychophysisches Wohlbefinden, vor allem im Verlauf und Ergebnis sportlicher Tätigkeit – namentlich in Gestalt moderaten Ausdauersports in Verbindung mit Autogenem Training (vgl. „Dreiklangstrategie") – aufs eindeutigste des Immunsystem zu stimulieren vermag.

Der Mensch als biopsychosoziales Wesen vermag demnach mit entsprechender Methodik auf entscheidende Weise Einfluß zu nehmen auf seine Gesundheit, seine Leistungsfähigkeit und sein Wohlbefinden. Es liegt fraglos in eines jeden Hand, der Aufgabe und Verheißung gerecht zu werden, daß – entsprechend erwähntem Yin-Yang-Paradigma – „der" Sport und „die" Gesundheit ein beglückendes Leib-Seele-Verhältnis einzugehen vermögen.

TEIL I

Anatomische und funktionelle Grundlagen sporlichen Übens

Kapitel 1

Zelluläres Niveau und Anpassungsvorgänge des Stütz- und Bewegungsapparates

Sportliches Üben (insbesondere natürlich im Bereich des im folgenden nur am Rande interessierenden Hochleistungssportes) stellt beachtliche und damit wissenswerte Anforderungen an den aktiven und passiven Stütz- und Bewegungsapparat. So kann in den Beingelenken bereits bei durchschnittlichen Belastungen, also im Alltagsgeschehen, ein Druck von mehreren hundert kg erreicht werden, beispielsweise an den Kniegelenken. Die Beschleunigungskräfte beim plötzlichen Abbremsen einer schnellen Bewegung können 1000 kp und mehr betragen. Sportunfälle, auf die noch näher einzugehen sein wird (vgl. Teil II, Kapitel 4 und 5, Teil III, Kapitel 4), führen daher zumeist zu – *grundsätzlich vermeidbaren* – Verletzungen der Weichteile des Bewegungssystems. Deren sachgemäße Behandlung besteht in erster Linie in der Unterstützung der uns hier interessieren natürlichen Gewebsprozesse, z.B. bei Blutungen in Form von Kompression und Hochlagerung.

Zellkern und biologische Membranen

Der in ständiger *Auseinandersetzung* mit der ihn umgebenden *Umwelt stehende menschliche Organismus* gliedert sich in eine Vielzahl von morphologisch und funktionell unterscheidbaren Organen und Geweben. Deren Zellen weisen bereits alle *Merkmale der lebenden Materie* auf: Stoffwechsel, Reizbarkeit, Wachstum, Vermehrung und Beweglichkeit. Die nach einem bei der Befruchtung des Eis festgelegten genetischen Bauplan aus der Eizelle hervorgegangenen Zellen werden nach dem Organ bezeichnet, an dessen Bildung sie beteiligt sind: Muskelzellen, Bindegewebszellen, Nervenzellen usw. Alle Zellen besitzen trotz ihrer nach Form und Funktion deutlichen Differenzierung prinzipiell den gleichen genetisch festgelegten Bauplan. In jedem Fall schließt die Anpassung des Organismus als Trainingsfolge Elementarvorgänge ein. Da wir bereits zahlreiche *Anpassungsvorgänge* bis auf Zellniveau verfolgen können, bedarf es für ein ausreichendes Verständnis von Trainingsreizwirkungen bestimmter Kenntnisse der sich in

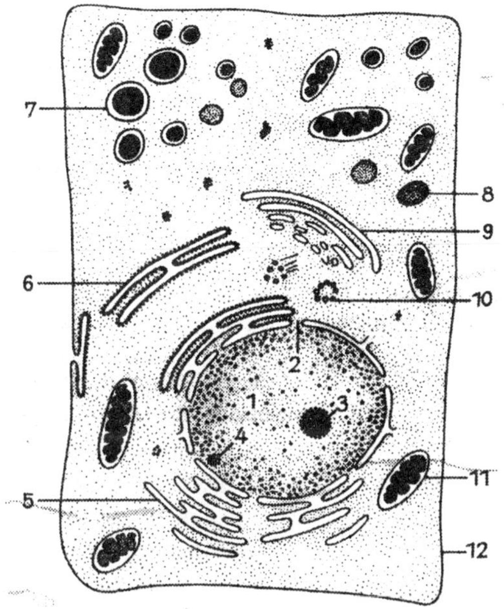

Abbildung 1: Schematische Darstellung des Aufbaus einer tierischen Zelle (nach elektronenmikroskopischen Aufnahmen)
1 Kern, 2 Kernpore, 3 Kernkörperschen, 4 Kernmembran, 5 endoplasmatisches Retikulum ohne Ribosomen, sog. glattes endoplasmatisches Retikulum, 6 mit Ribosomen, sog. rauhes endoplasmatisches Retikulum, 7 paraplasmatische Einschlüsse (Fetttröpfchen, Glykogen), 8 Lysosomen, 9 GOLGI-Komplex, 10 Zentriol, 11 Mitochondrien, 12 Zellmembran
Nach Hirsch u. Mitarb. In D. G. R. Findeisen u. Mitarb. (1980).

der Zelle abspielenden funktionellen Ereignisse. Abbildung 1 zeigt in schematischer Darstellung den Aufbau einer tierischen Zelle, wobei zugleich zum Ausdruck kommt, daß die Elektronenmikroskopie mit ihrem Auflösungsvermögen bis zu 0,3 nm eine wesentliche Bereicherung unseres Wissens bewirkte. So konnte man erst seit etwa vier Jahrzehnten in die Ultrastruktur, also bis in die molekularen Dimensionen, eindringen.

Die sehr *unterschiedlich differenzierten Körperzellen* haben zugleich sehr *unterschiedliche Formen:* Neben runden, polyedrischen und zylindrischen Zellformen gibt es flache, platten- und sternartig mit langen Ausläufern versehene Zellen. Die durchschnittliche Größe menschlicher Körperzellen liegt bei 30 bis 70 µm, doch es gibt sowohl größere, als auch bedeutend kleinere Zellen. Mit 0,25 mm ist die Eizelle gerade noch mit bloßem Auge erkennbar. Die Länge des Ausläufers (Neurit) einer Nervenzelle kann mehr als 1 m betragen. Die chemische Zellausstattung ist weitgehend gleich bei gewissen Modifikationen entsprechend der Funktion. So stellt das für alle Lebensfunktionen unumgängliche *Wasser* mit 70 bis 90 % den *größten Anteil.* In diesem sind bestimmte Mengen *anorganischer Stoffe* gelöst. Außerdem finden sich hier Fette, Lipoide, Kohlenhydrate, Mukopolysacharide und Nukleinsäuren. Die *Proteine* als Hauptbestandteil der organischen Substanzen gelten als die

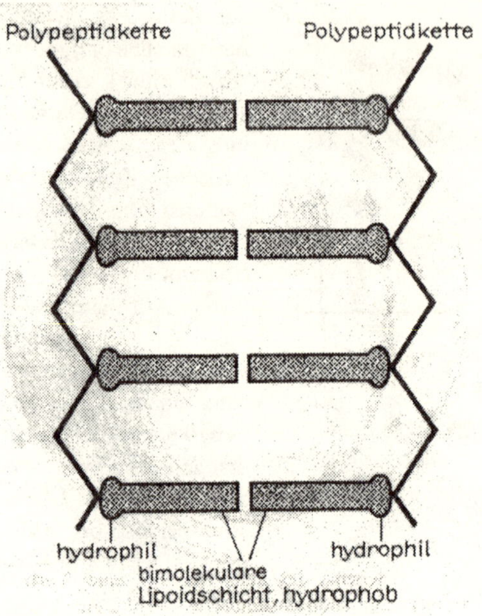

Abbildung 2: Schematische Darstellung einer biologischen Membran

eigentlichen *Träger der Lebensfunktionen.*

Die an der Zelloberfläche und an der Begrenzung der meisten *Zellstrukturen* (Zellorganellen) bestehenden Differenzierungen bezeichnet man als *biologische Membranen.* Sie haben die Aufgabe,

a) unterschiedliche Stoffwechselgebiete gegeneinander abzugrenzen (Kompartimentierung),

b) gerichteten Stoffaustausch zu sichern (Semipermeabilität),

c) Erregungen zu leiten.

Die *Zellmembran* grenzt die Zelle gegenüber ihrer Umgebung ab und ist annähernd 10 nm (= 10 Millionstel mm) stark. Elektronenmikroskopisch zeigt sie eine charakteristische Zweifachkontur, vgl. Abbildung 2. An der Zellmembran vollziehen sich ständig Diffusionsvorgänge, d.h. es treten wasserlösliche Stoffe durch präformierte Poren, wogegen der Durchsatz der fettlöslichen Substanzen durch ihre Löslichkeit in den sogenannten Lipidschichten bestimmt wird. Diese passive Diffusion läßt sich am physikalischen Modell der nur für bestimmte Stoffe durchlässigen „semipermeablen" Membran nachweisen.

Die *Aufnahme lebensnotwendiger Substanzen,* z.B. Nährstoffe, und die Abgabe von Zellprodukten, z.B. Sekrete, Hormone, werden durch aktive Transportmechanismen durch die Zellmembran (sogenannte Träger- oder Carriermechanismen) vorgenommen. Wesentlichen Anteil hat die Zellmembran auch an der Fähigkeit vieler Zellen zur tropfigen Aufnahme von Lösungen, der Pinozytose, des weiteren zur Phagozytose (Aufnahme geformter Partikel), die man besonders bei weißen Blutzellen und den sogenannten Gewebszellen beobachten kann.

Der *Zellkern* (Nukleus) findet sich grundsätzlich bei allen Zellen mit

Ausnahme der roten Blutkörperchen (Erythrozyten). Hier wird er während der Reifung abgebaut. Meistens ist er kugel- bis eiförmig, bei dem „Granulozyten“ genannten Teil der weißen Blutkörperchen mehrfach segmentiert. Die Größe liegt bei 5 bis 25 µm. Dabei besteht ein festes Verhältnis zwischen seiner Größe und der Menge des Zellplasmas, das eng mit der Kernaktivität korreliert (Kern-Plasma-Relation).

Nahezu in allen Zellen findet sich im Kern ein, zuweilen auch mehrere, stark lichtbrechende runde Körperchen, die *Nukleoli* von etwa 1 bis 2 µm. Sie steuern die Proteinzusammensetzung der Zelle, was an ihrer Vergrößerung bzw. mehrfachen Ausbildung in Zellen mit „hoher Proteinsynthese-Aktivität“ elektronenoptisch gut erkennbar ist. Das übrige Kernplasma ist im nativen Kern homogen, im fixierten Anteil gefärbt strukturiert. Partikel, die sich auf ungefärbtem Grund finden und durch basische Farbstoffe stark färbbar sind, werden als *Chromatin* bezeichnet, und größere Verdichtungen von Chromatinsubstanz nennt man Chromozentren. Sportmedizinisch von besonderem Interesse ist das *Chromozentrum*, das aus dem weiblichen Geschlechtshormon, dem X-Chromosom, hervorging und in weiblichen Körperzellen nachweisbar ist, zur *Geschlechtsbestimmung* sowie im Sport zur *Geschlechtskontrolle*, nutzbar wurde.

Das Material des Zellkerns, das *Chromatin*, besteht aus Nukleoproteiden (Grundbausteinen der Kernsäure), die das biochemische Substrat der Erbanlagen verkörpern. Ihren Hauptanteil stellen die Nukleinsäuren dar. Diese Kernsäuren sind aus miteinander verknüpften Einheiten von Eiweiß und Ribo- sowie Desoxyribonukleinsäure („RNS“, „DNS“) zusammengesetzt und bilden eine Ansammlung von Makromolekülen in Form kleiner, durch chemische Reaktion verbundener Moleküle („Polymerisat“).

Die Aufeinanderfolge der einzelnen Basen im Nukleinsäuremolekül stellt die Erbinformation dar, den sogenannten *genetischen Kode*. Im Zellplasma und im Kernkörperchen findet sich die RNS (Ribonukleinsäure), wogegen im Chromatin der Ribose ein Sauerstoffatom entzogen ist = DNS (Desoxyribonukleinsäure). Die DNS des Chromatin repräsentiert den ursprünglichen, vererbbaren Anlagenvorrat und kommt in der übrigen Zelle nicht vor. Dagegen gehört die RNS zu einem Überträgersystem, das die Erbinformation an die Orte der Synthese der einzelnen Zellstrukturen überträgt. Von weiterer großer Bedeutung ist hier, daß der Zellkern durch seinen DNS-Gehalt das Steuerzentrum der Proteinsynthese und damit des gesamten Stoffwechsels ist. Durch ihn wird die Ausbildung aller anderen Zellstrukturen bewirkt.

Die Zellorganellen

Von den hier interessierenden Struktureinschlüssen sind in erster Linie die *Mitochondrien*, die „Kraftwerke" tierischer und pflanzlicher Organismen zu nennen. Ihre Funktion besteht vor allem in der *aeroben Resynthese* des durch Zellvorgänge, wie Kontraktion, Sekretion usw. verbrauchten *Adenosintriphosphats* (ATP). Die Anzahl der Mitochondrien ist von Zelltyp

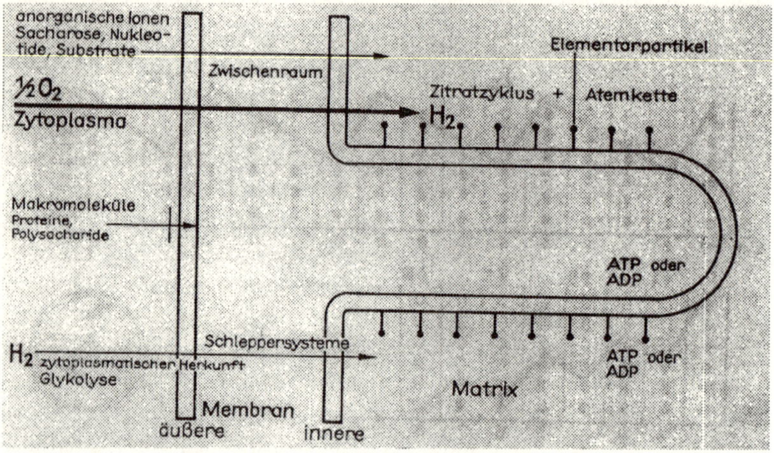

Abbildung 3: Funktionsbild des Mitochondriums (Aufschnitt).
Die sog. Elementarpartikel sind elektronenoptisch nachweisbare Enzymmoleküle. Biochemisch und mit Hilfe der Ultrahistochemie konnte der Nachweis erbracht werden, daß die Enzymsysteme spezifische Lokalisationen aufweisen. Außenmembran: Enzyme der Atemkette (NADH-Zytochchrom-c-Reduktase) und Synthetasen für Fettsäuren und Phospholipide. Zwischenraum: Adenylkinase und Schleppersysteme für die Einschleusung des zytoplasmatischen Wasserstoffs. Innenmenbran: Enzyme der Atmungskette und die größte Anzahl der im Zitratzyklus wirksamen Dehydrogenasen (Sukzinodehydrogenase). Die Matrix (von der Innenmembran umschlossen= enthält mitochondriale DNS und substratlösliche Enzyme des Zitratzyklus und der Fettsäureoxydation. Sowohl die Außen- als auch die Innenmembran sind für anorganische Ionen (K+, Na+, Mg++ u.a.) sowie für Sacharose, Nukleotide und andere Substrate durchlässig. Makromoleküle (Protein, Polysacharide) werden durch die Außenmembran zurückgehalten. Während der Sauerstoff entsprechend dem Konzentrationsgefälle vom Zytoplasma in das Mitochondrium eintritt, muß der zytoplasmatische Waserstoff mit Hilfe von Schleppern (Carrier) in das Zellorganell transportiert werden.
Nach Pieper. In D. G. R. Findeisen u. Mitarb. (1980).

zu Zelltyp unterschiedlich, dgl. ihre Lage. Ihre Funktion besteht

a) in der Oxydation von Substraten (Glukose, Fettsäuren),
b) Harnstoffsynthese,

c) Ionentransport zwischen Zytoplasma und Mitochondrien,

d) Synthese von RNS, DNS und Proteinen, weiteres vgl. Abbildung 3.

Bei *Stoffwechselstörungen* und anderen leistungsbegrenzenden Vorgängen wurden deutliche *Strukturveränderungen* an den Mitochondrien festgestellt, z.B. zu vorübergehenden Funktionsstörungen führende Vergrößerungen, die mit Permeabilitätsänderungen an den Membranen einhergingen. Dabei werden Veränderungen in der oxydativen Phosphorylierung bei Substratmangel (z.B. Hunger) oder Sauerstoffdefizit vermutet. Dies scheint nach erschöpfenden Belastungen im untrainierten Muskel vorzukommen. Der Mechanismus der *Überkompensation*, beispielsweise im Verlauf eines *Ausdauertrainings* mit Einschaltung ausreichender Erholungsphasen, läßt sich bis auf das Niveau der Zellorganellen verfolgen.

Den Zellorganellen sind noch die *Ribosomen* zuzurechnen. Es sind die 10 bis 15 nm große Einschlüsse, die vorwiegend aus Ribonukleinsäure sowie Protein bestehen und die Syntheseorte für Proteine sind. Der hier gleichfalls zu nennende *GOLGI-Apparat* setzt sich aus parallel angeordneten Membranpaaren und Bläschen zusammen. Dabei besitzen die Membranen eine hohe Stoffwechselaktivität. Von seinen Funktionen sei hier nur die auch sportrelevante Aufrechterhaltung der *Hydrostase*, d.h. des intrazellulären Wasserhaushalts, genannt. Zwischen dem GOLGI-Apparat und den *Lysosomen*, den Orten der intrazellulären Verdauung, bestehen enge funktionelle Beziehungen. So sind die Lysosomen vorwiegend Träger der hydrolytischen Enzyme, die so unterschiedliche Stoffgruppen, wie Glykogen, Mukopolysacharide, Lipide u.a. spalten.

Eine entscheidende Rolle bei der Zellteilung spielt das Zentriol oder Zentrosom, obwohl es ein sehr kleines Zellorganell von 0,3 µm x 0,15 µm ist. Vom *Paraplasma* (Zelleinschlüsse) wissen wir, daß es endogen im Ablauf des Zellstoffwechsels mit der Funktion eines Reserve- bzw. Nutzstoffs (z.B. Glykogen) entsteht, aber auch ein exogener Ballaststoff sein kann. Ständiger aktiver Paraplasma-Erzeuger ist das Drüsengewebe. Andere Gewebe, wie das Fettgewebe, vermögen erst durch ihren Gehalt an Paraplasma spezifische Funktionen zu erfüllen. Fett, Protein, Kohlenhydrate sowie eine Reihe anorganischer Stoffe sind die Bestandteile des Paraplasma, das sich in Körnchen-, Tropfen-, Schollen- oder auch in Kristallform manifestiert.

Hier nur genannt von den weiteren Zellorganellen seien die als *Metaplasma* bezeichneten spezifischen intrazellulären Strukturen. Typisch für dieses ist der fibrilläre Aufbau aus Bündeln fädiger Proteinmoleküle, von denen man die Tonofibrillen und die Myofibrillen unterscheidet und die als irreversible Zellbildungen gelten. Weiterhin ist das *endoplasmatische Retikulum* noch zu erwähnen, sowohl weil seine Membranen in Verbindung mit den schon genannten Ribosomen an der Proteinsynthese beteiligt sind, des weiteren wichtige intrazelluläre Transportfunktionen ausüben und auf diesem Wege auch die Erregungsausbreitung innerhalb der Zelle stattfindet. Unter dem *Grundplasma* verstehen wir die Ursubstanz der meisten zellulären Differenzierungsprodukte. Es ist dies der Raum zwischen den Zellorganellen und Einschlüssen ausfüllende Proteinlösung (lichtoptisch strukturlos).

Die biologische Proteinsynthese

Wegen ihrer *besonderen sportphysiologischen Bedeutung* verdient der Umstand des *dynamischen Zustandes* der *intra- und extrazellulären Proteinstrukturen* etwas ausführlichere Erörterung. So werden im menschlichen Organismus täglich erhebliche Mengen an Strukturproteinen, Trägerproteinen, Enzymen, Hormonen, Antikörpern usw. auf- und abgebaut. Besonders große Proteinmengen müssen in der Wachstumsphase synthetisiert werden. Auch die beispielsweise durch *verschiedene Trainingsreize* hervorgerufene *Hypertrophie* des *Skelett-* sowie *Herzmuskels* bedingt einen gesteigerten Aufbau verschiedener Proteine. Es sind dies makromolekulare Substanzen, deren Elementarbausteine, die Aminosäuren, durch sogenannte Peptidbindungen miteinander verbunden sind (Peptidkette).

Die im *Zellkern lokalisierte* DNS nimmt bei der biologischen, also intrazellulären Proteinsynthese eine *zentale Rolle* ein. Dabei bestimmen die als Gene bezeichneten begrenzten Abschnitte von DNS-Molekülen durch ihre Nukleotidfolge die Aminosäurefolge des zu bildenden Proteins. Demnach existiert eine direkte Beziehung zwischen der chemischen Struktur des Gens und dem zugehörigen Protein. Während die Gene als Bestandteil des Chromosoms den Zellkern bei der Protein-Biosynthese nicht verlassen, wird doch ihr Informationsgehalt durch die an ihnen synthetisierte *Boten-RNS* (b-RNS) zu den Ribosomen, den Orten der Proteinsynthese weitergeleitet; weiteres vgl. auch Abbildung 4. Diese als *Transkription* bezeichnete, am DNS-Molekül stattfindende RNS-Synthese stellt zugleich den ersten Schritt der Proteinsynthese dar. Aktiviertes Aminosäuremolekül wird sodann durch das Enzym ATP an die *Transport-RNS* (t-RNS) angeheftet und jetzt zu den Ribosomen transportiert. Ein bestimmter Abschnitt der b-RNS, der jeweils aus drei Basen bestehende Kodon, verbindet sich über H-Brücken mit einem komplementären Abschnitt der t-RNS und wird als Antikodon bezeichnet.

Auf diese Weise entstandene *Verknüpfungen der Aminosäuren* durch Peptidbindungen zu Peptidketten gelten als die *Primärstruktur des*

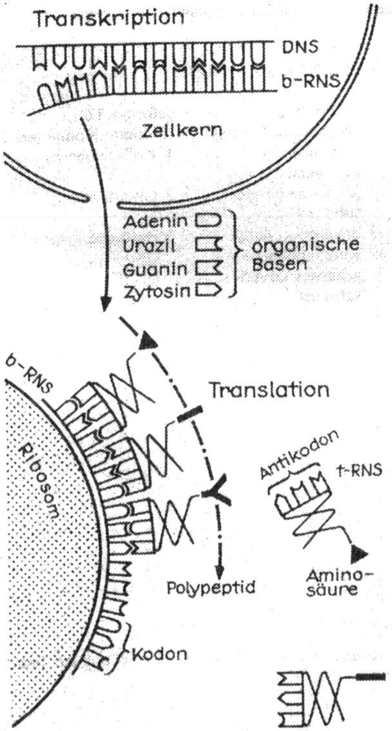

Abbildung 4: Schema der Informationsübertragung bei der biologischen Proteinsynthese.
Die Information für die Aminosäuresequenz ist durch die Basensequenz in einem bestimmten DNS-Bereich (Gen) festgelegt. An diesem Abschnitt der DNS (die zu diesem Zweck im Einstrangzustand vorliegen muß) wird die b-RNS von komplementärer Basensequenz gebildet. Nach Ablösung von der DNS und Austritt aus dem Zellkern gelangt die b-RNS zu einem Ribosom und legt sich an seine Oberfläche an. Im Zytoplasma befinden sich t-RNS-Moleküle mit angehefteten aktivierten Aminosäuren. Durch kurzzeitige Verbindung des b-RNS-Kodons mit dem komplementären Antikodon der t-RNS wird den Aminosäuren ein festgelegter Platz in der Polypeptidkette zugeordnet.
(Nach Pieper. In D.G.R. Findeisen u. Mitarb. (1980).

Proteinmoleküls, diese stellen zugleich die zweite Etappe der Proteinsynthese dar. Dabei bezeichnet man die aus der Übersetzung in der b-RNS verschlüsselter Informationen in eine Aminosäurefolge auch als Translation. Die letzte Etappe besteht darin, daß die Polypeptidkette in spezifischer Weise gefaltet und auf diese Weise in eine Sekundär- und Tertiärstruktur überführt wird, was zudem ohne weitere genetische Informationen vonstatten geht.

Anpassungsvorgänge im Stützgewebe

Dessen übertragende *Bedeutung für Gesundheit und volle Leistungsfähigkeit* resultiert bereits aus der Tatsache, daß der Mensch über ein Knochengerüst verfügt, das aus nicht weniger als 245 Knochen besteht. Dabei umfaßt das *Stützgewebe zusätzlich* eine Vielfalt von *Gewebsverbindungen.*

Diese erfüllten sowohl mechanische und statische Aufgaben, wie das straffe Bindegewebe, Knorpel und Knochen, und dienen darüber hinaus der Wärmeregulation (Fettgewebe), dem Stoffwechsel (Fettgewebe und Bindegewebe) in der Abwehr körperschädigender Einflüsse, sowie der Regeneration. Hier sind es die Verteilung und Anordnung der Interzellularsubstanzen, durch welche die genannten Gewebearten mit ihrer Vielzahl differenzierter Zellen in besonderer Weise charakterisiert sind. Dabei sind *ungeformte Interzellularsubstanzen* (Zwischenzellflüssigkeit, plastische und festere sowie durch Kalimprägnation gehärtete Grundsubstanzen) von den *geformten Interzellularsubstanzen* in Gestalt optisch gut darstellbarer Gebilde (Kollagenfasern, Gitter- und elastische Fasern) zu trennen.

Man unterscheidet nun je nach dem Überwiegen der einzelnen Gewebsarten ein *zellreiches*, ein *faserreiches* und ein *grundsubstanzreiches Stützgewebe.* Es ist die Art der Interzellularsubstanz, die das mechanische Verhalten dieser Gewebe bestimmt. In ihr haben wir auch den wichtigsten Angriffsort für Anpassungsvorgänge sowohl hinsichtlich Festigung, als auch bei regressiven Vorgängen (Inaktivitätsatrophie, Altersabbau u.a.) zu sehen. *Belastungsbedingte Anpassung* greift überwiegend an den Kollagenfasern, also der *geformten Interzellularsubstanz,* an.

Das *Kollagen* gehört biochemisch zu den *Sekleroproteinen.* Zu ihnen zählen wir auch den Bestandteil der elastischen Fasern, das *Elastin,* des weiteren das charakteristische Gerüstprotein der Haut (Epidermis), Haare und Nägel, das *Keratin.* Vorwiegend im Stützgewebe, also im lockeren Bindegewebe, in Gelenkkapseln, Sehnen, Knorpel, Knochen und Zahnbein, treffen wir auf weißlich glänzende Kollagenfasern. Sie bestehen aus unverzweigten *Fibrillen* und sind 0,2 bis 0,5 µm dick,wobei die Stärke von der Anzahl der gebündelten Fibrillen abhängt.

Das *Kollagen* wird in einer spezialisierten Bindegewebszelle, dem Fibroblast, gebildet, ist am Stoffwechsel nur in geringem Maß beteiligt (Prozeßablauf unter anaeroben Bedingungen) und besitzt gewöhnlich eine relativ niedrige Erneuerungsrate. Ausreichende Kollagenbildung ist an gute Versorgung des Organismus mit Askorbinsäure gebunden. Die *Kollagenfasern* haben eine *hohe Zugfestigkeit,* doch nur geringe Dehnbarkeit und dienen z.B. als Übertragungsglied vom Muskel entwickelter Kraft auf den passiven Bewegungsapparat, wogegen den Gitterfasern eine erheblich höhere Dehnbarkeit beigemessen wird.

Es liegt auf der Hand, daß die strukturellen und funktionellen Anpassungsvorgänge in Sehnen, Knorpel und Knochen für das Training nahezu jeder Sportart außerordentlich bedeutsam sind. *Trainingsbedingte Zunahme* der Muskel-Kontraktionskraft bewirkt zugleich *Verstärkung der Zugkräfte,* die auf das Binde- und Stützgewebe einwirken. Doch während sich der *Kraftzuwachs* in den belasteten Muskelfasern verhältnismäßig schnell erfolgt in den belasteten Muskelfasern verhältnismäßig schnell erfolgt und schon nach 7–10 Tagen nachweisbar ist, benötigen die *Anpassungsvorgänge in den Stützgeweben* – Folge sehr geringen Stoffwechsels mit fehlender Versorgung

Vergleichende Darstellung der morphologischen Besonderheiten der drei Muskelarten

Bezeichnung der Bauelemente der Zelle	Bezeichnung der Bauelemente in der Muskelzelle		
	Skelettmuskula tur	Herzmuskulatur	glatte Muskulatur
Zellmembran (Plasmalemm)	Sarkolemm	Sarkolemm	Sarkolemm
Zellkern	periphere Anord - nung mehrerer Kerne	zentral gelegen	zentral gelegen
Zellorganellen:			
Mitochondrien	Sarkosomen; in interfibrillären Spal ten, Anzahl und Lage je nach Fasertyp un ter-schiedlich	Sarkosomen; in interfibrillären Spal ten, reichlich	Sarkosomen; Lage: unmittel bar um den Zellkern
Ribosomen	vor handen	vorhanden	vorhanden
GOLGI-Apparat	nicht vorhanden	nicht vorhanden	nicht vorhanden
Lysosomen	sekundäre Lysosomen	sekundäre Lysosomen	?
Paraplasma	Fetttröpfchen, Glykogen	Fetttröpfchen, Gly kogen	Glykogen
Metaplasma	Myofibrillen (geordnet) (Aktin -und Myo - sinfilamente)	Myofibrillen (geordnet) (Aktin- und Myo - sinfilamente)	Myofibrillen (ungeordnet) (Aktomyosin kom - plexe)
Endoplasma - tisches Retikulum	sarkoplasma - tisches Retikulum; kommu nizieren des membra nöses System (röhren - artig), ver bindet die querverlaufen-den Röhren sy steme in Höhe der A/I-Grenze: stark in schnell, gering in lang sam kontra hie - renden Fasern ausge bildet	wie Skelett muskel; geringer ausgebildet	sarkoplasma - tisches Retikulum; Lage: unmittel bar unter dem Sarkolemm
Grundplasma	Sarkoplasma	Sarkoplasma	Sarkoplasma

Tabelle 1:
Nach Pickenhain. In D. G. R. Findeisen u. Mitarb. (1980)

durch Blutgefäße – erheblich längere Zeit, gewöhnlich mehrere Monate (sogenannte bradytrope Gewebe). Ähnlich verhält es sich mit den im *Leistungssport* eine besondere Rolle spielenden *Sehnen*.

Indessen besteht auf Grund experimenteller Untersuchungen kein Zweifel an der *Anpassungsfähigkeit* sowohl der *Knorpelgewebe*, als auch der *Knochengewebe* und *Gelenke*. Knochenbrüchigkeit und Sehnenschäden (Tendinosen) sind bei Sportlern im höheren Lebensalter nichts Ungewöhnliches. Doch auch bei *Jugendlichen* sollte das günstigere Last-Kraft-Verhältnis nicht zu *unkritischem Training* auf *Höchstleistung* verführen; auch bei noch nicht abgeschlossenem Wachstum ist die *Belastbarkeit* des passiven Bewegungsapparates *herabgesetzt* und bedarf sehr gewissenhafter sportärztlicher Beachtung: Nicht allein schleichende Brüche an Wirbelbögen z.B. infolge häufig wiederholter Überstreckung der Lendenwirbelsäule bei jungen Kunstturnerinnen und -turnern) sind grundsätzlich vermeidbar.

Anpassungsvorgänge in der Skelettmuskulatur

Wir unterscheiden *drei Arten der Muskulatur:* Glatte Muskulatur, Skelettmuskulatur und Herzmuskulatur. Einzelheiten über die Besonderheiten ihrer Strukturelemente sind in Tabelle 1 zusammengefaßt; weiteres findet sich bei K. Tittel (1985). Uns interessieren hier einige speziell *trainingsbedingte Adaptationsvorgänge* der Skelettmuskelfaser; zudem gilt als gesichert, daß sich diese bei der Herzmuskelzelle in analoger Weise abspielen.

Die jeweiligen Vorgänge und Veränderungen bei verschiedenartigen Belastungen werden verständlicher bei der Kenntnis, daß der menschliche Skelettmuskel aus morphologisch, funktionell und biochemisch unterschiedlichen Fasertypen aufgebaut ist. Im histochemischen Bild sind demnach *zwei Extremtypen:* Die A-Fasern und die C-Fasern zu identifizieren. Zwischen diesen beiden Extremtypen liegen die B-Fasern. Die zu einer motorischen Einheit, d.h. die vom Motoneuron nervlich versorgten Muskelfasern (vgl. unter 4.1) gehörenden Muskelfasern gehören jeweils dem gleichen Muskelfasertyp an. Näheres über die morphologischen, biochemischen sowie und physiologischen Verhaltensmerkmale der Fasertypen findet sich in Tabelle 2.

Beim Training einer *Ausdauer- oder Schnelligkeitssportart* werden jeweils differenziert unterschiedliche Fasertypen beteiligt, die sich den jeweiligen Bedingungen anzupassen vermögen. Dementsprechend werden die *A-Fasern* wegen ihres glykolytisch ausgerichteten Stoffwechsels bei *schnellen, kurzdauernden Belastungen* angesprochen. Bei häufig wiederholten

Kennzeichnung des morphologischen, biochemischen und physiologischen Verhaltens der Einzelfasertypen des menschlichen Skelettmuskels

Fasertyp (metabolische Differenzierung)	FT-Faser FTG	FTO	ST-Fasern STO
Faserquerschnitt, μm^2 (x)	5100 Bein, 3600 Arm	5500 Bein, 4600 Arm	4300 Bein, 3200 Arm
Vorkommen beim untrainierten Menschen morpholo gische, histoche mische und biochemische Unterschiede	vorwiegend in den Muskeln der oberen Extremität wenig Kapillaren wenig Mitochondrien	vorwiegend in den Muskeln der unteren Extremität viel Kapillaren viel Mitochon - drien (auch subsarkolemmal)	in allen Muskeln mit annähernd gleichen Anteilen Kapillaren dichter als bei FTG mehr Mitochondrien als FTG (Häufungen unter dem Sarkolemm)
	Glykogen Neutral - fett nicht nach - weisbar Enzyme der Glykolyse histochemisch und biochemisch mit hoher Aktivität nachweisbar, ge - ringer Anteil oxy - dativer Enzyme überwiegend anae - rober Stoffwechsel	Glykogen Neutral - fettpartikel viel Myoglobin über - wiegende Ausstat - tung mit Enzymen des oxydativen Abbaus geringer glykolytischer Anteil über - wiegend aerober Stoffwechsel	Neutralfettpartikel und Glykogen mehr Myoglobin als FTG Ausstat - tung sowohl mit Enzymen der Gly - kolyse als auch des oxydativen Abbaus fast gleichwertig
energiereiche Phosphate	+ +	+	+
Glykolyse	+ + +	+	+ +
Zitratzyklus	+	+ + +	+ +
Fettabbau	+	+ + (+)	+ (+)
Atmungskette	+	+ + +	+ +
Aminosäureabbau	+	+ +	+ +
Kontraktion	schnell kontra - hierend, glykolytisch	schnell kontra - hierend, oxydativ - glykolytisch	langsam kontra - hierend, oxydativ (glykolytisch)
englische Nomenklatur Einsatz	fast-twitch, gly - colytic intensive Belastung	fast-twitch, oxy - dative extensive Belastung	slow-twitch

Tabelle 2:
Nach Schmidt. In D. G. R. Findeisen u. Mitarb. (1980).

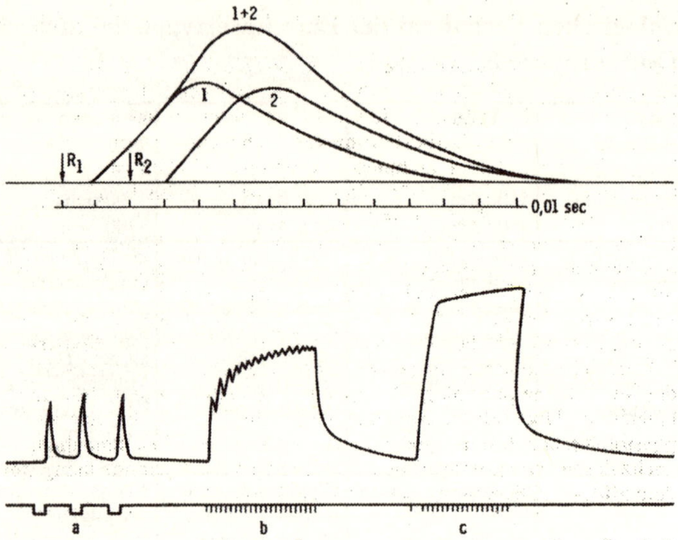

Abbildung 5: Muskelfaserzuckungen.
Überlagerung (oben) der Zuckerung R1 für die erste, R2 für die zweite Zuckung führt zur Kontraktion des ganzen Muskels.
Vollkommener Tetanus (unten) entsteht bei erheblich größerer Kraft durch dichte Folge elektrischer Reize (c), wobei fast dreifache Verkürzung des Muskels gegenüber Einzelzuckungen (a) erfolgt.
Nach W. Heipertz (1985).

Muskelkontraktionen kommt es rasch zur Ermüdung und belastungsspezifischer Mitreaktion der B-Fasern. *Mittelausdauer-Belastungen* greifen anfangs gleichfalls die A-Fasern an, belasten aber gleichzeitig die B- und C-Fasern, wie tierexperimentell gesichert werden konnte. Dagegen führen reine Langzeitausdauer-Belastungen zu fast ausschließlichem Einsatz der mitochondrienreichen und zu oxydativem Stoffwechsel befähigten *C- und B-Fasern.*

Nach Belastungsende gelang es, faserspezifische belastungs- und erholungsbedingte Veränderungen zu ermitteln. Diese als *Überkompensation* bezeichnete, auf einer Aktivierung der Glykogen synthetisierenden Enzyme beruhenden Vorgänge können durch kohlenhydratreiche Kost wesentlich gefördert werden. Dies fand sich morphologisch in Gestalt starker Glykogenablagerung zwischen den Myofibrillen und Myofilamenten von

Biopsiematerial (elektronenmikroskopische Aufnahmen menschlicher Skelettmuskelfasern bestätigt.

Auch für unser spezielles Thema sind Fragen der *Mechanik der Muskelkontraktion* von Interesse. So haben wir es mit *isometrischer Kontraktion* bei Spannungserhöhung und unveränderter Muskellänge zu tun. *Isotonische Kontraktion* liegt vor, wenn sich der gereizte Muskel ohne Spannungsänderung verkürzt. Bei den in der Trainingspraxis zumeist auftretenden *auxotonischen Kontraktionen* erfolgt sowohl eine Änderung der Muskelspannung, als auch der Muskellänge. Bei Sumamtion bzw. Überlagerung kurzer Zuckungen einzelner Muskelfasern kommt es zur Kontraktion des ganzen Muskels. Zudem wird länger anhaltende Muskelverkürzung nur durch rasch aufeinanderfolgende Reize mit ständigem Energieverbrauch aufrecht erhalten, was als *tetanische Kontraktion* bezeichnet wird, vgl. Abbildung 5.

Unter *Muskeltonus* verstehen wir die *Grundspannung*, die ein Skelettmuskel in Ruhe, also *ohne motorische Aktivität* aufweist. Es wird dieser sowohl durch die passive Elastizität und den Turgor des Muskels sowie seiner Bindegewebsanteile bestimmt, als auch durch eine minimale Aktivierung seiner motorischen Einheiten. Dabei kommt es nicht zu manifesten Kontraktionen. Bei völliger *Muskelerschlaffung* (Relaxation) kann zudem jede Innervation durch die zuführenden Motoneurone fehlen, so daß dann im Elektromyogramm (EMG) auch bei Einzelzellableitung keinerlei Aktivität feststellbar ist.

Andererseits kann es durch *lokale Reize*, wie Kälte, Berührung, Schmerz o. dgl. zu beträchtlicher *reflektorischer Aktivierung* mit in der Folge starkem *Anstieg* der *Grundspannung* kommen. Auch bei peripherer Ermüdung des Muskels kann Tonuszunahme beobachtet werden. In diesem Fall kehren die Muskelfasern nach der Kontraktion nicht sogleich wieder in ihren Ausgangszustand zurück und es kommt zu einem *Verkürzungsrückstand.* Ein solcher gelangt insbesondere bei glatter Muskulatur, aber auch bei langsam kontrahierenden Muskeln zur Beobachtung. Quergestreifte Muskeln benötigen zur Aufrechterhaltung erhöhter Spannung immer Nervenimpulse über das Motoneuron, wogegen glatte Muskeln eine einmal ausgelöste Kontraktion bis zu Stunden und Tagen beibehalten können. *Sportphysiologisch* wird somit unter *Tonus* ein über *längere Zeit anhaltender Spannungszustand* verstanden, der *nicht durch willkürliche Muskelkontraktion* aufrechterhalten wird. Doch damit sind wir schon vorausgeeilt: Weiteres hierzu vgl. Teil III, Kapitel 1.

Absolute Muskelkraft wird sowohl von der Zahl der Muskelfasern (Muskelquerschnitt) als auch vom Anteil in die Fasern eingelagerter Myofibrillen bestimmt. In Tierversuchen (progressivem Lauftraining unterzogene Ratten) konnte eine Myofibrillenvermehrung in der Nähe der Muskelursprünge und -ansätze ermittelt werden. Im Verlauf intensivem Trainings kam es auch zur Feststellung von Aussprossungen neuer Muskelfaserzüge. Einfache *Zunahme des Muskelquerschnitts* ist dagegen *nicht gleichbedeutend mit Kraftzuwachs.* Dabei kann es sich um eine sogenannte Pseudohypertrophie handeln, wie man sie beim *„Bodybuilding"* beobachten kann.

Bereits beim untrainierten Organismus liegt eine enge Beziehung zwischen der Gefäßversorgung der Muskelfasern und ihrer aeroben Stoffwechselleistung vor. So entfallen auf die vorwiegend aerob arbeitenden C-Fasern im Muskelquerschnitt im Durchschnitt drei bis vier Kapillaren, auf die vorwiegend anaerob arbeitenden A-Fasern dagegen nur eine bis zwei Kapillaren. Beim *Ausdauertraining* kommt es zu erheblicher Zunahme der Kapillardichte in den beteiligten Muskeln und die Zunahme der Kapillarisierung geht einher mit Zunahme des Myoglobingehaltes im trainierten Muskelbereich, vgl. außerdem die in Teil III, Kapitel 1, erwähnten sportimmunologischen Auswirkungen.

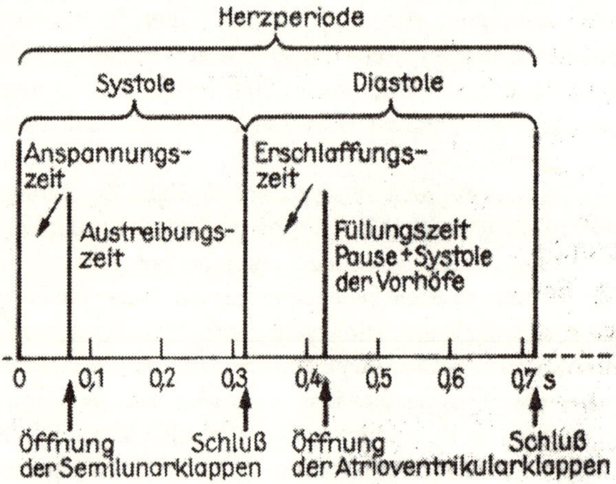

Abbildung 6: Schematische Darstellung der einzelnen Phasen einer Herzperiode bei Herzfrequenz von 84 Schlägen/min.
Nach S. Israel. In D. G. R. Findeisen u. Mitarb. (1980).

Kapitel 2

Herz, Herzarbeit und Sport

Die Form des Herzens ist maßgeblich für seine Funktion und die Funktion hat unübersehbare Wirkungen auf die Herzform, so daß Form und Funktion in einem naturgesetzlichen Zusammenhang stehen. Unter *Training* ist allgemein die systematische Anwendung und planmäßige Steigerung funktioneller Reize zu verstehen. Daraus ergeben sich Auswirkungen auf den Gesamtorganismus, häufig insbesondere auf Herz und Kreislauf, mit dem Ergebnis der Steigerung spezieller Leistungen. Solche Vorgänge sind unverzichtbar für die Anpassung des Organismus an wachsende und wechselnde Anforderungen seiner Umwelt, wobei in den letzten Jahren auch eine entscheidende Mitwirkung dem Zentralnervensystem und Immunsystem („Sportminnulogie") zugeschrieben wird.

Aufbau und Sauerstoffversorgung des Herzens

Das Herz des Menschen ist eine Druck- und Saugpumpe des Blutkreislaufs, womit sie das Druckgefälle herstellt, das den Blutstrom im Gefäßsystem aufrechterhält. Spezielle *Herzklappen* sorgen für die *nötige Strömungsrichtung* einer Herzperiode, vgl. Abbildung 6. Bei untrainierten Personen beträgt das durchschnittliche *Herzgewicht* 310 g. Es kann dieses bei hoch-

Herzgewicht von 34 tödlich verunglückten Sportlern

Anzahl der Fälle	300–350 g	350–400 g	400–450 g	450–500 g	500–540 g
34	6	9	14	2	3

Tabelle 3:
Zusammenstellung nach verschiedenen Autoren von Reindeli u. Mitarb. (1960)

trainierten Sportlern infolge Hypertrophie der Herzmuskelfasern erheblich höher liegen, so daß durch Ausdauertraining eine Zunahme von 50 % keine Seltenheit ist. Hat die Diffusionsstrecke des Sauerstoffs zu den vergrößerten Herzmuskelfasern in einer Weise zugenommen, daß die Versorgung des Herzmuskels gefährdet ist, wird von *kritischem Herzgewicht* gesprochen. Es liegt dies bei 500 g, und dieses Gewicht wird nur selten und dann nur geringgradig überschritten, worauf auch Tabelle 3 verweist. Dem individuellen kritischen Herzgewicht dürfte die Erfahrung entsprechen, daß die Herzvergrößerung 18 ml/kg Körpermasse in der Regel nicht überschreitet.

Einzelheiten über den Herzmuskel, Herzinnenraum und -klappen, Herzkranzgefäße, Erregungszentren, Wege der Erregungsleitung, extrakardiale Herznerven usw., vgl. Tittel (1985).

Übrigens konnte schon 1748 von Robinson sowie 1884 von Bergmann bei wild lebenden Tieren ein deutlich größeres Herz bzw. höheres Herzproportionalgewicht
(= *Herzgewicht in kg x 1000*
Körpergewicht in kg)
gegenüber Haustieren festgestellt werden. Beim Menschen können die aus pathologischen Ursachen hypertrophierten Herzen die kritischen 500 g weit übersteigen (600 bis 800 g).

Die *Sauerstoffversorgung* des Herzmuskels obliegt den herzkranzgefäßen (Koronargefäßen); diese führen dem Herz ständig frisch arteriallisiertes Blut zu. Der *gut Trainierte* erfährt eine wesentliche *Verbesserung der Herzmuskeldurchblutung:* Das Lumen der Koronargefäße vergrößert sich und es entstehen neue Gefäßnachbarn (Kollaterale). Bislang ist allerdings noch nicht sicher geklärt, ob es unter Trainingseinfluß auch im Herzmuskel zur Kapillarneubildung kommt, wie im Skelettmuskel. Unbestritten neigt aber das Herz *gesundheitsgerecht trainierter Ausdauersportler* deutlich *weniger zu Durchblutungsnot* gegenüber Untrainierten.

Unter dem Einfluß der *Trainingsbelastung* kommt es auch zu bemerkenswerten Veränderungen in den biochemischen Vorgängen und bei der Energiegewinnung in der Herzmuskelzelle. So funktioniert die *Sauerstoffübertragungskette* – in ihr spielt das Myoglobin als Sauerstoffspeicher zusammen mit einigen Enzymen eine leistungsrelevante Rolle – beim Tranierten deutlich besser, als beim Untrainierten. Wie beim Skelettmuskel nimmt auch in der Herzmuskelfaser die Zahl der *Mitochondrien* und ihrer Innenmenbranen (cristae mitochondiales) zu, als Ausdruck verstärkten oxydativen Stoffwechsels (vgl. Kapitel 1). In der Skelettmuskulatur unter *Trainingseinfluß* vermehrt gebildetes *Laktat* kann vom Herzen zur *Erfüllung seines Energiebedarfs* herangezogen werden, so daß daraus mehr als 4/5 dessen dadurch gedeckt werden können.

Herzarbeit

Das Herz als ein Hohlmuskel ändert durch *Zusammenziehung* (Systole) und *Erschlaffung* (Diastole) in rhythmischer Weise seinen *Füllungsumfang* (Volumen). Dabei wird die Richtung der Blutstrom durch zwischengeschaltete

Herzklappen festgelegt, vgl. Abbildung 6. Der gesamte *Bewegungsablauf* des Herzens erfolgt in *drei Phasen* (Herzperiode), wobei die Klappenfunktion in den einzelnen Arbeitsphasen so angepaßt verläuft, daß es normalerweise nicht zu einem Zurückfließen des Blutes kommen kann. Die Zeichnung macht zugleich verständlich, daß während der *Systole* eine Anspannungszeit (isometrische Kontraktion) von der vorwiegend in der isotonischen Kontraktionsphase stattfindenden Austreibungszeit zu unterscheiden ist. Bei der *Diastole* findet sich eine Erschlaffungszeit mit Verschluß aller Klappen. Der Druck in den Kammern nimmt immer mehr ab, bis eine Öffnung der Vorhof-Kammer-Klappen (Atrioventrikularklappen) und in deren Folge zu einem Einströmen des Bluts aus den Vorhöfen in die Kammern erfolgt. Dieser Funktionsabschnitt ist die *Füllungszeit*, wobei der Blutstrom dem Druckgefälle folgt; erst im letzten Abschnitt der Diastole setzt eine kurze Vorhofkontraktion und Füllung der Kammern unter leichtem Druck.

Als weitere wichtige Kenngrößen sind hier die *Herzschlagfrequenz*, das *Herzschlagvolumen* und das *Herzminutenvolumen* von Interesse.

Die normale, mit einem Herzschlag in die Aorta beförderte Blutmenge beträgt etwa 70 ml (Schlagvolumen). Die Anzahl der Herzschläge pro Minute wird als Herzfrequenz (Hf) bezeichnet und liegt in Ruhe bei etwa 70 (60–80) Schlägen. Bei 70 Schlägen in der Minute kommt es zu einem Herzminuten-Volumen (HMV) von in Ruhe etwa 5 l. Bei *körperlicher Belastung* erfolgt infolge verstärkten venösen Zuflusses zum Herzen ein erheblicher *Anstieg des HMV*. Es ist dies als *zentrale Kenngröße der Herzarbeit* anzusehen.

Während sich beim wenig Trainierten das Schlagvolumen auf 120 ml, die Frequenz bis auf 200 erhöhen kann, womit ein HMV auf 24 l erreichbar ist, kann es bei *trainierten Ausdauersportlern* auf einen HMV-Anstieg auf 30–35 l kommen. Auch tritt bei ihnen als Anpassungseffekt eine Zunahme des Schlagvolumen bis auf 250 ml ein, und es bedarf im Ruhezustand weniger Herzschläge in der Minute, um ausreichende Blutversorgung zu sichern, als beim Untrainierten. So können im Hochleistungstraining befindliche Radrennfahrer einen Ruhepuls von nur bis 40 Schläge aufweisen, wogegen der Ruhepuls bei Breitensportlern nicht unter 50/min absinken sollte.

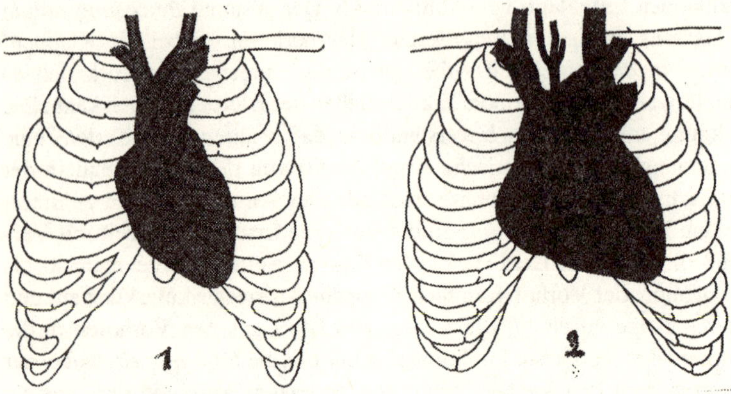

Abbildung 7: Herzkonfiguration mit typischem Größenunterschied bei utrainiertem (1) und bei trainiertem Ausdauersportler (2) mit ausgeprägten Sportherz.

Das Sportherz

Die vermehrte funktionelle Beanspruchung durch das sportliche Training bewirkt eine *Vergrößerung des Herzens,* die beträchtliches Ausmaß erreichen kann (vgl. Abbildung 7).

Dabei ist die absolute und relative *Herzgröße* bei den Aktiven der *verschiedenen Sportarten* sehr *unterschiedlich.* Die *größten Herzvolumina* und *Herzgewichte* werden durch *Ausdauertraining* in Dauer- oder Intervallform erreicht. Eine mittlere bis geringe Herzvergrößerung findete man bei „Mittelleistern" mit speziellen Leistungen um 1 bis 6 min Dauer, während bei „Kurzleistern" bis um 1 min keine bzw. nur sehr geringfügige Größenzunahme des Herzens nachweisbar machte.

Die *Herausbildung* eines Sportherzens durch *physiologische Dilatation* und *physiologische Hypertrophie* des Herzmuskelfasers infolge *„harmonischen Wachstums"* der *Herzmuskelfasern,* steht somit im *Gegensatz* zur kompensatorischen *Herzvergrößerung* auf der Grundlage einer *Herzmuskelschädigung.* Dementsprechend bildet sich die Vergrößerung bei Nachlassen der körperlichen Belastungen, z.B. nach Abschluß einer Laufbahn als Marathonläufer wieder auf Normwerte zurück (vgl. Abbildung 8), ohne krankhafte Veränderungen zu hinterlassen. Vielmehr sieht man bei *Sportveteranen* eindeutig *seltener Herzerkrankungen* (elektrokardiographisch

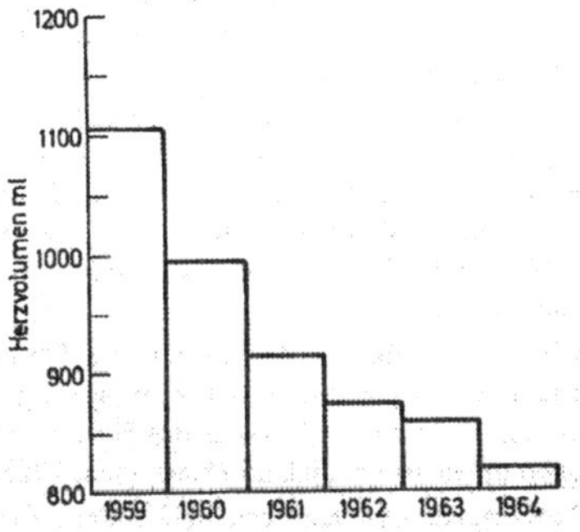

Abbildung 8: Rückbildung des Herzvolumens auf Normalwerte nach Abschluß der Laufbahn als Marathonläufer.
Nach Isareal. In A. Dirix u. Mitarb. (1989).

oder/und histologisch), als bei untrainierten Personen. Während eine besondere Krankheitsanfälligkeit nach der aktiven Zeit negiert werden kann, ist auch nicht mit einem besonderen Schutz vor Erkrankungen zu rechnen, wenn nicht der *Ausdauersport* in Form einer Freizeitsportart regelmäßig *weiter betrieben* wird. Auch die *Herzrisikofaktoren* (Rauchen, Überernährung u. dgl.), sollten erst recht im höheren Lebensalter *vermieden* werden.

Die *Verdickung der Wände beider Herzkammern* (physiologische Hypertrophie) geht beim Sportherz einher mit einem hohen Grad der *Ökonomisierung* unter Ruhebedingungen als Folge intrakardialer und extrakardialer Einflüsse (*Schongang*). Im Zusammenhang mit einem Überwiegen des *Vagusnerven* steht auch das Prinzip der *Ökonomisierung der Herzfunktion.* Es kommt hier bei ausgeprägter Sportherzbildung zu einer Reduktion der Herzarbeit auf etwa 50 % gegenüber Untrainierten. Gegenüber 60 bis 80 Schlägen/min bei letzteren beobachtet man ein Absinken bis 30 Schläge/min. Ähnliche Relationen gelten für andere Kenngrößen. Für das Sportherz bestehen andere Normative, als für das Herz des Untrainierten: Was für das kleine Herz normal ist, braucht es für das große herz nicht zu sein und umgekehrt.

Dabei ist mit ausgeprägter Sportherzbildung nur bis zum 25.–30. Lebensjahr zu rechnen. Das bedingt zugleich in jedem Fall *sportärztliche Untersuchung*, wenn *jenseits des 40. Lebensjahr* z.B. eine Ausdauersportart aufgenommen werden soll. Vor deren Ergebnis sollte die *Pulsfrequenz* in keinem Fall über 180 minus Lebensalter oder auch 130 als Richtzahl liegen. Dagegen sind höhere Pulszahlen bei Seniorensportlern, die regelmäßig ohne jegliche Beschwerden trainierten, völlig unbedenklich. Ohne Frage bewirkt ein *regelmäßiges Ausdauertraining* auch im *höheren Lebensalter,* d.h. jenseits des 50. Lebensjahres, noch deutliche *Anpassungserscheinungen,* die sich vorwiegend in einer niedrigen Pulsfrequenz und somit in einer Ökonomisierung des Stoffwechsels, namentlich in den Fasern sowohl der Herz-, als auch Skelettmuskulatur sowie auch sportimmunologisch nachweisen lassen.

Manches Interessante wäre hier noch anzufügen. Obwohl bisher wegen der männlichen Dominanz – nicht allein im Ausdauersportbereich –, *Frauen* bedeutend seltener zur speziellen Untersuchung gelangten, bildet sich ein *Sportherz* auch bei ihnen bei entsprechendem Training in eindeutiger Weise heraus. Allerdings scheint der *Anpassungsgrad* deutlich unter dem der Männer zu liegen. Das *absolut größte Herz* wurde bei einer *Ruderin* (1080 ml bzw. 14,0 ml(kg), das relativ größte Sportherz bei einer *Radsportlerin* (1010 ml bzw. 15,7 ml/kg) ermittelt, was ohne Frage für eine *gute Sportherzbildung* spricht. Dabei entspricht die Funktion des weiblichen Sportherzens grundsätzlich seiner Größe. Dennoch deutet sich als spezifischer Befund an, daß die Sportlerin in Ruhe bei vergleichbarer Herzgröße eine *stärkere Ökonomisierung* aufweist, als der vergleichbare Sportler. So sind Herzschlagfrequenzen von weniger als 40/min bei Ausdauersportlerinnen durchaus keine Seltenheit. Die Ergebnisse sind insgesamt nicht schlechter, nur anders.

Aufbau und funktionelle Aufgaben von Blut und Kreislauf

Vom Blutkreislaufsystem werden fast *alle Zellen und Gewebe* des Organismus *verbunden* und *versorgt*. Die Versorgung der Zelle mit Hilfe des Transportsystems „Kreislauf“ mit allen zum Energie-, Erhaltungs- und Aufbaustoffwechsel benötigten Stoffen gehört somit zu den Hauptaufgaben des Blutes.

Vorrangig von Bedeutung für die Transportfunktionen des Blutes sind seine Fließeigenschaften. Somit besteht das Blut aus etewa 56 % Flüssigkeit und 44 % aus Zellen. Dieses Verhältnis ist der *Hämatokrit*. Von den Zellen fallen allein 32 % auf die *roten Blutkörperchen* (Erythrozyten), die sich ihrerseits aus etwa 65 % Wasser und 35 % Trockensubstanz zusammensetzen. Letztere wird zu 95 % aus *Hämoglobin* (Hb), dem roten Blutfarbstoff der Erythrozyten, sowie einer aus Proteinen, Lipoiden, Phosphatiden, Sachariden und einigen Enzymen bestehenden Gerüststruktur (Stroma) gebildet. Beim Mann sind etwa 5 Mio., bei der Frau 4,5 Mio. rote Blutkörperchen in 1 µl Blutplasma (protein- und elektrolythaltige Flüssigkeit) suspendiert. Ihre Größe liegt zwischen 7 und 8 µm, ihre Dichte bei etwa 2 µm.

Beim Sport betrifft eine *Zellvermehrung* zumeist die für den Transport der Atemgase zuständigen roten Blutkörperchen. Ihr Anteil an Hämoglobin in Höhe von etwa 34 % mit der Funktion einer lockeren Sauerstoffbindung kann

Richtwerte für die wünschenswerte Eisenaufnahme bei sportgerechter Ernährung in Abhängigkeit vom Anteil tierischer Nahrungsmittel an der Deckung des Energiebedarfs nach WHO-Techn. Re. 503. 1972

Altersgruppe	Bedarf an resorbiertem Eisen mg/Tag	Bedarf an Nahrungseisen bei Deckung des durchschnittlichen Energiebedarfs durch Lebensmittel tierischer Herkunft		
		zu 10 % mg/Tag	zu 10–25 % mg/Tag	über 25 % mg/Tag
1–12 Jahre	1,0	10	7	5
13–16 Jahre	1,8	18	12	9
13–16 Jahre, Mädchen	2,4	24	16	12
Männer	0,9	9	6	5
Frauen bis zur Menopause	2,8	28	19	14

Tabelle 4:
Nach H.-A- Ketz (1978).

beachtlich variieren: So haben besonders *Ausdauersportler* oft einen an der unteren Grenze der Norm liegenden Hb-Wert. Letzteres gilt auch für das im Hb-Molekül eingelagertes *Eisen*, mit dessen Hilfe die *Bindungskapazität für Sauerstoff* erreicht wird. Hier, sowie auch bei verhältnismäßig oft einem mit vorzeitiger Ermüdung verbundenem Hb-Mangel betroffenen Jugendlichen, ist zusätzliche *Verabfolgung* von Eisen (in Tropfen- oder Dragéeform) ratsam. Doch die beste *Prophylaxe* von *Eisenmangelerscheinungen* ist eine abwechslungsreiche gemischte Kost aus magerem Fleisch, Gemüse, Leber, Spinat, Obst und Getreideprodukten. Beachtenswert sind allgemein zur Verhütung von Anämien jeglicher Entstehungsweise die von der WHO empfohlenen Richtwerte für eine wünschenswerte Eisenaufnahme, vgl. Tabelle 4. Von weiterem Interesse sind hier besonders die Hb-Werte im Vollblut, die beim Mann 15–16 g, bei der Frau 14–15 g in 100 ml Blut (SI-Einheiten: 150–160 g/l bzw. 140–150 g/l) normalerweisebeträgt, doch – wie schon bemerkt – aus verschiedenen Gründen veränderungsfähig ist.

Bei *anstrengender Ausdauerleistung* mit Schweißverlust hält demgegenüber der Körper das Verhältnis Blutflüssigkeit: Zellen, d.h. den Hämatokrit, im allgemeinen lange konstant. So ergaben Untersuchungen bei gut trainierten Radrennfahrern sogar eine *belastungsbedingte Verdünnung des Blutes,* indem Wasserübertritt aus den Körperzellen ins Blut feststellbar war.

Eine weitere Hb-Funktion des Blutes betrifft die *Atmung*, auf die wir in Kapitel 3 zu sprechen kommen. Hier muß noch erwähnt werden, daß Hämoglobin nicht nur Sauerstoff, sondern auch andere Gase, z.B. *Kohlenmonoxyd* (CO-Hb) zu binden vermag. Es ist dies ein farb- und geruchloses Gas, das Bestandteil des sogenannten Leuchtgases sowie der Abgase der Öfen und Verbrennungsmotoren ist, ganz allgemein bei *Verbrennungen* entsteht. Daher befindet es sich auch im *Rauch der Zigarette.* Das Hämoglobin nimmt unter den gleichen Bedingungen 150- bis 300 mal mehr Kohlenmonoxyd auf; die Sauerstoffsättigung des Blutes sinkt daher bereits bei wenigen Atemzügen und fällt für den Sauerstofftransport aus; bereits bei 0,1 % CO-Gehalt der auch durch *Passivrauchen* empfindlich veränderten Einatmungsluft wird etwa die Hälfte des Hämoglobin in CO-Hb umgewandelt. Stärkere Raucher weisen sogar um 10 % des Blutfarbstoffs als CH-Hb auf; bei 30 % CH-Hb treten Kopfschmerzen auf, 50 % führen zu Bewußtlosigkeit und bei längerem Einwirken zum Tode. Dagegen führt *Erhöhung des Sauerstoffdrucks* (pO_2) in der Einatmungsluft in Form von Frischluft oder reinem Sauerstoff zu *beschleunigter Umwandlung des CO-Hb in O_2-Hb.*

Die *weißen Blutkörperchen* (Leukozyten) haben im wesentlichen biologische Abwehrfunktionen. Hier unterscheidet man drei Arten: 1. *Granulozyten*, die im Knochenmark entstehen und etwa doppelt so groß sind, wie die Erythrozyten, des weiteren 2. die *Lymphozyten* mit einer Größe von etwa 5 bis 16 µm (Entstehung in den Lymphorganen) und 3. die *Monozyten* (größter Durchmesser 15–20 µm). Die Gesamtzahl der Leukozyten liegt mit 6000 bis 1000/mm≥ weit unter jener der Erythrozyten, und ihre Lebensdauer beträgt je nach Zellart und 1 bis 10 Tage. Ihre Vermehrung wird als *Leukozytose*, eine Verminderung als *Leukopenie* bezeichnet. Wegen der Beteiligung der verschiedenen Leukozyteban solchen Reaktionen in unterschiedlicher Art, aknn die Analyse des sogenannten *Differentialblutbildes* wertvolle Hinweise geben, z.B. auf akute oder chronische Entzündungsvorgänge, auf eine Andersempfindlichkeit (Allergie) oder auch auf schwerwiegendere Veränderungen des Immunsystems (vgl. Teil III, Kapitel 1).

An dieser Stelle soll bereits vermerkt werden, daß den *Lymphozyten* eine *zentrale Rolle* in der *spezifischen Abwehrbereitschaft* des Organismus in Form der Bildung von *Immunglobulinen* (Antikörpern) zukommt. Das lymphatische System besteht beim Menschen aus dem *Thymus*, einem paarig hinter dem Brustbein angelegtem Organ mit besonders beim Kind starker Ausbildung, ferner dem lymphatischen Gewebe des Magen-Darm-Traktes, den Lymphozyten des Knochenmarks, den peripheren Lymphknoten und der Milz.

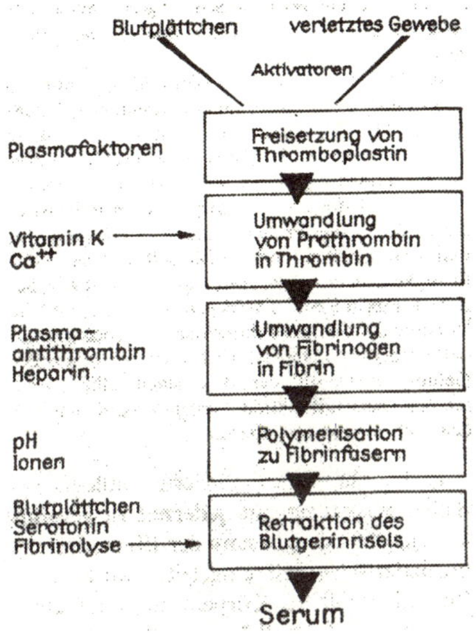

Abbildung 9: Schema der Blutgerinnung.
Nach Linke. In D. G. R. Findeisen u. Mitarb. (1980)

Dabei muß dem für die qualitative und quantitative Ausbildung der Lymphknoten sowie Milz weitgehend verantwortlichen Thymus auch die Hauptverantwortung für die Ausbildung der auf Antigene (jede vom Organismus als „fremd“ erkannte Substanz mit chemisch charakterisierten Gruppierungen), die eine Immunantwort auslösen, also die Bildung von Immunglobulinen bzw. Antikörpern, zuerkannt werden.

Bei stärkeren und länger anhaltenden Belastungen kann es durch *Entspeicherung der Blutdepots* zu schnellem Anstieg der Leukozytenzahl also zu einer Leukozytose kommen. Eine unter anhaltendem Trainingseinfluß entstehende *Lymphozytose* deutet auf eine insgesamt *erhöhte Infektabwehr* bei sinnvoller Trainingsgestaltung, wogegen bei Gegenteiligem („gestreßtem Hochleistungssportler“) nicht selten *Herabsetzung der Immunabwehr* (Immunsuppression) zur sportärztlichen Beobachtung gelangt. Damit einher geht insbesondere eine verstärkte Infektanfälligkeit, die man auch beim Übertraining jeglicher Sportart findet, somit grundsätzlich gleichfalls vermeidbar ist. Nicht zu übersehen ist hier zudem, daß die engen Verknüpfungen des weißen Blutbildes mit der individuellen Tonuslage des Vegetativen Nervensystems eine immer zuverlässigere Zuordnung zutagetretender Veränderungen zum leistungsbiologischen Geschehen sehr erschweren können.

Nur namentlich erwähnt seien hier die weiteren Funktionen des Blutes, wie die Schutzfunktion von lebenserhaltender Bedeutung in Form der *Blutgerinnung* (vgl. Abbildung 9), sodann die teilweise bereits namentlich genannten Abwehrfunktionen in Form der *Antigen-Antikörper-Reaktionen* sowie schließlich die bei nötigen Blutübertragungen sehr relevanten *Blutgruppen* des Menschen (ABO-System), vgl. Abbildung 10.

Einiges Wesentliche zum Kreislauf wurde schon gesagt. An dieser Stelle nur noch weniges, vorwiegend bezüglich der *Zirkulationsfunktion* im Interesse des *Blutdurchstroms* der Organe im Hinblick auf ihre *Arbeitsintensität.*

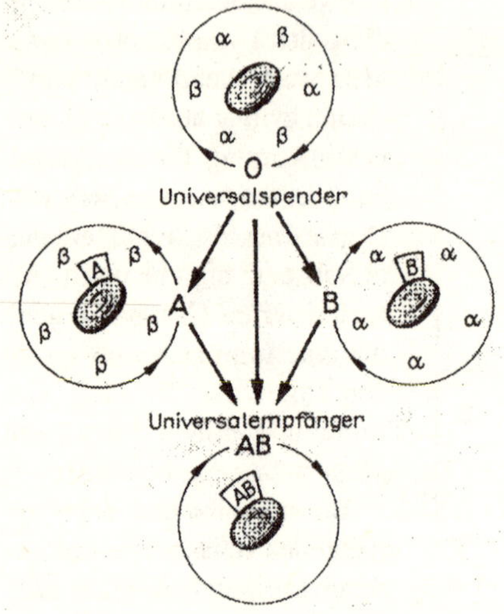

Abbildung 10: Schematische Darstellung des menschlichen ABO-Blutgruppensystem mit den 4 Kombinationsmöglichkeiten entsprechend Zelleigenschaften (A, B, AB, O) mit den Agglutinen (Anti-A) und (Anti-B) mit daraus ableitbarer Verträglichkeit.

Volle Funktionsrealisierung als Transportsystem erfolgt dergestalt, daß die Blutgefäße als elastische Leitungsröhren das Blut eine in sich zurückführende Bahn durchströmen lassen (*Zirkulation*). In diese Bahn sind zwei Pumpen eingefügt, von denen die Strömung in Gang gehalten, die *linke Herzhälfte* zwischen dem Lungen- und dem Körpergefäßsystem (großer Kreislauf), die *rechte Herzhälfte* zwischen dem Körper- und dem Lungengefäßsystem (kleiner Kreislauf), vgl. Abbildung 11.

Von der linken Herzkammer wird das Blut in die *Hauptschlagader* (Aorta) getrieben und von hier aus gehen zahlreiche Arterien zu den verschiedenen Organgebieten. Jede dieser Arterien teilt sich ihrerseits in immer kleinere Arterien auf, zuletzt in eine Vielzahl von Arteriolen und Kapillaren. Von diesen gelangt das Blut in die kleinen Venen, die sich zu größeren Venen vereinigen. Schließlich führen die somit entstandenen *beiden großen Hohlvenen* das Blut dem *rechten Herzvorhof* zu. Von der rechten Herzkammer wird das Blut weiter in die *Lungenarterie* gefördert. Aus deren Verzweigungen gehen immer kleinere Arterien und schließlich die Haargefäße (Kapillaren) hervor. Diese setzen sich in die kleinen Lungenvenen fort, die sich zu größeren Venen vereinigen, bis das aus der Lunge kommende Blut durch die 4 großen Lungenvenen dem linken Herzvorhof zufließt und von diesem in die linke Herzkammer gelangt. Auf diese Weise wird durch eine Serienschaltung des Körper- und Lungengefäßsystems der geschlossene Blutkreislauf gebildet.

Zu einer *Steigerung der Aktivität* eines Organes kommt es grundsätzlich nur bei *gleichzeitiger Erhöhung des Blutdurchflusses,* was zwangsläufig zu Aktivitäts- bzw. Durchblutungseinschränkung anderer Organe erfolgt, weil nicht genügend Blut für eine optimale Durchblutung aller Organe verfügbar ist. Von dieser Aktivitätseinschränkung ist lediglich das Gehirn ausgenommen: Entsprechend der nur sehr geringen Schwankungen der Intensität des

Abbildung 11. Schema des großen und kleinen Kreislaufs. 1 Herz, 2 kleiner Kreislauf, 3 Kopf- Gefäßsystem, 4 Rupf- und Extremitäten-Gefäßsystem.

Stoffwechsels in den Hirnzellen ist auch deren Blutbedarf gleichbleibend, anderenfalls Hirnleistungsstörungen eintreten würden. Außerdem sorgen z.B. für eine *ökonomische Arbeitsweise* des Herzens von den Kartissinus- und Aortenrezeptoren ausgehende Signale, die zudem auch reflektorisch die Skelettmuskelaktivität einschränken und auf diese Weise das Herz vor Überlastung bewahren.

Im Verlauf des *Trainings* vermögen sich schon 1928 von Bykow und Rogow ermittelte *bedingte Gefäßreflexe* zu bilden, so daß annehmbar die eine *rationelle Blutverteilung* bei Muskeltätigkeit absichernden *Gefäßreaktionen* sich im Verlauf des *Trainings* nach den *Gesetzmäßigkeiten der bedingtreflektorischen Tätigkeiten* ausbilden und vervollkommnen. Auch kommt es oft bei mit starken *Emotionen* einhergehenden Körperübungen (Wettkampfsituation o. dgl.) zu einer *verstärkten Erregung* der Zentren der Sympathikusnerven mit in der Folge *erhöhter Adrenalinsekretion* („Streß"). Dabei wird in den verschiedenen Körpergebieten ein unterschiedlicher Effekt der Gefäßverengung (Vasokonstriktion) bewirkt. Am ausgeprägtesten ist dieser in der Haut, in der Milz, in Nieren und Darm und fehlt bemerkenswerter Weise völlig im Herzen sowie in den verstärkt tätigen Muskeln (Cannon 1929).

Blut ist schon ein „ganz besonderer Saft". So hat kürzlich die US-amerikanische Nahrungs- und Genußmittelbehörde FDA *Rinderblut-Hämoglobin* zur Therapie zugelassen, obwohl die artfremden Globinmoleküle bei wiederholter Anwendung beim Menschen schwere immunologische Reaktionen auslösten. Das neuerdings *gentechnisch aus Hefe* gewonnene *Hämo-*

globin, bei dem die Alpha- und Betaglobulinketten durch Hefezellen gebildet wurden – der Anteil des Hämoglobins am gesamten Protein der Hefezellen erreicht drei bis fünf Prozent – soll weitgehend den natürlichen Bedingungen entsprechen und daher auch weniger gefährlich sein. Beim *künstlichen Blut* bieten sich neuerdings die *Fluorkohlenstoffe* als Blutersatz geradezu an: Sie vermögen 10 bis 20mal mehr Sauerstoff aufzunehmen, als Wasser, in dem sie allerdings schwer löslich sind. Daher müssen sie mit viel Stärke, Salzen und Wasser emulgiert werden.

Die *künstlichen Fluorkohlenstoff-Emulsionen* können wegen ihres geringen Partikeldurchmessers leicht dort ins Gewebe eindringen, wo Sauerstoffarmut besteht. Man verwendet sie daher bereits mit Erfolg bei der mechanischen Erweiterung von Herzgefäßen (Ballondilatation) in Form des Fluosol, außerdem bei Krebserkrankungen zur Beseitigung von Sauerstoffmangel im Tumorbereich, der Hauptursache für herabgesetzte therapeutische Strahlenempfindlichkeit. Eine von weiteren Möglichkeiten des *Fluosol-Einsatzes* ist wegen seines hohen Sauerstoffgehaltes die *Konservierung isolierter Gewebe* und Organe sowie auch die Verwendung als *Kontrastmittel* in der *Diagnostik von Krebskrankheiten.*

Training, Therapie und Prophylaxe

Einiges Bedeutsame hierzu vernahmen wir bereits im Sportherz-Abschnitt dieses Kapitels. In Analogie zur *„regulativen“ Herzvergrößerung* (Sportherz) im Sinne *physiologischer Anpassung* an *erhöhte Leistungsanforderungen* und als wichtige Voraussetzungfür eine wünschenswerte ökonomische Herzfunktion, entwickeln auch – in deutlicher Abhängigkeit von Qualität und Quantität des Trainings – die Arterien, Arteriolen und Venen eine Anpassung ihrer Struktur an ein größeres Blutvolumen sowie eine höhere Zeitvolumenleistung, verbunden mit größerem Fassungsvolumen. Besonders tierexperimentell konnte auch eine erhebliche belastungsbedingte *Vermehrung der Kapillarzahl im Skelettmuskel* nachgewiesen werden.

Beim Menschen kommt es offensichtlich sowohl zu einer trainingsbedingten Kapillarneubildung, als auch zur Eröffnung von Reservekapillaren.

Von kaum geringer Bedeutung für Therapie und Prophylaxe, insbesondere von Herz- und Kreislaufkrankheiten, ist die gleichfalls schon erwähnte *Herabsetzung* der *Herzschlagfrequenz* in Ruhe als ein gutes Trainingsergebnis namentlich bei *Ausdauersportarten.* Auch während gleichen Leistungen schlägt das physiologisch gut angepaßte Herz ebenfalls langsamer, als beim Untrainierten und erreicht nach der Leistung seine *Ruheschlag-*

frequenz in deutlich kürzerer Zeit zurück. Sodann zeigt der proportionale *Anstieg der Herzfrequenz* bei linear *ansteigender Leistung* einen weniger steilen Anstieg, verglichen mit Untrainierten und Herzkranken, vgl. Abbildung 12. Auch der *systolische Blutdruck* nimmt im Laufe eines *Ausdauertrainings* in Körperruhe gewöhnlich ab. Ausdauertraining bewirkt gewöhnlich auch einen leichten *Anstieg des diastolischen Drucks* zusammen mit einer positiv zu wertenden Herabsetzung der Blutdruckamplitude (Differenz zwischen systolischem und diastolischem Druck). Bei ständig weiterem Ausdauertraining zeigt der *Altersanstieg* des systolischen Blutdrucks eine deutlich *geringere Zunahme* gegenüber der *Gesamtbevölkerung*.

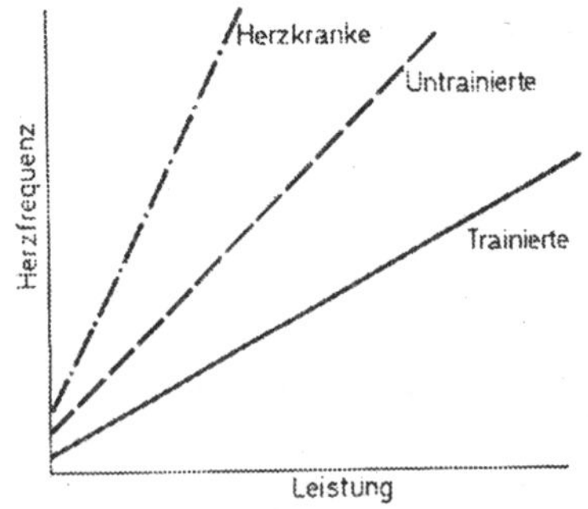

Abbildung 12: Schematische Darstellung der Herzschlagfrequenz während linear ansteigender Leistung bei Ausdauertrainierten, untrainierten Gesunden und bei Herzkranken.
Nach H. Mellerowicz u. Mitarb. (1988).

Werte, wie der *periphere Strömungswiderstand*, das *Herzminutenvolumen*, *Kreislaufzeit* (Umlaufgeschwindigkeit des Blutes), *Herzarbeit* und Arbeits-Sauerstoffverbrauch zeigen gleichfalls bei Trainierten – *insbesondere Ausdauersportlern* – in eindeutiger Weise jedes andere Mittel zur Wiederherstellung und Erhaltung von Leistungsfähigkeit und Gesundheit *überragende Ergebnisse.* Dabei wurden hier noch längst nicht alle relevanten anpassungsbedingten Vorgänge erwähnt. Selbst bei körperlich Aktiven, die einen *Herzinfakrt* erlitten, dürfte eine Förderung der Kollateralenbildung und Kapillarisierung des Herzen Trainierter die *höhere Überlebensrate* begründen. Dagegen bewirkt „*Mangel an körperlichem Training und Muskelarbeit* ... eine Tendenz zu einem Ansteigen der Triglycerid-, Cholestrin- und Glukosespiegel des Serums“ (zu Kranzgefäßerkrankungen führende Fettsäureanreicherungen im Blut), „besonders bei kalorisch inadäquater Überernährung, und führt zu einer Verminderung der O_2-Kapazität und Leistungsfähigkeit des ganzen Organismus – mit einer *Minderung der Koranarreserven* und einer erhöhten *Hypoxiegefährdung* des Herzens. Wegen des Mangels an Bewegung, an körperlicher Arbeit und Übung in unserer technisierten Zivilisation und anderen Faktoren ist die Koronarinsuffizizenz mit eine der häufigsten Erkrankungen unserer Zeit geworden. Bei Menschen, die regelmäßig Leibesübungen treiben ist sie, wie Erfahrungen der sportärztlichen Beratungsstellen zeigen, sehr selten“ (Mellerovicz und Meller 1988). Erst kürzlich wurde auch wieder das bei Ausdauersport *dominierende HDL-Cholesterin* als die führende protektive Funktion gegenüber koronarer Herzkrankheit betont. Auch bei fast allen Herzerkrankungen ist eine angemessene Form der *Bewegungstherapie* unbedingt als sinnvoll zu bezeichnen. Grundvoraussetzung dabei ist allerdings, daß der *Herzkranke* zusammen mit seinem *Arzt* die geeignete Sportart und die vertretbare Belastungsintensität herausfinden. „Dabei ist von einer individuellen Beobachtung des Kranken während körperlicher Betätigung mehr zu erwarten, als von der Übertragung von Meßstandergebnissen auf die Ausübung des Sports“ (Kaltenbach 1989).

Geradezu als *Hauptvoraussetzung* für lebenslange sportliche Betätigung ist die – *möglichst freudvolle*! – Bewegung im *Kindes- und Jugendalter* zu werten, weil nur auf solche Weise ein natürliches Gefühl für die nötige individuell angemessene Sportart und das richtige Ausmaß angeeignet werden. Die sportliche Betätigung sowohl für die Förderung und Stabilisierung der Gesundheit, als auch zur Therapie und Rehabilitation, ist dann als richtig zu werten, wenn es zu einem *„Glücksgefühl ohne Reue“* kommt und als dessen dauerhafter Voraussetzung zu einer *Harmonisierung vegetativer Funktionen* (Appetit, Stuhlgang, Schlaf, Menstruation) in Verbindung mit einer Verbesserung der Konzentrationsfähigkeit als ein weiteres Zeichen der *Beteiligung zentralnervöser Funktionen* (näheres in Teil III, Kapitel 1).

Akuter Herztod – generell zufallsbedingt?

Wie bereits festgestellt wurde, finden sich in mehr oder weniger ausgeprägter Form funktionelle sowie auch morphologische Veränderungen im Bereich des Herz-Kreislaufsystems bei allen aktiven Sportlern. *Plötzliche Todesfälle* treten auf Grund von statistischen Erhebungen bei aktiv Sporttreibenden *nicht häufiger* auf, als in der sogenannten *Normalbevölkerung*. So steigt die Häufigkeit des plötzlichen Herztodes nach den Daten der international sehr renommierten Framingham-Studie mit zunehmendem Alter von 3/10000 Personen zwischen 35 und 44 Jahren auf über 25/10000 Personen zwischen 35 und 44 Jahren auf über 25/10000 im Lebensalter von 55 bis 64 (Kauller 1980). Dagegen liegt die Häufigkeit plötzlichen Herztodes bei Langstreckenläufern im Alter von 29 bis 59 Jahren offenbar deutlich niedriger, nämlich bei 3/10000 Personen (Kaplan 1979).

Das sind erst einmal *Zahlenrelationen*; doch hinter diesen verbirgt sich auch hier die *immer kritisch zu analysierende Lebens-Situation*. Und diese ist gerade bezüglich unseres speziellen Themas erheblich problematischer. Unzweifelhaft stellen aktive Sportler hinsichtlich ihres Gesundheitszustandes im allgemeinen eine positive Auslese dar. Doch bezieht sich dies tatsächlich auch als Ausnahme bezüglich plötzlicher kardialer Todesfälle? Sind diese vielleicht mehr als zufällige Ereignisse? Eher dafür sprechen eine Reihe von Untersuchungsergebnissen im letzten Jahrzehnt. So beschrieben in einer retrospektiven Untersuchung Siscovick und Mitarbeiter (1984) anhand einer Analyse von 133 plötzlich während körperlicher Belastung verstorbener Freizeit- und Langstreckensportler eine auffällige Beziehung zwischen *Trainingsniveau* und *plötzlichem Herztod*: In erster Linie wurde eine Häufung bei niedrigem Traniningsniveau im Verlauf akuter Spitzenbelstung ermittelt. Im Vergleich zu Ruhepausen fanden sie aber auch bei Sportlern mit hohem Trainingsniveau ein erhöhtes Sterberisiko im Sinne des „plötzlich und unerwartet". Weitere Forscher ermittelten neben der auslösenden Spitzenbelastung – und dies bei 70 bis 90 % der Betroffenen! – das erst autoptisch aufgeklärte Vorliegen einer *organischen Herzkrankheit* (vgl. Zehender u. Mitarb. 1991).

In dieser sehr beachtenswerten Aussage verbirgt sich die Tatsache, daß in der Gruppe der 40jährigen ein *Herzmuskelschaden* (hypertrophe Kardimyopathie), bei über 40jährigen eine *Herzkranzgefäßerkrankung* (Koronarinsuffizienz) bestand. Daraus ergibt sich einmal mehr, daß engagierte Freizeitsportler, erst recht natürlich Leistungssportler, regelmäßiger und „herzgezielter" Kontrolluntersuchungen bedürfen. Namentlich ausreichende Kenntnisse über die speziellen *Risiken von Herzarthythmien* bei Sportlern vermögen die fatalen, keineswegs „dem" Sport zuzuschreibenden fatalen Ereignisse zumindest *erheblich zu verringern* (vgl. Teil III, Kapitel 4).

Einmal zählt dazu die Kenntnis, daß bei etwa einem Drittel der Verstorbenen in den Tagen oder Stunden vor Todeseintritt über *uncharakteristische Prodome* in Form verschiedenartigen *„Unwohlseins"* geklagt wurde. Noch bedeutsamer aus präventiver Sicht ist die frühzeitige sportärztliche Identifikation relevanter *Herzrhythmusstörungen.*

Hier sind einmal die bei aktiven Sportlern vermehrt beobachteten *absoluten Arrhythmien mit Vorhofflimmern* zu nennen. Diese dürften sehr unterschiedlich verursacht sein: Vegetativ-nervöse Übersteuerungen (Neigung zu Parasympathikotonie), gesteigerte Wandspannung durch Linksherzvergrößerung, extreme körperliche und/oder psychische (Über-)Belastungen werden ebenso angeschuldigt, wie gehäuftes Auftreten von (Virus-) Infekten im Bereich der oberen Luftwege, Schlafmangel sowie Psychostimulantien (Kaffee, Tee) oder auch Drogen.

Ohne hier in fachärztliche Einzelheiten abzugleiten, muß gesagt sein, daß hier das sogenannte *WPW-Syndrom* (Wolff-Parkinson-White-Syndrom, Synonym für alle erregungsbedingten „Präexzitationen"), wie auch das *Vorhofflimmern* (Steigerung durch maximale Belastungszustände mit der Folge lebensbedrohlicher Steigerung der akzessorischen Vorhof-Kammer-Überleitung) bei Sportlern häufiger auftreten und somit besondere Beachtung verdienen (So 1967). Grundsätzlich gilt hier, daß bei sonst gesundem Herzen häufige und *komplexe Arrhythmien* auch für den Sportler keine Gefahr bilden. Ganz anders ist die Lage bei ursächlicher oder gleichzeitiger *organischer Herzkrankheit.* In jedem Verdachtsfall sind daher unbedingt vor der Zulassung zum Leistungssport z.B. koronare Herzkrankheiten, Hochdruck-Krankheit, alle Formen der hypertrophen Kardiomyopathie, die rechtsventrikuläre Dysplasie, das ausgeprägte Mitralklappenprolapssyndrom, die Aortenklappenstenose u.a. mit entsprechender Diagnostik zu erfassen und bei Bestätigung vom Leistungssport auszuschließen.

Bemerkenswerter Weise wurde bei den Verstorbenen der *jungen Altersgruppe* bei etwa 20 % autoptisch lediglich das Vorhandensein einer *Hypertrophie der linken Herzkammer* ohne jeglichen Anhalt für eine hypertrophe Kardiomyopathie festgestellt. Unter den Maßnahmen der *Ersten Hilfe* spielt *zeitgerechte Sauerstoffbeatmung* eine oft *lebensrettende Rolle.*

Kapitel 3

Atemsystem und körperliche Leistungsfähigkeit

Unter Atmung verstehen wir den Austausch von Sauerstoff und Kohlendioxid zwischen Organismus und Umwelt. Um in der breiten Spanne zwischen Prävention und Rehabilitation ärztlich wirksam zu sein, bedarf es neben der Kenntnis möglichen Einflusses von qualitativ und quantitativ unterschiedlichen körperlichen Beanspruchungen auf Herz und Kreislauf, insbesondere jenes auf die Atmung.

Nasenfunktion, Atmung und Lungenvolumen

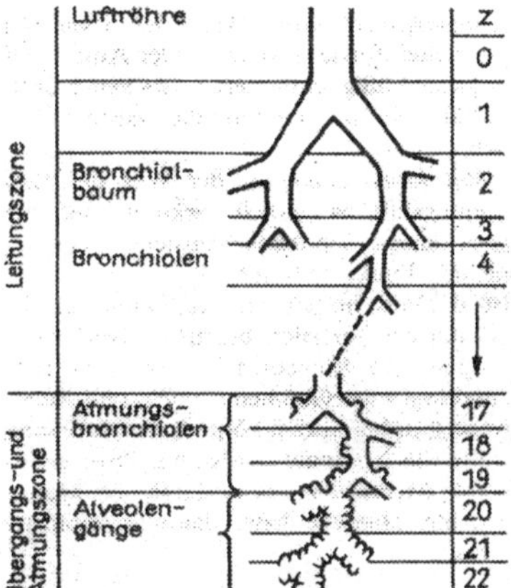

Abbildung 13: Schematische Darstellung der Atemwege. Die Luftröhre ergibt durch ständig wiederholte Verzweigungen im Bronchialbaum und in den Bronchiolen ein weitverzweigtes, luftgefülltes Röhrensystem, das schließlich in den Alveolen blind endet. z gibt die Stufenzahl der Verzweigungen an; die Lunge besitzt somit über 223 Alveolen. Der Gasaustausch findet nur in den Endverzweigungen der Bronchiolen (Atmungsbronchiolen), den Alveolengängen und den Alveolen statt.
Nach Weibel. In D. G. R. Findeisen u. Mitarb. (1980).

Der zwischen Umwelt und Blut vonstattengehende Gasaustausch wird als *Lungenatmung* bezeichnet und von der *Gewebsatmung* – Verbrauch von Sauerstoff in den Körperzellen während der Stoffwechselvorgänge mit Kohlendioxiderzeugung – abgetrennt. Die Größe des vonstattengehenden Luftwechsels ist die *Ventilation* und kennzeichnet die *Leistungsfähigkeit unserer Atmung*. Anatomisch wird zwischen *oberen Atemwegen* (Nase- und Mundhöhle bis zu den Stimmbändern) und den *unteren Atemwegen* mit Luftröhre. Bronchien, Bronchiolen und Alveolen, unterschieden, vgl. Abbildung 13. Weitere strukturelle Einzelheiten (Aufbau der Atemwege, an den Brustkorbbewegungen beteiligte Knochen- und Muskelsystem usw.), vgl. Tittel (1985).

Die *oberen Atemwege* (Nasens- und Rachenraum) sind weitgehend mit zartem Flimmerepithel ausgekleidet, das zahlreiche Schleimdrüsen enthält und stark durchblutet ist. Auf diese Weise kann die Einatmungsluft beim Vorbeistreichen an diesem Oberflächenepithel aufgewärmt, angefeuchtet und von Fremdkörpern (einschließlich z.B. Gräserpollen zur Blühzeit) gereinigt werden. Nicht angemessene Beachtung und *Behandlung anhaltender Entzündungen* bewirken oft ein *Austrocknen und Atrophie* der Nasenschleimhaut (Rhinitis atrophicans bzw. sicca) und sind Wegbereiter chronischer Erkrankungen der unteren Atemwege (Asthma, chron.-obstruktive Bronchitis).

Es ist dies ebenso einleuchtend, wie oft unbeachtet, nachdem seit längerem bekannt ist, daß die Schleimzellen der oberen Atemwege normalerweise täglich etwa 100 ml Schleim absondern, der den eingeatmeten Staub bindet und in Richtung Schlund abtransportiert. Häufig wird dieser *Selbstreinigungsmechanismus* durch vielerlei Umwelteinflüsse (häufiger Aufenthalt in gleichmäßig temperierter, trockener Luft, Tabakrauch u.a.) *unbedacht empfindlich gestört*. Es kommt dann in der Regel zur *Mundatmung*; der Weg der Einatmungsluft ist hier erheblich verkürzt, und die genannten Schutzmechanismen können nicht in Funktion treten. Immer ist daher als *Normalatmung* auf die *Nasenatmung* zu achten! Sie *schützt* den Sprtler und jeden anderen gesundheitsgerecht Lebenden vor *Entzündungen* der oberen Atemwege und der Gaumenmandeln, zudem die tiefen Atemwege (Bronchien und Bronchiolen), nicht zuletzt beim Training in der kaltfeuchten Jahreszeit, wo zudem immer auch auf warme Füße (enge Verbindung zwischen Wärmehaushalt und Schleimhautfunktion obere Luftwege) besonders geachtet werden sollte.

Die *eingeatmete Luft* strömt in die Lungenbläschen (Alveolen) und setzt sich aus 21 % Sauerstoff, 78 % Stickstoff und 11 % Edelgase zusammen. Dabei ist die Einatmung (Inspiration) ein aktiver Vorgang der Brustkorbmuskulatur und des Zwerchfells (Diaphragma). Die Atemmuskeln, namentlich das Diaphragma, dehnen durch Kontraktion die elastischen Fasern der Lunge und erweitern die Alveolarräume. Während der weitgehend *passiven Ausatmung* (Exspiration) ziehen sich bei Nachlassen der Atemmuskelkontraktion die gedehnten elastischen Fasern wieder zusammen. Ausatemhilfsmuskeln kommen lediglich bei forcierter Ausatmung zum Einsatz: Ihre Funktion und Kräftigung wird nur bei *regelmäßigen Ausatmungsübungen* erreicht. Dies ist daher ein Bestandteil jeder Sportstunde eines gewissenhaften Sportlehrers und Trainers. Weil das Training der Bauchmuskeln für die Atmung erheblich zu unterstützen vermag, gehört es in das Programm der meisten Sportarten und ist *unverzichtbar* beim *Konditionstraining*!

Sporttherapeutisch ist noch die *Widerstandsatmung* zu nennen, die sich uns seit 25 Jahren sowohl bei Gesunden (Gesundheitstraining), als auch bei Asthmatikern sehr bewährt hat (hier wurde sie in der neueren Asthmaliteratur als „Lippenbremse" neu entdeckt). Bei dieser auch psychoimmunologisch relevanten Übung („Verlernen" von Angst, z.B. vor einem Asthmaanfall) wird täglich zwei- bis dreimalige Anwendung (je 5 min) empfohlen.

Methodisch wird so vorgegangen, daß im Liegen, Stehen oder Sitzen in die fließende Ausatmung eine kleine Hemmung eingeschaltet wird; dann läßt man die Atmung entspannt weiterfließen. Nun wartet man die nächste Einatmung ab. Sie kommt automatisch, zunehmend tiefer, durchfließender, als die vorhergehende. Dann kann man einen Atemzug durchgehen lassen, schaltet dann in die nächste und übernächste Ausatmung wieder die kleine Hemmung ein, die immer in kurzem Öffnen und Schließen der Lippen besteht. Beim Ausströmen der Luft lassen wir zur Verlangsamung dieses das Zwerchfell entspannenden Vorgangs Konsonanten flüstern, zB. p, t, k. Wir müssen nur beachten, daß vor der Einschaltung der Hemmung in die Ausatmung ein kleiner Teil der Ausatmungsluft schon durch den Mund die Lunge verlassen hat. Auch sollte der letzte Rest der Ausatmungsluft frei ausströmen. Die Einschaltung der Konsonanten darf somit nicht bis zur völligen Ausatmung geführt werden, um jeder Anspannung vorzubeugen.

Mit *wenigen solcher Ausatemübungen* entwickelt sich *körperliche Entspanntheit*; wenn der Übende müde und schlaff war, wird er gekräftigt und aufgerichtet (ambivalenter Effekt). Einige solcher Atemzüge, z.B. im Verlauf eines längeren Diktats, genügen in der Regel, um die nötige geistige Spannkraft zurückzugewinnen. Am besten in frischer Luft (offenes Fenster) ist derjenige daran, der sich diese Übung anfangs regelmäßig, später „bei Bedarf" ausführt und imstande war, seine Lunge zu einer sehr effektiven, unverkrampften Atmung regelrecht zu „erziehen". *Wesentlich* ist das *Abwarten* und völlig unwillkürliche *freie Strömenlassen der Ausatmung* bis auf die bewußten *kleinen Unterbrechungen:* Man muß somit wirklich die Pause zwischen Ein- und Ausatmung abzuwarten lernen!

Neuerdings lassen wir Sportler, die zugleich Asthmatiker sind, den Maximalwert der Ausatmungskapazität mit Hilfe des Peak-flow-Meter ermitteln, was zunehmend Erfolgserlebnisse beschert.

Mit zunehmendem Lebensalter wird die Ausatmung durch Gewebselastizität, insbesondere durch nachlassende Muskelkraft, eingeschränkt. Die Folge ist eine zunehmende *Überblähung* im Bereich der Bronchiolen und Alveolen (Altersemphysem). Dieser Prozeß kann nur durch sportliche Aktivität in Verbindung mit Atemgymnastik verzögert, partiell verhindert werden.

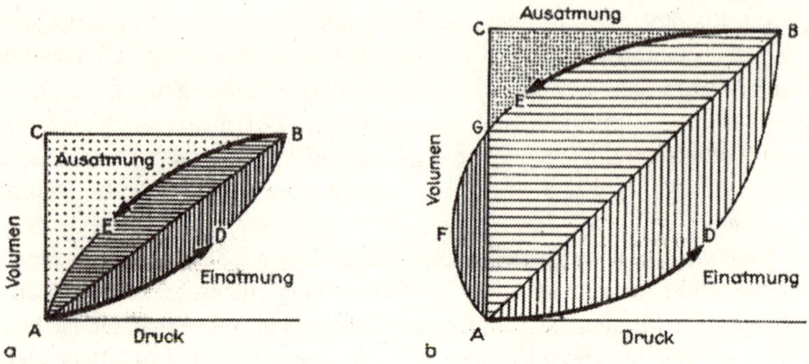

Abbildung 14: Druck-Volumen-Diagramm der Arbeit unter Ruhe- und Belastungsbedingungen. Näheres vgl. Text.

Bekanntlich ist Arbeit physikalisch Kraft x Weg oder Druck x Volumen. Die *Atemarbeit* kann als Produkt aus Druck und Volumen aus den Flächenwerten des Druck-Volumen-Diagramms bestimmt werden (Abbildung 14). Beispielsweise werden in Ruhe Atemfrequenz und Atemvolumen reflektorisch so eingestellt, daß ein Minimum an Atemarbeit geleistet wird. So ist die Fläche zwischen der Ordinate und der Verbindung AB in unserer Abbildung ein Maß für die Einatmungsarbeit, die zur Überwindung der elastischen Widerstände nötig ist. Am Ende der Einatmung (B) ist die in der Fläche ABC ausgedrückte potentielle Energie in den elastischen Geweben gespeichert. Diese reicht aus, um eine mühelose passive Ausatmung zu bewirken. Dabei wird die durch die Fläche ABE definierte Arbeit zur Überwindung der Gewebswiderstände und zur Entwicklung des Luftstroms während der Exspiration gebraucht. Weiteres vgl. unser sportmedizinisches Lehrbuch (Findeisen u. Mitarb. 1980).

Unter den *Lungenvolumina* verstehen wir die vier Anteile, in die sich die Totalkapazität der Atemwege bezüglich Einatmung und Ausatmung aufteilen läßt. Die *vier primären Lungenvolumina* hängen von Körperbau, Körpergewicht, Körpergröße, Geschlecht, Alter und Trainingszustand ab. Sie werden direkt mit Hilfe des Spirometer oder eines Pneumotachografen (indirekt über Messung der Strömungsgeschwindigkeit der Luft) gemessen (vgl. Abbildung 15). Hier sind zugleich die Werte bei 20–30jährigen Männern – bei Frauen finden sich um etwa 25 % geringere Durchschnittswerte – angegeben. Unter *Belastung* verändern sich die Lungenvolumina vorwiegend durch starke Zunahme des Atemvolumens (Atemzugvolumen) auf Kosten des inspiratorischen sowie exspiratorischen Reservevolumens.

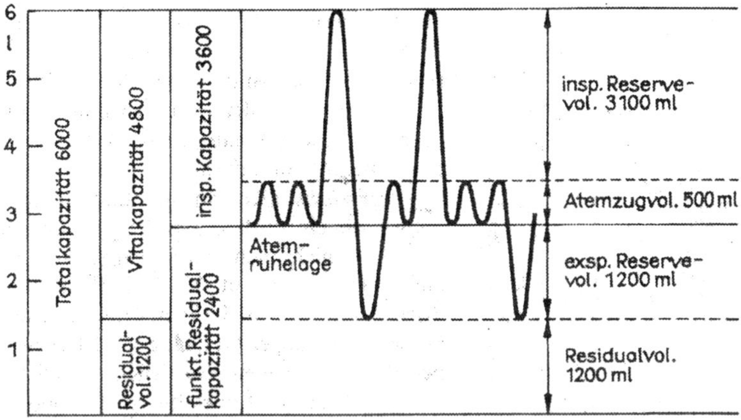

Abbildung 15. Schematische Darstellung der vier, von Körperbau, Körpergewicht, Körpergröße, Alter und Trainingszustand abhängigen Lungenvolumina. Angegebene Werte sind Mittelwerte von Männern im Alter von 20 bis 30 Jahren in aufrechter Körperhaltung.

Die hier noch zu nennende *Atemfrequenz* beträgt bei Untrainierten in der Regel 16 bis 20 Atemzüge in der Minute und ist vor allem vom Lebensalter (Neugeborene: 60–70/min, im 5. Lebensjahr noch etwa 26/min) sowie vom Gesundheitszustand und vom Trainingszustand abhängig. *Asthmatiker* zeigen zumeist auch als Sportler eine beschleunigte Atmung schon bei Erregung, hohen Außentemperaturen, Fieber u.a. Bei *Hochtrainierten* liegen die Ruhewerte mit 8–10/min in der Regel weit unter den Ruhewerten Untrainierter (Ausdruck günstiger Gasaustauschvorgänge bzw. guter Atemökonomie, von Asthmatikern selten voll erreichbar), vgl. Abbildung 15.

Neben den vorgenannten *„statischen" Lungenvolumina* dienen die *„dynamischen" Lungenvolumina* in Form des Atemstoßtests (sogenannter Tiffeneauwert: 1 sec-Kapazität) und des Atemgrenzwertes (Luftmenge in Litern, die bei forcierter Atmung in 1 min in Ruhe geatmet wird) der Funktionsdiagnostik.

Veränderungen durch sportliches Training

Beim trainierten Leistungssportler beobachtet man im System seiner Atmung insbesondere folgende Veränderungen:

a) Der Brustkorb wird erweitert und die Beweglichkeit der Rippen sowie die Kontraktionskraft der Atemmuskulatur nehmen zu, so daß eine größere Luftmenge ventiliert werden kann. Das Verhältnis Nutzraum:Totraum der Atemwege wird größer, die Atemreserve erhöht sich;

b) Die Diffusionskapazität der Lunge nimmt durch Ausdehnung der Alveolaroberfläche und Erhöhung des intraalveolaren Sauerstoffteildrucks (pO_2) zu;

c) Die Anzahl der eröffneten Lungenkapillaren und damit die Menge des für den Gasaustausch in der Lunge verfügbaren Blutes erhöhen sich;

d) Das Verhältnis zwischen Arbeitsaufwand der Atemmuskulatur und ventilierter Luftmenge verbessert sich, so daß die Diffusion pro Zeiteinheit ökonomischer verläuft.

Hinzukommen hier noch schon erwähnte Veränderungen im Kreislaufsystem, z.B. Vergrößerung der pro Zeiteinheit durch die Lunge fließenden Blutmenge, des weiteren im Blut, z.B. Zunahme der Transportkapazität für Sauerstoff und Kohlendioxid. Mit diesen *positiven Auswirkungen* auf die *Atemfunktion* ergibt sich beim *Hochtrainierten* ein *höherer Nutzeffekt* des *Transportes* einer *größeren Gasmenge* zwischen Außenluft und Gewebe: Die *Atmung* verläuft in einer *ökonomischeren Weise.*

Gesundheitsgerechte Regulation der Atmung

Noch vor wenigen Jahrzehnten wurde die Atmung generell als der entscheidend *leistungsbegrenzende Faktor* unzweifelhaft für *Ausdauersportarten* angeseen. Dabei divergierten eine Reihe von Hypothesen über die Atmungssteuerung bei Extremleistung. Auf diese muß hier nicht näher eingegangen werden. Heute ist unbestritten, daß die *ventilatorische Kapazität* selbst bei *intensivsten dynamischen Anstrengungen* unter dem Einsatz großer Muskelmassen *nicht völlig ausgeschöpft* werden. So erreicht das Atemminutenvolumen unter diesen Bedingungen maximal 70 bis 80 % des Atemgrenzwertes, *Ausdauertrainierte* vermögen im Bereich der maximalen Sauerstoffausnahme kurzfristig ohne weiteren Anstieg der O-Aufnahme eine noch *höhere Belastungsstufe* zu bewältigen, aber mit zusätzlicher Vermehrung des Atemminutenvolumens. Diese und weitere Befunde sprechen eindeutig gegen einen grundsätzlich bestehenden leistungsbegrenzenden Effekt der Ventilation als solcher (Hollmann 1972), aber auch zugleich *gegen unausweichliche Gefahren* für die Gesundheit bei wissenschaftlicher – und das heißt gesundheitsgerechter – Trainingsmethodik.

Nach heutigem Kenntnisstand besteht beim *Gesunden* eine *Harmonie aller leistungsbegrenzenden Faktoren.* Wenngleich diese nahezu gleichzeitig ihre Kapazitätsgrenze erreichen, besitzen dennoch besondere Relevanz für gesundheitsgerechte Leistungssteigerung das *Herzzeitvolumen*, die *periphere Sauerstoffutilisation* (arteriovenöse O_2-Differenz) sowie der *pH-Wert.* Denn wenn letztlich die Größe des geförderten Blutvolumens die verfügbare Sauerstoffmenge bestimmt, die der arbeitenden Muskulatur verfügbar ist, so dürfte hier *intrazelluläre pH-Wert* die letztlich *entscheidende leistungsbegrenzende Rolle* spielen.

Schließlich soll in diesem Zusammenhang noch vermerkt werden, daß körperliches Training die maximale Sauerstoffaufnahme bei Übenden im 3 und 4. Jahrzehnt zwischen 15 bis 25 % zu erhöhen vermag. In Extremfällen sind sogar Leistungssteigerungen bis zu 50 % verzeichnet worden, und dies bei gesundheitlichem Wohlbefinden.

Die *willkürliche Beherrschung der Atmung* – ein Musterbeispiel bietet das Tauchen – beispielsweise beim Singen oder Pfeifen, ja ganz allgemein beim Sprechen –, bedeutet für gesundheitsgerechte sportliche Übungen eine gute Chance für optimale Leistungen. Auch hier gilt es, die *Harmonie* von *Gesundheit* und *Wohlbefinden* zusammen mit *hoher Leistungsfähigkeit* im Auge zu behalten, anstelle des Einen auf Kosten des Anderen.

Kapitel 4

Ernährung, Stoffwechsel und Energiebedarf

Muskuläre Tätigkeit ist abhängig von Energieumsetzungen im Muskelgewebe, die Voraussetzung für die Kontraktionsarbeit sind. Lebende Materie bedarf der fortwährenden Aufnahme und Abgabe von Stoffen, also des Stoffwechsels. Im Blut und im Gewebe erfahren die energieliefernden Stoffe (Kohlenhydrate und Fette) starke Veränderungen. Darüber hinaus erfolgende *Anpassungen des Organismus* an den Energieumsatz und Energiebedarf werden durch körperliche Training sowohl *sichtbar*, als teilweise auch *berechenbar.*

Nahrungsaufnahme, Verdauung und sportliche Leistung

Der *Nährstoffbedarf* setzt sich aus dem *Grundumsatz* (Erhaltungsstoffwechsel) und dem *Arbeitsumsatz* (Arbeitsstoffwechsel) zusammen. Dabei ist der Grundumsatz diejenige Energiemenge, die der Organismus zur Arbeitsleistung benötigt und die in Körperruhe vonstattengeht. Er ist abhängig vom Lebensalter, Geschlecht, Körperoberfläche sowie Außentemperatur. So ist bei Kindern und während sportlichen Aufbautrainings noch der Bedarf für die Substanzzunahme der Zellen (Aufbaustoffwechsel) mitzubedenken. Da der Energieumsatz ausschließlich mit Sauerstoff realisierbar ist, kann der *Grundumsatz* auch durch die *Sauerstoffaufnahme* und *Kohlendioxidabgabe* gemessen werden: Wegen völligen Fehlens von Sauerstoffvorräten muß hier die O_2-Aufnahme in gleichem Maß steigen, wie der Energieumsatz. Bis heute gebräuchlichste *Einheit* für den *Energiestoffwechsel* ist die in Kilokalorie (kcal = Wärmemenge, die 1 l Wasser von 14,5 auf 15,5 Grad erwärmt). Da bei der Umwandlung von chemischer Energie in mechanische Energie im Durchschnitt 80 % als Wärme freigesetzt werden, wird neuerdings dem Joule als Einheit für den Energieumsatz der Vorzug gegeben (1 Joule = 4,2 kcal).

Die hier auftauchende Frage nach Qualität und Quantität der *Nahrung* soll an dieser Stelle (vgl. auch letzten Abschnitt dieses Kapitels) dahingehend Beantwortung finden, daß als *Grundregel* die Aufnahme von 15–18 % Eiweiß, 25–39 % Fett, 50–60 % Kohlenhydrate sowie Vitamine, Wasser und Mineralsalze, zu gelten hat.

Kohlenhydrate (vorwiegend Glukose) und *Fette* sind die *bedeutendsten energieliefernden Substrate* für den Muskel, wogegen die körperfremden Eiweißstoffe (Aminosäuren) nur in geringem Maß der Energiebereitstellung dienen. Dabei wissen wir bereits, daß *Eiweiß* (Protein) hochspezialisierte Aufgaben, z.B. als Bestandteil von Zellstrukturen, Enzymen, Hormonen sowie als Abwehrstoff (Immnglobulin bzw. Antikörper) zu erfüllen hat. Mit der Nahrung aufgenommenes Eiweiß wird bei der Verdauung in seine Bausteine (Aminosäuren) zerlegt, die nach der Resorption in der Leber zu körpereigenem Protein aufgebaut und am Wirkungsort die endgültige Form erhalten, was mit viel Energie verbunden ist. *Lebendes Eiweiß* ist *ständigem Verschleiß* unterworfen und bedarf somit *täglicher Erneuerung*. Sein Tagesbedarf liegt bei 1 g/kg Körpergewicht (KG); dieser erhöht sich in Fällen vermehrter Bildung von Muskelsubstanz (Aufbautraining), wo mit 1,5 g/kg KG – 2,0 g/kg KG zu rechnen ist.

Die vom Organismus nicht synthetisierten Aminosäuren werden als *essentielle Aminosäure* in Form von Fleisch, Milch, Eiern (= tierisches

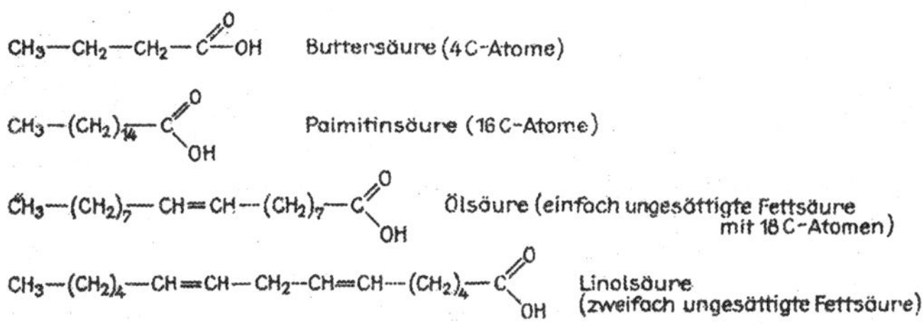

Abbildung 16. Strukturformeln wichtiger Fettsäuren.

Eiweiß) oder z.B. in Sojabohnen (= pflanzliches Eiweiß) durch möglichst *tägliche Zufuhr* aufgenommen. Dabei wird *zuviel aufgenommenes Nahrungseiweiß* verbrannt bei gleichzeitiger Entstehung unnötigen und lediglich zusätzlich belastenden Stoffwechsels (z.B. bei hohen Umgebungstemperaturen). Heute oft beobachtete leistungs- und gesundheitswidrige *Eiweiß-Überernährung* ist daher gleichbedeutend mit unrationeller Belastung von Stoffwechsel, Verdauung und Ausscheidung.

Fette und fettähnliche Substanzen (Lipide) sind die *Energiespeicher unseres Körpers.* So sind davon rd. 50000 kcal in den menschlichen Fettdepots gelagert. Ihre Energiemobilisation erfolgt mit Hilfe der Katecholamine (Adrenalin, Noradrenalin). Da einige Fettsäuren lebenswichtige Funktionen zu erfüllen haben und mit der Nahrung zugeführt werden müssen, werden sie als *essentielle Fettsäuren* bezeichnet. Während die Art deren Zuführung (z.B. als Leinöl, Butter oder Margarine) keinen nachweisbaren Einfluß auf die sportliche Leistung hat, erreichen Fette mit niedrigem Schmelzpunkt (harte Fette, z.B. Rindertalg) nicht den gleichen ernährungsrelevanten Wert. Die Strukturformeln wichtiger Fettsäuren werden in Abbildung 16, die Hauptwege des Fettstoffwechsels in Abbildung 17 zu veranschaulichen versucht. Ergänzend sei hier nur noch bemerkt, daß der größte Teil der im Blut kreisendem *freien Fettsäuren* aus den Triglyzeriden des Fettgewebes stammt. Sie werden von fast allen Körperzellen zur Energiebedarfsbedeckung herangezogen, sehr ausgiebig auch von der Muskulatur, ihr *Abbau* ist überaus *energieintensiv.* Der im Verhältnis zum hohen Verbrauch sehr niedrige Blutspiegel weist auf eine hohe Umsatzrate hin (Halbwertzeit von wenigen Minuten im Blut nachweisbarer Fettsäuren). Die *freien Fettsäuren* werden zudem sehr *rasch mobilisiert* und können aus dem Blut in die Zellen eindringen, wofür das *vegetative Nervensystem* verantwortlich ist.

Die *sofort verfügbaren Energielieferanten* sind die *Kohlenhydrate.* So verfügt der gut trainierte Sportler über eine in den Muskelzellen und in der Leber gespeicherte Reserve von etwa 1600 kcal. Dabei ist der *Hauptweg* der *Kohlenhydratverwertung* der *energieliefernde Abbau der Glukose.* Dieser

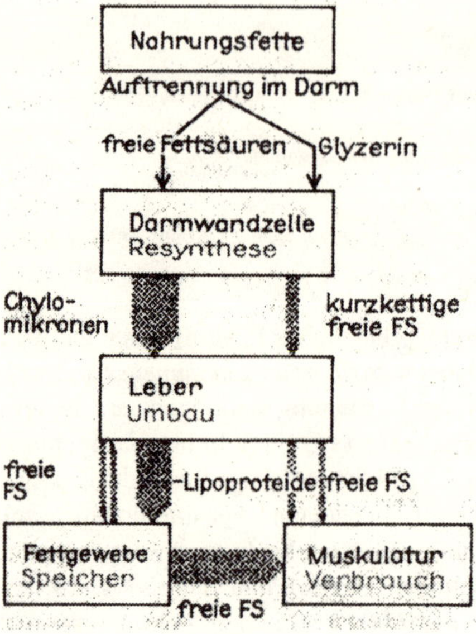

Abbildung 17: Die Hauptwege des Fettstoffwechsels.

erfolgt in den zwei Abschnitten 1. Glykolyse, 2. oxydativer Abbau des Pyruvats (oxydativer Abbau), vgl. auch Abbildung 18.

Da die Glykolyse sehr schnell aktivierbar ist, kann die entstehende Pyruvatmenge die Kapazität des nachfolgenden oxydativen Abbaus stark übersteigen, woraus eine Pyruvatenanhäufung sowie (infolge Dehydrierung des Glyzerinaldehyds) auch an reduziertem NADH2 resultiert. Es kann dies bei *Sauerstoffmangel* infolge dessen starker Einschränkung der oxydativen Zellkapazität sehr ausgeprägt sein. Sodann kommt es jetzt unter Einwirkung des im Muskel reichlich vorhandenen *Enzyms Laktaddehydrogenase* (LDH) bei Pyruvateinwirkung durch Reduktion (Hydrierung durch NADH2) zu *Milchsäure* (Laktat). *Laktatbildung* tritt somit immer dann auf, wenn bei *schnell einsetzendem* und sehr *hohem Energiebedarf* das Ausmaß der schnell aktivierbaren *glykolytischen Reaktionen* die oxydative Kapazität überschreitet. Insgesamt ist der *Glykogenabbau* (Glykogenolyse) energetisch als *günstiger* anzusehen gegenüber dem *Glukoseabbau*: Es ist dies besonders in Situationen mit überwiegend anerober glykolytischer Energiegewinnung relevant, weil dann die 1 1/2fache, (d.h. 3 statt 2 ATP) an schnell verfügbarer Energie verfügbar ist.

Der Stoffwechsel und seine Regulation

Die *eigentliche Energiegewinnung* vollzieht sich im Gegensatz zur Vielfalt der energieverbrauchenden Vorgänge lediglich in einer einzigen chemischen Reaktion: der *biologischen Oxydation.* Diese besteht in der Oxydation des in den Nahrungsmitteln enthaltenden Wasserstoffs durch den eingeatmeten Sauerstoff zu Wasser H_2 + 1/2 O_2 $ H_2O). Dabei verläuft die biologische

Oxydation des Wasserstoffs im Organismus nicht in einem Schritt, sondern in *Form einer verzögerten Reaktionskette* ab. Durch verschiedene Enzyme wird dabei eine *stufenförmige Freisetzung* und *Ausnutzung* der *Energie* gesichert. Ort dieser Vorgänge sind die Mitochondrien, die uns bereits begegnet sind (Kraftwerke der Zelle, vgl. Kapitel 1). Dabei sind drei *komplexe biochemische Reaktionsfolgen* erforderlich, vgl. Abbildung 19. Das im *Zitratzyklus*, der *Atmungskette* und in der *oxydativen Phosphorylierung* gewonnene Adenosintriphosphat (ATP) ist die *Schlüsselsubstanz* des *Energiestoffwechsels*.

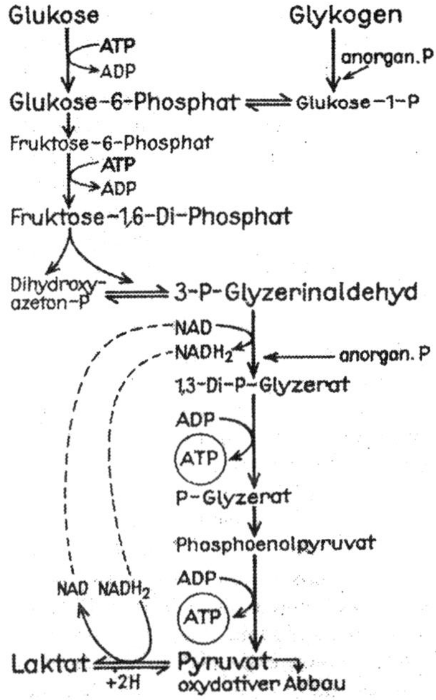

Abbildung 18: Enzymatisch gesteuerte Einzelreaktionen des glykolytischen Stoffwechsels. Weiteres vgl. Text.

Für den Energiebedarf weiterhin von besonderer Bedeutung ist der *Grundumsatz* als das zusammenfassende Maß für solche Leistungen, wie Atmung, Kreislauf, Verdauung, Erhaltung der Körpertemperatur, Sekretbildung der Drüsen u.a. Es ist dies somit der *Stoffwechselumsatz, bezogen auf 24 Stunden* unter den Bedingungen absoluter Körperruhe, normaler Körpertemperatur, indifferenter Umgebungstemperatur und Nüchternheit (letzte Nahrungsaufnahme vor 14 Stunden). Neben hormonalen (z.B. Steigerung durch erhöhte Schilddrüsenfunktion) und nervalen Einflüssen (z.B. Umsatzsteigerung durch den Sympathikus, Gegenteiliges bewirkt der Parasympathikus) besteht beachtliche Abhängigkeit von der Körperoberfläche. Bei Frauen besteht ein etwa 10 % geringerer Grundumsatz (herabgesetzte Wärmeabgabe infolge stärkeren Unterhautfettgewebes) als bei Männern; im Alter nimmt er ab.

Die über das Grundumsatzniveau hinausgehende Steigerung des Stoffwechsels durch Muskelarbeit (mit Einschluß der Muskelspannungen beim Stehen, Sitzen u. dgl.) und bei ausgeprägten körperlichen Belastungen wird als *Leistungsumsatz* bezeichnet, vgl. Abbildung 20. Er ist von der Dauer, Intensität und vom Umfang der eingesetzten Muskelmasseder geleisteten Arbeit abhängig. Die *Berechnung* erfolgt für die verschiedenen Tätigkeiten,

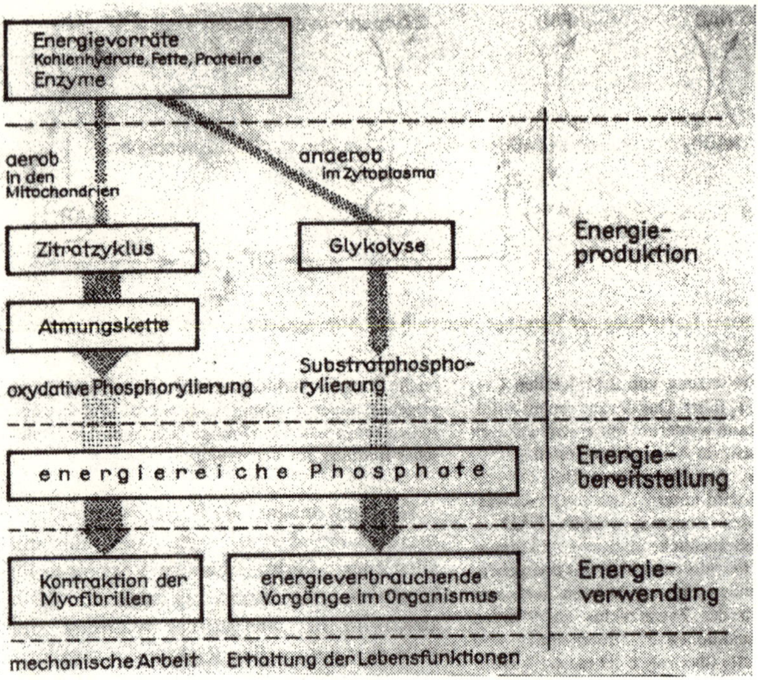

Abbildung 19: Schematische Darstellung des Energiestoffwechsels.

denen entsperchend der Leistungsumsatz sehr stark variieren kann, indirekt durch *Ermittlung* des *Sauerstoffverbrauchs*, vgl. Tabelle 5.

Die *Regulationsmechanismen* erfolgen auf *zellulärer Ebene* und werden wesentlich durch *hormonale* und *nervale Steuerungen* beeinflußt. Die erforderlichen Umstellungen sind dadurch gekennzeichnet, daß einmal eine weitgehende Konstanz der Verhältnisse von Bildung als auch Umsatz von Substanzen gewährleistet ist, d.h. die *Homöostase* aufrechterhalten wird. Zum anderen muß es schnell zu den *nötigen Umstellungen* der *Reaktionsabläufe* kommen können.

Für die Regulationen des Zellstoffwechsels ist von besonderer Bedeutung die *Enzyminduktion*: Die Zelle bildet Enzyme, wenn entsprechende Substanzen zu weiteren Reaktionen verfügbar sind. Substanzinduzierte Enzymsynthese bleibt dagegen aus, wenn der Zelle andere Substrate verfügbar sind, die auf leichtere Art weiterverarbeitet werden können. Dabei wird die *koordinierte Induktion* (gleichzeitige Bildung notwendiger Enzyme einer Reaktionskette) von der *sequentiellen Induktion* (Induzierung des ersten Enzyms durch Substratumsatz zu vermehrter Bildung des nächsten notwendigen Enzyms) unterschieden.

Ein hier noch erwähntes Beispiel für die Wirkung regulatorischer Mechanismen auf Zellebene sei das *Zusammenspiel* zwischen *Kohlenhydrat-* und *Fettstoffwechsel*. Hier ist im Prinzip erkennbar, daß die ökonomischere und kalorienintensivere Verwertung von Fetten dem Kohlenhydratabbau vorzuziehen ist, nicht zuletzt zur Aufrechterhaltung des

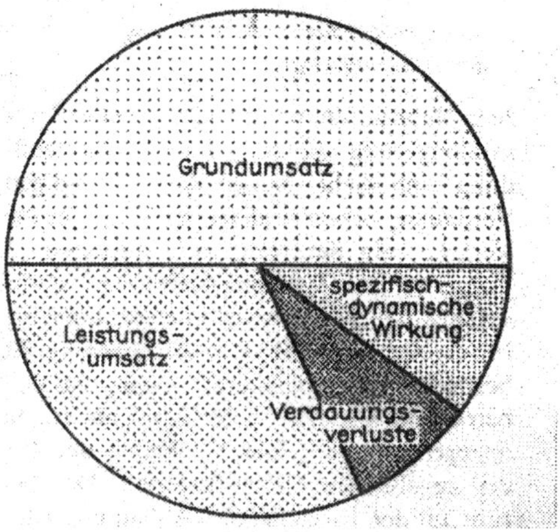

Abbildung 20: Energiebedarf bei mittlerer körperlicher Belastung (Leistungsumsatz)

Energiebedarf für verschiedene Tätigkeiten

Tätigkeit	kcal/kg Körpermasse/h	Tätigkeit	kcal/kg Körpermasse/h
Grundumsatz	1,00	Laufen 5,0 m/s	15,00
Schlaf	0,93	Laufen 6,6 m/s	85,00
Liegen	1,10	Schwimmen 0,33 m/s	4,40
Sitzen	1,43	Schwimmen 1,00 m/s	21,00
Stehen	1,50	Radfahren 10 km/h	4,28
langsames Gehen	2,86	Radfahren 20 km/h	8,56

Tabelle 5:
Nach Gräfe, zit. Donath. In D. G. R. Findeisen u. Mitarb. (1980)

lebensnotwendigen *Blutzuckerspiegels*. Beim Abbau freier Fettsäuren werden direkte und auch indirekte Hemmwirkungen hervorgerufen, mit denen ein *glukoseeinsparender Effekt* erzielt wird. Es ist dies beim *Hungerzustand* von großer Bedeutung: hier erfolgt eine besonders reichliche Mobilisation freier Fettsäuren. Zum andern wird die *Freisetzung freier Fettsäuren* durch reichliche Zufuhr von *Glukose* gehemmt. Biochemisch war unzweideutig zu ermitteln, daß während und nach Körperarbeit ein Anstieg von Enzymen erfolgt, die vornehmlich dem Muskelgewebe

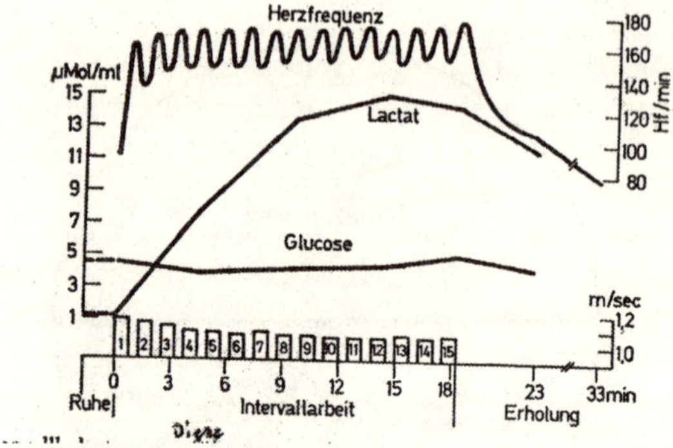

Abbildung 21: Intervallbelastungen.
Diese führen zu einer besonders starken Energiebereitstellung über die Glykolyse und Ausbildung der anaeroben Kapazität, wenn Intensität und Pausen richtig dosiert sind.
Bei gleicher Belastungsintensität wird durch Verringerung der Pause von 45" auf 30" ein schnellerer und stärkerer Anstieg des Laktat im Blut als Ausdruck einer erhöhten glykolytischen Energiereitstellung gesehen. Die Herzfrequenzen erreichen in den Belastungsphasen Werte um 170/min (n = 10).
Nach Keul u. Mitarb. In Bock (1972).

entstammen. Bei *Untrainierten* sah man *Schwellungen* und *Deformationen der Mitochondrien*, die bei Trainierten ausblieben. Bei Intervallbelastungen erfolgen besonders starke Energiebereitstellungen (via Glykolyse und Ausbildung der aneroben Kapazität bei richtiger Dosierung von Intensität und Pausen). Dagegen tritt bei geringeren Pausen und gleicher Belastungsintensität ein schnellerer und stärkerer Laktatanstieg im Blut ein (Ausdruck erhöhter glykolytischer Energiebereitstellung), die Herzfrequenzen erreichen dabei Werte um 170/min, vgl. Abbildung 21.

Zum Thema *hormonelle* und *nervale Regulation* muß als erstes der entscheidende Einfluß des *Insulin* auf die Beziehungen zwischen Fett- und Kohlenhydratstoffwechsesl genannt werden. Das Hormon der Bauchspeicheldrüse hemmt die Mobilisierung der freien Fettsäuren (*Lipolyse*) und fördert die Neubildung von Triglyzeriden (*Lipogenese*), neben anderem auch die Umwandlung von Glukose in Fett. Glukoseverwertung (Abbau und Einlagerung in Glykogenspeicher) wird maßgeblich gefördert, aber die Neubildung von Glukose und Aminosäuren (*Glukoneogenese*) sind eingeschränkt, wodurch der *blutzuckersenkende Effekt* des Insulins zustandekommt.

Entgegengesetzte Wirkungen haben die Hormone des Hypophysenhinterlappen (ACTH, STH) und der Nebennierenrinde (Kortikoide). Die letztgenannten behindern die Glukoseverwertung, besonders im Muskel, und bewirken in der Leber gesteigerte Glukoseneubildung (Glukoneogenese), vorwiegend aus Aminosäuren. Dies führt zu Blutzuckeranstieg sowie zu Proteinabbau. Allerdings fördert das Wachstumshormon STH die Fettsäuremobilisierung und führt zu Einsparung von Kohlenhydraten. Dabei fördern Insulin und STH den *Proteinaufbau.*

Die Unfähigkeit, die mit der Nahrung aufgenommenen Zucker *Glukose* und *Galaktose* zu verwerten, was zur kindlichen sogenannten *Glukose-Galaktose-Malabsorptionskrankheit* führt, beruht auf einem erst kürzlich ermittelten einzigen Erbfehler in dem Gen eines Transportmoleküls. In diesem Gen ist nämlich ein einziger Baustein, ein Guanin, durch einen anderen, ein Adenin ersetzt, und das Protein enthält dann ein Asparagin statt der Aminosäure Asparaginsäure. Die *rezessive Erbkrankheit* ist durch schwere *Durchfälle* und eine *gefährliche Austrocknung* des Organismus gekennzeichnet. Mit einer *glukose- und galaktosefreien Diät,* die somit andere Zucker enthält, können die erkrankten Kinder sich annähernd normal entwikkeln. Der Nachweis dieses molekulargenetischen Defektes durch einen entsprechenden Test dürfte die sehr erstrebenswerte *Frühdiagnose* dieser Erbkrankheit bedeutend erleichtern.

Vom Nebennierenmark-Hormon *Adrenalin* kennen wir die Eigenschaft *schneller Stoffwechselanpassung an Belastungen* (sogenanntes Streßhormon). Durch Freisetzung von Glukose aus dem Leberglykogen bewirkt es einen raschen Blutzuckeranstieg. Außerdem führt es zu einem Abbau des Muskelglykogens sowie zu gleichzeitiger erhöhter Verwertung in der Muskelzelle (Laktatbildung). Zudem hat Adrenalinfreisetzung eine schnelle Freisetzung von Fettsäuren aus dem Fettgewebe (Lipolyse) zur Folge, wodurch schnell Substrate für die *Energiegewinnung* (z.B. bei plötzlich auftretenden Anforderungen) *bereitgestellt* werden.

Neben weiteren Wirkungen von Hormonen (z.B. Thyroxin mit Stoffwechselsteigerung, männliche Keimdrüsen-Anabolität, Fettstoffwechseleffekte der weiblichen Keimdrüsenhormone u.a.) wird der Stoffwechsel nicht unerheblich durch das *vegetative Nervensystem* gesteuert. Wir haben bereits einiges davon vernommen und kommen in Teil III, Kapitel 1, näher darauf zu sprechen. Am deutlichsten sind die peripheren Auswirkungen auf den Stoffwechsel registrierbar. Darüber hinaus steuern die vegetativen Zentren im Zwischenhirn unmittelbar die hormonelle Regulation, u.a. ist mit dem Effekt einer *Verschiebung der emotionalen Stimmungslage* im Sinne zentralnervaler Wirkungen (u.a. Entstehung von Angst, Aggressivität u. dgl.) zu rechnen.

Sport- und gesundheitsgerechte Ernährungsweise

Der Einfluß sportlicher Tätigkeit auf Stoffwechsel und Ernährung ist schon seit den zwanziger Jahren ein zentrales Thema der Wissenschaftler; erinnert

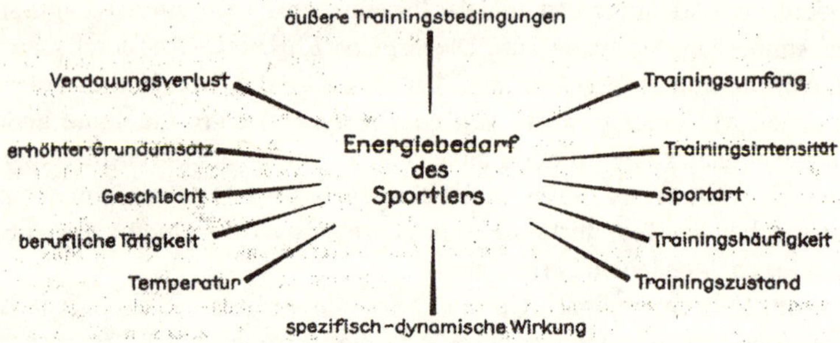

Abbildung 22: Den Energiebedarf des Sportlers beeinflussende Faktoren. Nach Schüler. In D. G. R. Findeisen u. Mitarb. (1980).

sei hier nur an H. Herxheimer und seinen klassischen „Grundriß der Sportmedizin" (1933). Doch erst in jüngster Zeit waren tiefere, dabei praktisch-medizinisch befriedigendere Einblicke in die Anpassungsvorgänge unseres Körpers auf molekularer Ebene möglich, dank der Fortschritte auf den Gebieten der Chemie, Physik, Physiologie und Biochemie, von denen nicht zuletzt die Sportwissenschaft profitierte.

Somit kann es keinem Zweifel unterliegen, daß eine *qualitativ* sowie *quantitativ vollwertige Ernährung* eine der *Grundvoraussetzungen* für die *Leistungssteigerung bei Gesundheit und Wohlbefinden* des Sportlers sind. Über längere Zeit bilanziert vermag er nur so viel an Energie in Training und Wettkampf zum Einsatz bringen, wie er an Nahrung zuführt. Das klingt wie eine Binsenweisheit; die Praxis zeigt aber immer wieder, daß noch keineswegs zum Allgemeinwissen und Tun gehört: Keinesfalls kommt es nur auf *ausreichende Kalorienmengen* an; mindestens gleichbedeutend ist eine möglichst *optimale qualitative Zusammensetzung der Nahrung*. Mit ihr sind dem Organismus *alle Substanzen* sowohl in ausreichender Menge, als auch in *wohlabgewogenem Verhältnis* und *Regelmäßigkeit* zuzuführen. Dabei muß eine durchgehend *vielseitige Kost* Beachtung finden, weil kein Nahrungsmittel alle benötigten Substanzen gleichzeitig im richtig-angemessenem Verhältnis enthält. Die qualitative Nahrungszusammensetzung, die Einseitigkeiten bewußt ablehnt, bezieht sich nicht allein auf das *Verhältnis der Hauptnährstoffe* zueinander, sondern auch auf eine ausreichende Zufuhr von *Mineralien und Vitaminen.*

Für das *Training* bestehen im Hinblick auf die verschiedenen Sportarten, unterschiedlichen Trainingsabschnitte und individuellen Entwicklungsstufen der Leistungsfähigkeit, unterschiedliche Zielstellungen. Deren Verwirklichung wird durch zweckentsprechende Ernährung nicht nur erleichtert, sondern zumindest auf längere Sicht ist diese eine der Hauptvoraussetzungen für den verantwortungsbewußten Trainer, Arzt und Sportlers selbst, *hohe Leistungsfähigkeit nie auf Kosten von Gesundheit und Lebensfreude* anzustreben.

Zweckentsprechende, leistungs- und gesundheitsgerechte Ernährung zielt somit immer auf das *Ersetzen* im Training und Wettkampf *verbrauchter Reserven* in möglichst schneller und vollständiger Weise; zugleich ist für das *gezielte Bevorraten* für eine gute Ausgangssituation weiterer Belastungen zu sorgen. Dabei muß davon ausgegangen werden, daß die mögliche *Arbeitsleistung* des Sportlers immer von der *Energiegewinnung* aus Vorrat und Nahrung abhängt: Der kalorisch unzureichend Ernährte muß seine Zellreserven angreifen mit der Folge von Gewichtsverlust und absehbarer Leistungsminderung. Somit ist für den Leistungssportler grundsätzlich eine leicht *positive Energiebilanz* (= leichter Überschuß bei der Nahrungszufuhr) ratsam.

Wie Abbildung 22 zeigt, wirken auf den *Energiebedarf* eine ganze Reihe von Faktoren ein. Mithilfe von Untersuchungsmethoden, wie indirekter Kalorimetrie sowie soziologischen Erhebungen, konnten für die verschiedenen sportlichen Tätigkeiten *Kennzahlen des Energieverbrauchs* in kcal pro kg Körpermasse pro Stunde sportlicher Tätigkeit, ermittelt werden; diese kcal sind dem Tagesbedarf bei „normaler" Tätigkeit zuzufügen. Damit steht eine Methode zur Verfügung, die als Grundlage zur Berechnung des Kalorienbedarfs für die verschiedenen Sportarten dienen kann.

Somit erfolgt die Ermittlung des *Tagesbedarfs* durch Orientierung an *Richtwerten*, die auf Grund der täglichen Traininigsdauer und allgemein üblicher speziell-sportlichen sowie nichtsportlichen Belastungen erstellt werden können. Ihre Einhaltung gewährleistet eine optimale Bedarfsdeckung, indem sie diejenigen *Anforderungen* berücksichtigt, die ein *ganzjähriges Training* stellt. Selbstverständlich bedürfen die Richtwerte einer *Modifizierung*, z.B. in Form *kalorischer Erhöhung* der Kost oder auch *Reduzierung* bei Trainingspausen, krankheitsbedingtem Ausfall o. dgl.

Der pro Kilogramm Körpermasse angesetzte Kaloriensatz wird hier mit der tatsächlichen Körpermasse multipliziert und mit einem Zusatz von 10 % für Ausnutzungsverluste versehen, z.B.

Ausdauersportler: 75 kcal x kgox 66 kg = 4950 kcal
+ 10 % = 495 kcal
Tagesbedarf abgerundet 5500 kcal
Für Sportlerinnen sind die Richtsätze um etwa 10 % herabzusetzen aus den bereits erwähnten Gründen.

Die *Nahrungsmenge* sollte – und dies nicht allein beim aktiven Sportler mit hohem Leistungsstreben! – einigermaßen gleichmäßig über den Tag verteilt und *fünf Mahlzeiten* der Vorzug gegeben werden, d.h. bei einem Tagessatz von annehmbar 5500 kcal etwa folgendermaßen:

1. Frühstück 1400 kcal = etwa 25 %
2. Frühstück 550 kcal = etwa 10 %
3. Frühstück 1700 kcal = etwa 30 %
4. Vesper 550 kcal = etwa 10 %
5. Abendessen 1350 kcal = etwa 25 %

Zum 2. Frühstück werden Fruchtsäfte mit Traubenzucker-Zusatz und Obst, zur Vesper Milch, Bohnenkaffee und Brot oder Kuchen bevorzugt empfohlen.

Als nötige *Wirkstoffe* sind die *Vitamine*, die chemisch verschiedenartige organische Stoffe sind und ungeachtet ihrer Zuführung in geringer Konzentration mit der Nahrung, sehr beachtliche physiologische Wirkung entfalten.

Wenngleich die *ausgeprägten Vitaminmangel-Krankheiten* (Avitaminosen), wie Beri-Beri (B1-Mangel), Skorbut und Rachitis (D-Mangel) in Mitteleuropa kaum noch vorkommen, sind die in Zeiten erhöhten Vitaminbedarfs auftretenden Vitamin-Mängel-Erscheinungen (*Hypovitaminosen*), etwa bei Schwangerschaft, in der Stillperiode, bei Infekten u.a. sowie bei Rekonvaleszenz, bei schwerer körperlicher Arbeit einbezogen Sport, als *Folge einseitiger* bzw. *falscher Ernährung,* keine Seltenheit.

Man unterscheidet *fettlösliche Vitamine* (A, D, E und K) und *wasserlösliche Vitamine* (B-Gruppe, C). In Tabelle 6 wird ein Überblick über Vorkommen, wichtige Wirkungen und Tagesbedarf (Sportler/Nichtsportler) gegeben.

Mineralien sind elementare Stoffe, die mit rd. 5 % am Körperaufbau beteiligt sind und meistens mit den Nahrungsmitteln in ausreichender Form aufgenommen werden. Davon ausgenommen sind unter bestimmten Umständen *Eisen, Jod, Kalzium, Kupfer* und *Fluor*. Hierzu gehört bei hohen Trainingsbelastungen auch das *Kochsalz* (NaCl), wenn es zu erheblichen Schweißverlusten gekommen ist. In diesen Fällen ist ein Zusatz von 1 bis 3 g zu Getränken empfehlenswert. Kochsalzmangel äußert sich in *Wadenkrämpfen*.

Eisen ist lebensnotwendig als Baustein von Hämoglobin, Myoglobin und

Die wichtigsten Vitamine mit Vorkommen, Wirkung und Mangelsymptomen sowie Tagesbedarf bei Untrainierten und bei Sportlern

Vitamin	Vorkommen	Wichtige Wirkungen	Mangelsymptome	Ungefährer Tagesbedarf	
				Nichtsportler	Sportler
Fettlösl. Vitamine					
A	in tierischen Produkten (Milch, Ei, Leber, Lebertran). Vorstufe Karotin auch in Möhren und Obst	Sehvorgang, Wachstum und Regeneration von Haut- und Schleimhäuten	Störung im Dunkelsehen (bis zur Nachtblindheit), Austrocknung, Verhornung und Defekte an Haut und Schleimhäuten (bes. Augen!)	5000 IE	12000 – 15000 IE
D	Lebertran, Eigelb, Milch, wird auch aus Vorstufen in der Haut durch Sonnenbestrahlung gebildet!	Kalkstoffwechsel	Störungen in der Kalkeinlagerung der Knochen, Knochenerweichungen (Rachitis)	400 IE	400 IE
E	Pflanzenkeime, Weizenkeimöl, Gemüse	z. B. oxydations hemmende Wirkungen	bei Menschen nicht bekannt	5 mg	7–10 mg
K	weitverbreitet, bes. Gemüse, Kartoffel, Fisch und Fleisch	Beteiligung an der Blutgerinnung	erhöhte Blutungsbereitschaft	schwer anzugeben, da außer Nahrung noch andere Faktoren von Bedeutung	
Wasserlösl. Vitamine					
B1	Getreidekeime (Brot), Nüsse, Hülsenfrüchte, Herz, Leber	Bestandteil von wichtigen Enzymen des Energiestoffwechsels, bes. der Kohlenhydratverwertung	Störungen der Muskel- und Herzfunktion so wie des Nervensystems (Beri-Berie)	1–1,5 mg	4–8 mg
B2	in jeder lebenden Zelle enthalten, reichl. in Milch	Bestandteil der gelben Atmungsenzyme	vorwiegend bei Störungen der Resorption: Sehstörungen, Hautveränderungen, bes. an Mund und Augen	2 mg	3–4 mg
Niazin	weitverbreitet, in jeder Zelle enthalten	Bestandteil der wasserstoffübertragenden Atmungsenzyme	Hautveränderungen, Durchfälle, psychische Störungen	15–20 mg	30–40 mg
B6	weitverbreitet, in fast allen Nahrungsmitteln enthalten	Bestandteil von Enzymen, die Aminosäuren übertragen	kaum bekannt	2–3 mg	4–6 mg
B12	in allen tierischen Zellen; zur Aufnahme ist ein best. Stoff im Magensaft (intrinsic factor) erforderlich	Blutbildung	Blutarmut (perniziöse Anämie)		ca. 1 mg/Tag
Weitere B-Vitamine: Folsäure, Biotin, Pantothensäure	weitverbreitet, in jeder lebenden Zelle enthalten	Bestandteile wichtiger Enzyme	treten nur unter besonderen Bedingungen auf		
C	Obst, Gemüse, Kartoffel	vielfältige, im einzelnen noch nicht restlos geklärte Wirkungen im Stoffwechsel	Müdigkeit, Infektanfälligkeit, Neigungen zu Blutungen, Störungen im Knochen- und Bindegewebswachstum, besonders an Gebiß und Zahnfleisch (Skorbut)	50–100 mg	200–400 mg

Tabelle 6

Tagesbedarf an den wichtigsten Mineralien bei Untrainierten und Sportlern

Mineral	Untrainierte	Sportler
Eisen	15 mg	30–50 mg
Phosphor	1,5 g	3–5 g
Kalzium	1g	2–3 g
Kochsalz	10g	15–20 g

Tabelle 7

Enzymen und findet sich *reichlich* in einer *gemischten Kost.* Erhöhter Eisenbedarf besteht außer dem Sportler noch im Wachstumsalter. Mangelerscheinungen äußern sich im Blutbild sowie im Leistungsabfall, bedürfen somit bei den ersten Anzeichen gründlicher ärztlicher Untersuchung.

Jod ist ein Baustein des Schilddrüsenhormons; Mangel führt zu endemischem Kropf („heimisch" z.T. im Bergland). *Zink* und *Kupfer* sind bedeutende Katalysatoren im Stoffwechsel. Zinkmangel wird Wachstumsbehinderung angelastet infolge Erschwerung der Resorption von Kohlenhydraten; Kupfermangel-Erscheinungen sind derzeit nicht bekannt. Fluor ist Bestandteil der Knochen und Zähne. Langjährige Verwendung *fluoridierten Trinkwassers* hat sich in der Prophylaxe der Zahnfäule seit längerem bewährt. Den Tagesbedarf an den wichtigsten Mineralstoffen zeigt Tabelle 7.

Diesen Abschnitt abschließend bedarf es noch einiger Bemerkungen zm *Flüssigkeitsbedarf.* Etwa 60 % unseres Körpers besteht aus Wasser. Zwei Drittel davon befinden sich innerhalb der Zellen (intrazellulär), ein Drittel bildet den extrazellulären Flüssigkeitsraum. Obwohl Wasser kein Energielieferant ist, hat es als Lösungs- und Transportmittel unverzichtbaren Wert. So bewirkt völliger Wasserentzug in der Nahrung schon nach 2 bis 3 Tagen deutliche Stoffwechselstörungen; ein Wasserverlust von 15 % des Körpergewichts ist tödlich!

Unter Ruhebedingungen scheidet der Organismus täglich etwa 2,5 l Wasser über die Nieren (1,5 l), Lungen (0,5 l) und Haut (0,5 l) aus, so daß die *tägliche Flüssigkeitsbilanz* die Zufuhr von 2,5 l verlangt. Davon wird knapp die Hälfte mit der festen Nahrung aufgenommen, der Rest muß zusätzlich getrunken werden. Mit Hilfe der Nieren wird vom Körper ein Zuviel ebenso ausgeglichen, wie ein Zuwenig. Ausgeprägter Flüssigkeitsmangel, z.B. bei über längere Zeit hart trainierenden Sportlern mit einem hohen Schweißverlust (bis zu 6 l), erhöhter Wasserabgabe infolge verstärkter Atemtätigkeit (Atemfrequenz um 50 Atemzüge/min), kann infolge Bluteindickung mit erhöhter Herzbelastung und Versagen der Temperaturregulation zu erheblichen Leistungseinbußen führen. Davon können in erster Linie Ausdauersportler betroffen sein, bei denen sich Bestimmung des täglichen Harnvolumens (mindestens 1 l) sowie Empfehlung einer täglichen Trinkmenge von 2 bis 3 l, als unbedingt ratsam anzusehen ist.

Bei Kraft- und Schnellsportlern entspricht in der Regel das natürliche Trinkverlangen dem Flüssigkeitsaufnahme-Bedarf. Dennoch sollte grundsätzlich bedacht werden, daß bei Schweißverlust bestimmte Mengen von Kochsalz (pro l etwa 2 bis 3 g) verloren gehen, die aus Gründen der Gesunderhaltung und guter Leistungsfähigkeit zu ersetzen sind. Dafür bieten

Sportartengruppen mit ähnlichen Belastungscharakteristika

Bezeichnung der Sportartengruppe	Sportarten
I Ausdauersportarten	Mittel- und Langstreckenlauf, Marathonlauf, 20- und 50-km-Gehen. Schilanglauf, Biathlon, Schwimmen 200–1500 m
II Ausdauersportarten mit erheblichem Krafteinsatz	Rennrudern, Kanurennsport, Radsport (Straße), Eisschnellauf (ab 1500 m), Bergsteigen
III Kampfsportarten	Boxen, Ringen, Judo
IV Spielsportarten	Basket-, Fuß-, Hand-, Wasserball, Eishockey, Hockey, Rugby, Tennis
V Schnellkraftsportarten	Eiskunstlauf, Fechten, Gymnastik, Kanuslalom, Kegeln, Kurzstreckenlauf, leichtathletischer Mehrkampf, moderner Fünfkampf, Radsport (Bahn), Schlittensport, Schwimmen (100 m), Segeln, Schisport (alpine Disziplinen), Schispringen, leichtathletische Sprungdisziplinen, Tischtennis, Turnen, Wasserspringen, Volleyball, Eisschnellauf (500 m)
VI Kraftsportarten	Gewichtheben, Wurfdisziplinen, Stoßdisziplinen
VII Infolge besonderer Bewegungsstruktur nicht klassifizierte Sportarten	Bogenschießen, Motorsport, Reiten, Schießen, Touristik

Tabelle 8:
Modif. n. Schüler. In D. G. R. Findeisen u. Mitarb. (1980)

sich in erster Linie Obstsäfte, frisches Obst, Obstkonserven sowie Fruchttees und Suppen an, wobei die Flüssigkeitsaufnahme nach Möglichkeit in kleinen Mengen und mit geringen Abständen erfolgen sollte.

Und schließlich noch dies: Besonders die Ausdauersportlerin ist praktisch gefeit gegen die weitverbreiteten, oft geradezu psychotisch anmutenden Bestrebungen nach Art des Schlankheitsdiätwahns. Um einige Pfunde zu verlieren, bedarf es nun einmal der Eßdisziplin, am besten in Verbindung mit regelmäßigem Sport, 1987 in England kreierten „Champagner-Diät“: Das Royal College of Psychiatrists of London hielt es für nötig, die Kurenden auf mögliche gesundheitliche Schwerstfolgen hinzuweisen. „Die Mode ändert sich ständig, und der Schlankheitsterror ist sicher nur eine Modeerscheinung. Vielleicht wird es morgen wieder schick, eine üppige Figur zu haben ...“

Durch ein zweckmäßiges, wissenschaftlich ausgewogenes Verhältnis der Hauptnahrungsstoffe ist den speziellen Anforderungen der verschiedenen Sportarten zu entsprechen. Dabei bewährte sich die Zusammenfassung von

Sportarten mit annähernd gleichen Belastungsstrukturen und somit ähnlichen Stoffwechselabläufen in größeren Gruppen, vgl. Tabelle 8. Ergänzend ist hier noch zu bemerken, daß die noch vor 15 Jahren vertretene Lehrmeinung, bei Ausdauerleistungen bestehe immer ein höherer Eiweißbedarf, weder für diese Sportart, noch für alle anderen Sportarten aufrechtzuerhalten ist. Man spricht gegenwärtig von einem „Sturz des Protein-Mythos“: Da die durchschnittliche (hohe!) Eiweißaufnahme des deutschen Normalverbrauchers derzeit bei 1,6 g pro kg Körpergewicht (KG) liegt, ist damit auch der Bedarf eines Leistungssportlers praktisch jeder Art gedeckt. Überschüssiges Protein verwandelt der Stoffwechsel bekanntlich in Körperfett, was nicht durchweg erstrebenswert sein dürfte. So gesehen gibt es de facto keine „Sportlernahrung“.

Die Deutsche Gesellschaft für Ernährung (DGE) empfiehlt Erwachsenen mit leichter körperlicher Tätigkeit die Aufnahme von 0,8 g Protein/kg KG (d.h. 64 g Eiweiß bei 80 kg wiegendem Mann, entsprechend dem Proteingehalt eines 300 g-Rinder-Steaks). Der Hamburger Ernährungsphysiologe M. Hamm (1990) rät Leistungssportlern, den täglichen Eiweißkonsum in Höhe von 1,5 g/kg KG, maximal 2,0 g/kg KG nicht zu überschreiten (d.h. bei 80 kg wiegendem Leistungssportler mit Energieumsatz von 4000 kcal 120 g Eiweiß). Zudem sei es weder nötig, noch ratsam, Protein nur aus tierischen Produkten (Fleisch, Fisch, Käse) aufzunehmen; die plfanzlichen Eiweißquellen namentlich in Form von (Schwarz-)Brot verdienen vermehrte Beachtung, weil dadurch die für hohe Leistungsfähigkeit vorteilhaften Glykogenspeicher mittels angemessener Kohlenhydratzufuhr bei gleichzeitiger Einschränkung auch des Fettanteils in der Ernährung profitieren („Kohlenhydratreich = reich an Stärke“). Die tägliche Fettaufnahme sollte 25 % der Gesamtkalorien nicht überschreiten.

Kapitel 5

Ermüdung Erholung

Fraglos spielen bei der Ermüdung im Gesamtkonzept des rhythmischen Wechsels von Belastung und Entlastung, Arbeit und Ruhe, Anspannung und Entspannung, eine große Zahl von Faktoren eine Rolle. Die bestehenden Zusammenhänge dieser typischen Abläufe biologischer Prozesse sind indessen noch nicht völlig geklärt. So korreliert das subjektive Gefühl der Anstrengung bzw. „Schwere“ einer Arbeit mit dem O_2-Verbrauch, nicht aber mit der tatsächlich geleisteten Arbeit in kgm/min. Wird das „Gefühl der Müdigkeit“ vorwiegend durch einen afferenten Impulssturm von Propriorezeptoren der Muskulatur (Endigungen der afferenten Nervenfasern der Muskelspindel) vermittelt und wieweit tragen Auswirkungen der Azidose auf das Gehirn auch dazu bei?

Dauerkontraktionen des Muskels (statische Arbeit) sind schmerzhaft, weil der Muskel blutarm wurde und sich eine Substanz anhäufte, welche die Endigungen von Schmerzfasern reizt (Substanz P : Polypeptid vermutlich mit den Eigenschaften einer zentralnervösen Überträgersubstanz mit noch kaum bekannten Synthese- und Abbauvorgängen, obwohl das Gehirn mit an Sicherheit grenzender Wahrscheinlichkeit Enzyme für beide Prozesse enthält, usw.). Dagegen sind intermittierende Kontraktionen (dynamische Arbeit) nicht schmerzhaft, weil die Substanz P weggewaschen wird.

Noch nicht mit Sicherheit kann gesagt werden, daß Muskelsteifheit durch Akkumulation interstitieller Flüssigkeit im Muskel während der Arbeit entsteht u.v.a.

Zudem wird der Begriff „Erholung“ von einigen Autoren geradezu abgelehnt (Badtke 1987).

Entstehungsweise, Formen und Symptome der Ermüdung

Ermüdung entsteht nach intensiver und/oder langanhaltender Arbeit, kommt in einem Absinken der Leistungsfähigkeit zum Ausdruck und ist als – sowohl körperliche, als auch psychische Prozesse umfassendes – komplexes Geschehen von reversibler Natur. Ihre Entstehungsweise ist abhängig von der Art der Anforderungen, vom Umfang und der Intensität der jeweiligen sowie auch von der Qualität und Häufung vorangegangener Belastungen. „Dosierte Ermüdung durch entsprechende Belastung und Wiederherstellung sind Voraussetzungen zu Anpassung und Leistungssteigerung“ (Badtke 1987).

Von den physischen Entstehungsbedingungen seien hier die negative Energiebilanz erwähnt, die z.B. nach intensiven Schnellkraftbelastungen durch den Verbrauch der Kreatinphosphatreserve im Muskel, geringe Effektivität der Glykolyse und zunehmende Laktatanhäufung mit Behinderung des Kontraktionsmechanismus entsteht. Bei Langzeitausdauerbelastung kann Analoges durch Ausschöpfung der Glykogenreserven und mangelhafte Substratzufuhr zur Muskelzelle eintreten. Langdauernde und häufige Kontraktionen führen zu Veränderungen im Ionengleichgewicht der Muskelzelle, vor allem in Form des Kaliumionen-Verlusts. Die Folgen sind Ände-

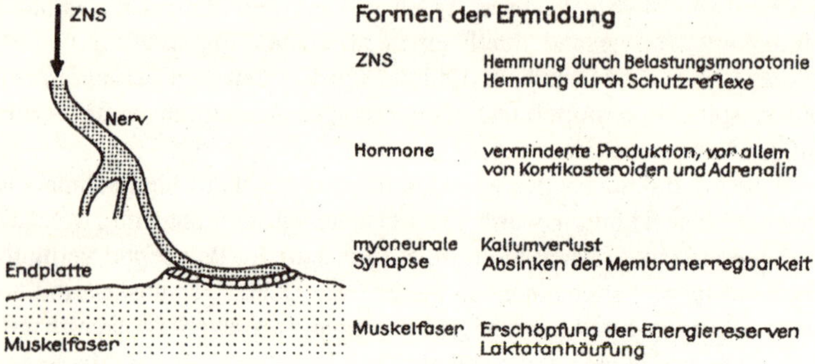

Abbildung 23: Formen der Ermüdung. Schematische Darstellung nach Scharschmidt. In D. G. R. Findeisen u. Mitarb. (1980)

rungen im Membranpotential und somit der Erregbarkeit der Muskelzelle.

Das Auftreten von Ermüdungssymptomen kann auch durch eine ungenügende Sauerstoffversorgung des Muskels (z.B. Hämoglobinmangel, starke Abnahme des Blut-pH, ungünstige Außenluftbedingungen) begünstigt werden. Auch eine verminderte Hormonproduktion, namentlich der Nebennierenrinde (Kortikosteriode) sowie des Markhormons Adrenalin – diese spielen bei der Mobilisierung der Energiesubstrate und ihrer Umsetzung im arbeitenden Muskel eine bedeutende Rolle – sind zu bedenken, vgl. Abbildung 23.

Außer im tätigen Organ, dem Muskel, ist im Zentralnervensystem (ZNS) eine Entstehungsursache zu suchen. Neben einer Summierung gleichförmiger Beanspruchung von Koordinationszentren – durch zusätzliche Impulse in Form verstärkter afferenter Reize, Erhöhung der Konzentration und Motivation, besteht vorübergehende Kompensationsmöglichkeit – resultiert aus Verändeurngen der afferenten Impulse aus überbeanspruchten Rezeptoren der Sinnensorgane (Muskelpropriorezeptoren, Gesichtssinn u.a.) eine Verringerung der Koordinationsfunktionen.

Von psychischer Ermüdung spricht man, wenn es durch Summation aus den verschiedenen Interorezeptoren im ZNS eingetroffenen Informationen über Grenzbelastungen und gefahrdrohende Situationen (z.B. auch Schmerzen) zu emotional negativen Stimmungslage kommt. Es wird diese hinsichtlich Stärke und Zeitpunkt des Eintretens entscheidend von der Einstellung des Sportlers (u.a. Motivation) bestimmt.

Von den weiteren Symptomen wissen wir, daß diese sich besonders bei untrainierten Personen und sportlich Aktiven erheblich unterscheiden kön-

Übersicht über auftretende Ermüdungssymptome mit Objektivierungsmöglichkeiten

Art der Symptome	Objektivierungsmethode	Symptome, Zeichen
Subjektive Zeichen der Ermüdung		Augenflimmern, Ohren - sausen, Atemnot, Übelkeit, Abgeschlagenheit, Apathie gegen äußere Reize, Muskel - schmerz
Objektiv erfaßbare Zeichen der Ermüdung	sportmethodische Verfahren elektro diagnostische Verfahren	verminderte sportliche Leistung Nachlassen der Muskelkraft, verlängerte Refraktärzeit, Ansteigen der Reizschwelle, verminderte Reflexantworten, Muskel - zittern, Koordiantions - störungen, Massen - bewegungen u. a.
	biochemische Verfahren	Elektrolytverschiebungen (Kalium), Laktatanstieg, pH-Änderungen, Glykogen - verarmung, Hormonspiegel - änderungen u. a.
	vegetative und sinnesphy - siologische Verfahren	Herzfrequenzänderungen, Atemfrequenzänderungen, Blutdruckänderungen, Ände - rungen des elektrischen Hautwiderstandes, Flimmer - verschmelzungsfrequenz - änderungen u. a.
	neurophysiologische Verfahren	Veränderungen der Hirn- stromaktivität (EEG)
	psychologische Verfahren	Leistungsminderung bei Arbeitsversuchen, Konzentrations- und Auf - merksamkeitsminderung, Verschlechterung der psy - chomotorischen Koordina - tion, verminderte Wahr - nehmungsfähigkeit u. a.

Tabelle 9:

Nach Scharschmidt. In D. G. R. Findeisen u. Mitarb. (1980)

nen. Erstere pflegen die sportliche Belastung bei den ersten Symptomen von Atemnot, Herzklopfen, Seitenstechen, Schwindelgefühl oder Muskelschmerzen abzubrechen, vgl. Tabelle 9. Da die Ermüdung grundsätzlich als physiologische Erscheinung anzusehen ist, können auch bei ihnen die ausgeübten Tätigkeiten nach relativ kurzer Pause weitergeführt werden. Besonders bei Kindern, deren Atmungs- und Kreislaufsystem hier als primär leistungsbegrenzend fungiert, kann auch hier durch allmähliche Steigerung der Belastungsdauer eine positive Anpassung mit der Folge allmählicher Erhöhung der Leistungsfähigkeit erreicht werden. Bei systematischem Vorgehen ist mit einer solchen in der Regel nach 3 bis 5 Wochen nach Trainingsbeginn zu rechnen.

Wie schon eingangs bemerkt wurde, ist die Ermüdung Voraussetzung für die Leistungssteigerung, obwohl sie beim Trainierten erst nach höheren Belastungen (Ausschöpfung der Energiespeicher und Anhäufung saurer Stoffwechselprodukte, insbesondere Kohlendioxid und Laktat) sich einstellt und in der Regel mit abnehmender Arbeitsfreude und gesteigertem Anstrengungsgefühl einhergeht. Ihnen kann weitgehend durch sinnvolle Planung, z.B. der Turn- und Trainingsstunden, begegnet werden, was vor allem den Kinder- und Jugendsport betrifft. So sollten z.B. schwierige technische Übungen nicht gegen Ende der Sportstunde gelegt werden. Dies würde auch dem immer ins Auge zu fassenden Prinzip der freudvollen sportlichen Tätigkeit zuwiderlaufen. Darüber hinaus würde es die mit beginnender Ermüdung oft verbundene Gefahr von Sportverletzungen überflüssigerweise erhöhen.

Somit ist Ermüdung ganz offensichtlich ein Zustand, in dem vorher mühelos geleistete Arbeit mit immer größerem Anstrengungsgefühl und immer weniger Erfolg und Freude ausgeführt wird.

Übermüdung, Erschöpfung und Überforderung

Wie wir gesehen haben, ist die Ermüdung im Sport ein nicht zu umgehender Prozeß, ja nur mit Hilfe der richtigen, d.h. individuell angemessenen Auslenkung durch Anforderungen kommt es zur erwünschten Anpassung. Hier gibt es keine Förderung ohne Forderung. Im Unterschied zur Ermüdung besteht bei der Übermüdung eine Summation belastungsbedingter Ermüdungseffekte mit längerer Unterschreitung der minimalen Schlafdauer. Sie tritt im Ergebnis über längere Zeiträume (Tage, Wochen und länger) erfolgender Belastungen ohne Erholungsphasen und ausreichende Abwechslung in Erscheinung. Erkennbar ist sie daher an quälender Schlaflosigkeit

Den Eintritt von Übermüdungs-, Überforderungs- und Übertrainingsreaktionen herbeiführende Faktoren

Gesundheitszustand	Bagatellverletzungen, ohne Notwendigkeit der Trainingseinschränkung, Herderkrankungen (Zähne, Gaumenmandeln u. a.), Erkrankungen der oberen Atemwege (Schnupfen, Husten), Magen-Darm-Störungen, Zustand nach überstandenen Erkrankungen
Lebensweise	unregelmäßiger Tagesablauf, Lärmüberflutung, Mängel in der Ernährung, Schlafentzug, Genußgifte, Medikamentenmißbrauch, unrationelle Freizeitgestaltung
Familiäre und berufliche Belastung	psychische Konfliktsituation (Familienverhältnisse, Beziehungen zum anderen Geschlecht, Krankheiten von Familienmitgliedern u. a.), wirtschaftliche Schwierigkeiten, Mißerfolge in Beruf und Schule, Arbeitsdauer und -tempo, Verhältnis zu Arbeitskollegen und Schulkameraden
Sportliche Fehlbelastung	Monotonie im Training, häufige Wettkämpfe mit lang anhaltenden ausgeprägten Vorstartzuständen, Niederlagen und Mißerfolge, mangelnde Sportkameradschaft, Rivalitäten, ungenügendes Trainingsinteresse
Bioklimatische Faktoren	ungewohnte Hitze- oder Kälteperioden, langanhaltende Schlechtwetterperioden, Föhneinbrüche

Tabelle 10

trotz gesteigerten Müdigkeitsgefühls. Nachlassen sportlicher sowie auch geistiger Leistungsfähigkeit bei gleichbleibenden (sowie sogar reduzierten) Anforderungen, des weiteren an Unausgeglichenheit, Reizbarkeit und vegetativ-nervalen Störungen (Schweißausbrüche, Herzbeschwerden u.a.). Die Symptomatik entspricht jener des Übertrainingszustandes. Bei Überforderung – dies bezieht sich nicht allein auf den Sport – entwickelt sich gewöhnlich ein Konflikt zwischen Leistungsvermögen und Leistungsanspruch, wobei letzterer in Form äußerer sehr starker einmaliger oder aber langdauernder Anforderungen den Betroffenen an die Grenze seiner Leistungsfähigkeit führt. Die nichtbewältigenden Anforderungen bewirken kurzfristiges Versagen bis hin zu längerdauernden, nicht selten schweren körperlichen und psychischen Störungen. Dabei gehen diese sehr oft auf schwere Fehleinschätzngen der Leistungsfähigkeit durch den Überforderten selbst zurück; nicht selten trifft man auch auf Überlagerung mehrerer Konfliktsituationen, vgl. auch Tabelle 10.

Die mit Überbeanspruchung psychischer Teilfunktionen verbundene Überforderung gefährdet häufig nicht nur die Stabilität der Gesamtpersönlichkeit, was sich auch in vegetativen Funktionsstörungen manifestiert; Symptome wie Kopfschmerzen, Schwindelstörungen, Appetitmangel, Gewichtsverlust und Schlafstörngen, oft verbunden mit nachlassender Konzentrationsfähigkeit, gesteigerter Reizbarkeit, Depressionen bis zu Selbstmordgedanken, münden nicht selten im Mißbrauch von Genußmitteln, Medikamenten bis hin zum regelmäßigen Konsum von Dopingmitteln (vgl. Teil III, Kapitel 3).

Die Erkennung und erfolgreiche Behandlung kann – bei möglichst frühzeitiger Veranlassung durch den Trainer – nur seitens eines auch psychotheratpeutisch versierten Arztes erfolgen. Je früher die Behandlung mit Einschluß oft mehrmonatiger psychohygienischer Maßnahmen in Verbindung mit Herabsetzung äußerer Leistungsanforderungen einsetzt, desto nachhaltiger kann größeren Gesundheitsschäden begegnet werden.

Zur Gestaltung von Erholungsprozessen

Da gegenwärtig noch weitgehend rein empirische Erkenntnisse, subjektive Einschätzungen und Stichprobenresultate die Beurteilung der Ermüdung im Sport bestimmen, werden bestenfalls mit einiger Sicherheit die Symptome der Ermüdung therapeutisch erfaßt, kaum aber die Ermüdung selbst. Erholung oder „Wiederherstellung“ kann somit auch kein verläßliches Spiegelbild von Ermüdung und belastungsbedingter Auslenkung sein, wenngleich vor allem die in der Praxis gewonnenen Resultate auf Zusammenhänge zwischen „Auslenkung“ und „Rückschwingung“ verweisen.

Vorbehaltlos kann jedoch festgestellt werden, daß der Grad der Ermüdung (einbezogen Übermüdung, Erschöpfung, Überforderung) immer auch Art und Ausmaß der Erholungsprozesse bestimmt. Fest steht auch, daß sowohl in den peripheren Organen (Muskeln, Leber), als auch auf zentraler Ebene (ZNS, Kreislauf), Erholungsvorgänge ablaufen bei Mitbeteiligung des Vegetativen Nervensystems und komplizierter, derzeit noch nicht voll übersehbarer hormoneller Wechselwirkungen. Die erforderliche ausreichende Energiezufuhr als Ergebnis der aktiven Stoffwechselleistungen erfolgt in den Muskeln und in der Leber durch Wiederauffüllung der primären und sekundären Energiespeicher (Kreatinphosphat, ATP, Glykogen).

Dem Kreislaufsystem obliegt bei der Wiederherstellung die ausreichende Versorgung der Organe und Gewebe mit Sauerstoff und Energieträgern, in erster Linie mit der Nahrung zugeführter Kohlenhydrate. Außerdem sorgt er für den Abtransport insbesondere des Kohlendioxid und der sauren Zwischenprodukte sowie für die Übermittlung relevanter Informationen, z.B. Hormonspiegelveränderungen. Eine Beschleunigung der sogenannten Ermüdung wird im praktischen Trainingsbetrieb mit Erfolg erreicht, daß nach Belastungsende noch für kurze Zeit (10–15 min) eine leichte körperliche Arbeit (20–40 % der maximalen Sauerstoffaufnahme oder Herzfrequenz von etwa 120/min) empfohlen wird. Damit wird nicht allein ein schnellerer Abbau des angehäuften Laktats erreicht. Durch Weiterlaufen nach Erreichen des Zieles („Austraben"), Spiele, Schwimmen, Lockerungs- und Atemübungen nach der Maximalbelastung u. dgl. wird die Muskeldurchblutung und eine Normalisierung gestörter ZNS-Funktionen erreicht. Weitergehende Erholungsprozesse sind jetzt durch ausgeprägte Trophotropie (Überwiegen des parasympathischen „Erholungsnervs") des Vegetativen Nervensystems bestimmt, können aber erst durch ausreichenden Schlaf komplettiert werden wegen des endogenen Aktivitätswechsels, dem die Ganglienzellen des ZNS unterliegen. Für diese ist zur vollen Funktionsfähigkeit der Schlaf unverzichtbar.

In methodischer Hinsicht bedarf es hier noch ausreichender Beachtung der Trainingsgestaltung, der aktiven Erholung, einer vernünftigen Pausengestaltung, des Tagesregimes sowie des Urlaubs, Bemühungen zur Entmüdung, zu regelmäßigem und ausreichenden Schlaf, adäquater Ernährung sowie physiotherapeutischer Maßnahmen. Auf Einzelheiten wird hier nicht eingegangen.

Obwohl auch der konzipierte Buchumfang eine Auswahl des zu Erörtenden gebietet, soll diesen Abschnitt abschließend eine in den letzten Jahren gesicherte interessante Erscheinung nicht übergangen werden: „Das Glücksgefühl am Rande körperlichen Zusammenbruchs." So konnte Ende der 80er Jahre das dem Ausdauersportler vom Typ des „Joggen" bekannte (und nicht selten bewußt angestrebte) Lustgefühl am Ende angestrengten Laufens experimentell verifiziert, d.h. dem Bereich des Zufällig-Unbestimmten entrückt werden. Die sich ergebende Gesetzmäßigkeit besteht darin, daß das menschliche Gehirn als Antwort auf hochgradige körperliche Belastung sogenannter Beta-Endorphine (dem Morphin ähnliche Substanzen) freisetzt. So kann der Endorphinspiegel um 300 Prozent über jenem liegen, der bei nichtsportlicher Tätigkeit meßbar ist (vgl. auch Teil III, Kapitel 1).

Am Kölner Sportinstitut (Dir. Prof. W. Hollmann) vor und nach Hochleistungssport (Fahrradergometer) mit Stromstößen an einer der schmerzhaftesten Stellen (Pulpa eines füllungsfreien Stiftzahnes) „behandelte" Studenten gaben nach der Belastung an, daß die Intensität der Stromstöße fast verdoppelt werden mußten, um überhaupt empfunden zu werden. Als einem

Teil von ihnen die endorphinhemmende Substanz Naloxon verabfolgt worden war, kam es zu sehr starken Veränderungen der Stimmungslage, verbunden mit hochgradiger Schmerzempfindlichkeit; die auftretende Aggressivität steigerte sich teilweise bis zu Tätlichkeiten gegenüber dem medizinischen Personal.

Weitere Befunde widerlegen teilweise auch die noch oft vernommene Auffassung, daß im menschlichen Gehirn ständig altersbedingt Nervenzellen abstürben. Tatsächlich kommt es im höheren Lebensalter lediglich zu einem Gewichtsrückgang des menschlichen Gehirns infolge Plasmaverlustes. Zudem erfolgt unbestritten eine deutliche Abnahme der vornehmlich für die Erinnerungsfunktion („Neugedächtnis“) verantwortlichen Nervenzellfortsätze (Dendriten). Ein „Gehirn-Jogging“ bietet demnach durchaus Aussicht, diesen Prozeß zu verlangsamen (Hollmann 1990).

Kapitel 6

Sport, hormonelles System und Sex

Alle Organe und Organsysteme bilden eine funktionelle Einheit, die vom neurohormonellen System gesteuert wird. Die dabei beteiligten biochemischen Wirkstoffe nennt man Hormone. Es sind dies innersekretorische oder endokrine Substanzen, die in Geweben oder Organen gebildet werden. Auf dem Blutwege erreichen sie als Biokatalysatoren (Wirkstoffe, die in sehr kleinen Mengen auf lebende Zellen einwirken) andere Organe und Gewebe und entfaltne dort spezifische Wirkungen.

Die Drüsenorgane und ihre Wirkstoffe

Nach dem Entstehungsort werden die Drüsenhormone von den Gewebshormonen unterschieden. Der Begriff der Sekretion einer innerekretorischen Drüse läßt sich in drei Prozesse gliedern: Bildung Speicherung und Ausschüttung, wobei diese Vorgänge nicht parallel verlaufen, sondern sich bedarfsbedingt realisieren. Die Hormonabgabe (Ausschüttung) erfolgt überwiegend in die Blutbahn, teilweise auch an andere Körperflüssigkeiten. Im Blut wird der größte Teil der Hormone locker an Blutproteine (Globulinfraktion) gebunden. Der aktuelle Wirkstoffspiegel im Blut wird, wie Abbildung 24 zeigt, durch ein nerval kontrolliertes Zusammenspiel von

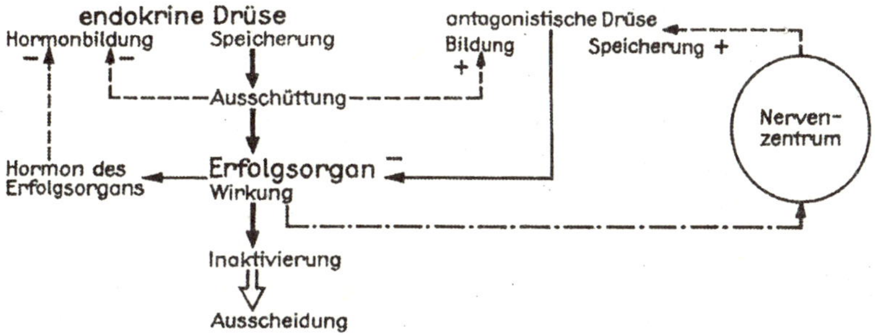

Abbildung 24: Blockschema chemischer und nervaler Rückkopplungsmechanismen im endokrinen System.
Es bestehen unterschiedliche Regelkreise für die BIldung und Speicherung von Hormonen und die synchrone Beeinflussung antagonistischer Systeme im Dienst der hormonalen Homöostase. Auf diese wirken zusätzlich Änderungen der Inaktivierung sowie der Ausscheidung.
Nach Linke. In D. G. R. Findeisen u. Mitarb. (1980).

Hormonprodukten bzw. -abgabe, Hormonverbrauch und -ausscheidung gebildet. Bei diesem zumeist mehrfach verflochtenen hormonal-nervalen Regulationssystem hemmt ein Überschuß von gegenwärtigen Hormonen die Produktion, während ein Mangel sie anregt (humorale Rückkopplung).

Folgende Drüsenorgane werden zum hormonellen System des Menschen gerechnet: Die Hypophyse (Hirnanhangdrüse) in strukturell-funktioneller Einheit mit dem Hypothalamus; die Schilddrüse; die Epithelkörperchen (Nebenschilddrüsen); der Pankrese (Bauspeicheldrüse); die Nebennieren (Nebennierenmark und -rinde); die Reimdrüsen (Gonaden mit Testes, Ovarien und ggf. Plazenta); mit noch nicht sicher nachgewiesener hormoneller Aktivität außerdem Thymusdrüse, Zirbeldrüse und Milz.

Ohne Frage sind Vorgänge der Hormonbildung und -regulation für die Beeinflussung von Regelprozessen bei der Entwicklung der sportlichen Leistungsfähigkeit von überragender Bedeutung. Dabei erscheint es hier im Hinblick auf die Funktionen zentraler und peripherer Kontrolle der Regelkreise zweckmäßig, die Fragen des neuroendokrinen Regulation (vgl. Teil III, Kapitel 1) von denen der hormonellen Regulation des Energiestoffwechsels für den Bereich psychophischer Leistungsfähigkeit, getrennt zu betrachten.

Regulation der Hormonfreisetzung

Für unser Anliegen ist eine Begrenzung auf die sympathikoadrenale Regulation, die Geschlechts- und Hypophysenhormone, den Wasser- und Elektrolythaushalt vorgesehen. Sie nimmt weitgehend Bezug auf die Darstellung von H. Weicker im wegweisenden „Olympia-Buch der Sportmedizin" (1989).

In bedeutendem Maß ist das sympathikoadrenale System bei vielen kardiovaskulären und Stoffwechsel-Prozessen während des körperlichen Trainings beteiligt, und zwar sowohl bei Trainingsbeginn, als auch bei der Anpassung an Belastungen unterschiedlicher Art. Dabei erfolgt die periphere Stimulation, sowie teilweise auch durch Dopamin mit enger Kooperation seitens der spezifischen Adenorezeptoren. Der hohe Grad an Anpassungsfähigkeit seitens des sympathischen Systems beruht auf den Katecholaminen. Diese entfalten ihre Wirkung nicht allein als Hormone des Nebennierenmarks (z.B. Adrenalin), sondern auch als Nervenüberträgerstoffe (Neurotransmitter). Von Dopamin, in geringerem Maß auch von Norepinephrin in Neurotransmittereigenschaft, wird die zerebrale sympathische Regulation bewirkt. Die Adenorezeptoren fungieren innerhalb des Herz-Kreislaufsystems über Betarezeptoren sowohl auf das Myokard, als auch über Alpha- und Betarezeptoren auf die Blutgefäße.

Zunahme der Katecholaminwirkung verstärkt im Herzmuskel die Kontraktilität, was über eine Zunahme des Kalziumionen-Einstroms zustandekommt und unterstützt wird durch die Regulation der Herzfrequenz und der koronaren Durchblutung, des weiteren durch den physiologischen Bedürfnissen angepaßten Anstieg des Schlagvolumens. Durch Rezeptoranregung und postrezeptorische Reaktionen, in welche die Adenylzyklase und das CAMP fest einbezogen sind, bewirken die Katecholamine metabolische Funktionen. Die große Bedeutung der sympathikoadrenalen Regulation für die Glykogenolyse und Glukogenese in der Leber, für die Glykolyse im Skelettmuskel und für die Lipolyse in den Fettzellen, des weiteren für die Tryglyzerindepots der Muskulatr wurden bereits erwähnt (vgl. Kapitel 1). Darüber hinaus hat das sympathikoadrenale System auch Einfluß auf den Strömungswiderstand des Bronchialsystems – namentlich der kleinen Bronchien (Bronchiolen) – auf dem Wege der Dehnung der glatten Muskulatur, wa sporttherapeutisch bei Asthmatikern nutzbar ist (vgl. Kapitel 3). Eine adrenale Überstimulation wird durch Verbindung der Katecholamine mit Sulfat- oder Methylgruppen und Verringerung des Katecholamin-Wirkungsgrades verhindert. Diese Stoffe können jedoch auch an der präsynaptischen Membran, an sympathischen Synapsen und Nervenendigungen aufgenommen werden, woraus eine Feedback-Regulation der Neurotransmitter-Sekretion resultiert.

Das Ausmaß der Nerotransmitter-Sekretion sowie das der Hormone wird primär von der Intensität, weniger von der Dauer des körperlichen Trainings bestimmt. Eine Verstärkung kann infolge Epinephrin-Anstiegs im Plasma auch durch die emotionale Belastung erfolgen. Das Nebennierenmark läßt eine trainingsabhängige Funktionszunahme erkennen, die auf erhöhte Stoffwechselanforderungen und dadurch bewirkte Verstärkung der Sekretionstätigkeit zurückzuführen ist.

Neuere Befunde sprechen zudem für eine enge Wechselwirkung zwischen den Neurotransmitter- und Hormonsystemen sowie für eine auffallend große Zahl von nerven- und stoffwechselabhängigen, sogenannten Neuro- und Gastrointestinalpeptiden. Durch letztere kann eine Modulation der Hauptfunktionen der Hormone und Nervenüberträgerstoffe (Neurotransmitter) in deren Empfänger- bzw. Rezeptorwechselwirkung und „Postrezeptormechanismen" erfolgen.

Die Sexualhormone (Gonadotropine und Releasingfaktoren) verdienen im Hinblick auf den Wirkungsgrad des Trainings unübersehbare Beachtung. Dabei sollte auch ihr Einfluß auf den Erfolg des mentalen Trainings nicht ignoriert werden: „Der Mensch ist, was er denkt. Im Sport kann das ein Problem bedeuten oder eine Chance; das hängt davon ab, ob und wie man seinen Körper auch geistig einsetzt" (Porter und Foster 1988), vgl. auch Teil III, Kapitel 2.

Von Testoteron, Oestradiol, sowie auch mit Vorbehalt für Progesteron, ist deren anaboler Effekt (Anregung der Proteinsysthese in der Skelettmuskulatur) bekannt. Diese Hormone steigern die morphologischen Trainingseffekte und verhüten eine eiweißabbauende (katabole) Stoffwechsellage. Allerdings- kann durch körperliche und psychische Überforderung die zentrale Gonadotropinregulation und ihre Auslöserfunktion für die gonadalen Hormone empfindlich gestört werden. In diesem Zusammenhang ist die sogenannte Sportamenorrhoe zu nennen. Während ältere Untersuchungen durchgehend eine physiologische und somit harmlose Variation des gonadalen Rhythmus der weiblichen Regelblutung ohne ernste Konsequenzen für die Athletin erblickten, ergaben neuere Untersuchungen der Gonatropinstörung beachtenswerte divergierende Ergebnisse.

So zeigten die speziellen Beobachtungen u.a. bei 43 weiblichen Sportlerinnen (Laufdisziplinen 3000 m und 10000 m) mit Menstruationsstörungen insbesondere eine Erniedrigung der basalen Konzentration von Östradiol, luteinisierendem Hormon und Follikel stimulierendem Hormon, die auf eine hypothalamische Funktionsstörung hinwiesen. „Hohe Trainingsbelastungen

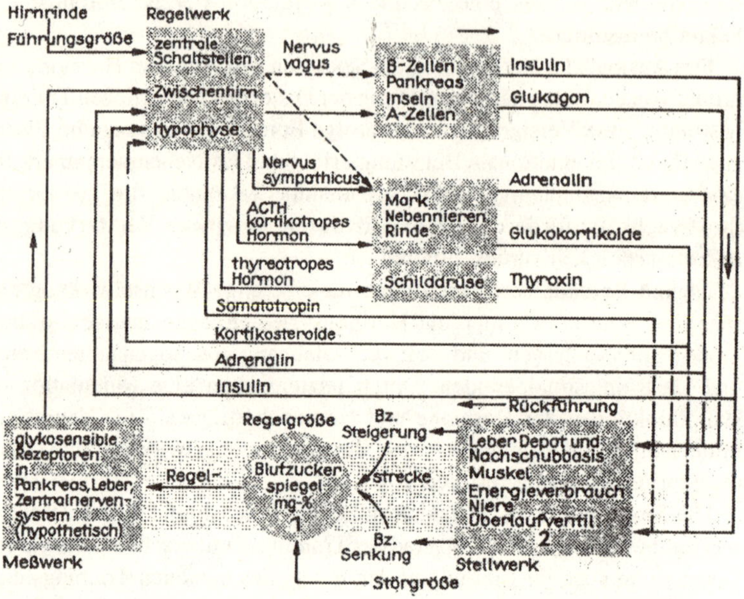

Abbildung 25. Schema der hormonellen und vegetativ-nervalen Regelung des Blutzuckers. Kernstück ist der aktuelle Blutzuckerspiegel (1), der z.B. durch körperliche Arbeit gesenkt wird. Die Regulation erfolgt durch Neubildung von Glukose aus den Glykogenspeichern (2), nachdem spezfische Rezeptoren die Veränderung erfaßt und den Zentren im Zwischenhrin nerval übermittelt haben. Beteiligt sind entsprechend der jeweiligen aktuellen Situation die spezifischen antagonistischen Systeme der Blutzuckerregulation, des Nebennierenmark- und -rindensystems, der Schilddrüse sowie des Hypophysenvorderlappens.

führen zu Prolactinanstiegen, die über eine potenzierte Angiotensinwirkung eine gesteigerte adrenale Androgenproduktion auslösen können" (Shangold 1982). Die genannten belastungsbedingten Veränderungen sind grundsätzlich nicht mehr als physiologische Anpassungsreaktionen zu werten. Dem würde auch widersprechen, daß Hinweise für Beeinträchtigung des Skelettsystems (z.B. spontan auftretende Belastungsbrüche in den Extremitäten) vorliegen, des weiteren Verschlechterung einer Oesteoporose mit Auftreten noch Jahre nach Abschluß der sportlichen Laufbahn. Wenngleich bisher nicht gesichert ist, ob auch eine „Sportamenorrhoe" grundsätzlich die Folge belastungsbedingter anaboler Unausgeglichenheit ist, besteht kaum noch ein Zweifel, daß „hohe Trainingsbeanspruchungen, anstrengende Wettkämpfe, psychische Anforderungen sowie der Beginn einer leistungssportlichen

Laufbahn vor der Menaarche ... den Gonadotropin-Rhythmus stören" können (Weicker 1989).

Unter dem Einfluß körperlicher Belastung kommt es auch zu einem deutlichen Anstieg des ACTH, das als Hypophysenhormon (Adrenocorticotropin = ACTH) stark stimulierend auf die Nebennierenrinden-Hormone wirkt. So führt die Cortisolstimulation zu Verstärkung der katabolen Stoffwechsellage. Durch ACTH angeregte Katecholaminfreisetzung aus dem Nebennierenmark vermag auch lipolytische (fettlösende) Effekte auf die Fettzellen auszulösen, z.T. mit Gewichtsabnahme verbunden. Vom Wachstumshormon (STH) ist belastungsbedingte Unterstützung der anabolen Reaktion gesichert: Es verstärkt die Aufnahme der Aminosäuren in die Zelle und fördert demnach die Proteinsynthese im Skelettmuskel.

Vom Insulin als dem bedeutendsten glukoregulatorischen Hormon kennen wir bereits dessen Eigenschaft als stärkster Hemmer der Glukoneogenese (Blutzuckererhöhung) sowie auch der Lipolyse (Fettrückgang). Intensives Training kann mit Rückgang der Insulinproduktion mit Beeinflussung des Kohlenhydratstoffwechsels verbunden sein. Ursache dafür dürften die durch Epinephrin vermittelten adrenergen Impulse auf die Betazellen des Inselgewebes der Bauchspeicheldrüse (Pankreas) sein. Dabei zählen die Katecholamine und das Glukagon in der Bildung des Leberglykogens zu den wichtigsten Insulin-Antagonisten. Durch sie wird die Glykogenolyse angeregt, indem das cAMP-System, d.h. ein führendes Phosphagen und damit eng beteiligt an der Energiebereitstsellung des Skelettmuskels maßgeblich mitwirkende Phosphorylase, freisetzt. Diese Hormone tragen große Verantwortung für die Aufrechterhaltung des Blutzuckerspiegels (= Glukosegleichgewichts) und damit für neurale bzw. zerebrale Funktionen, vgl. hierzu auch Abbildung 25.

Zum Thema Schilddrüsenhorme, Wasser- und Elektrolythaushalt muß hier angeführt werden, daß die beiden Schilddrüsenhormone Thyroxin (T4) sowie Trijodthyronin (T3) mit ihren sogenannten regulierenden Faktoren (Releasingfaktoren) nicht allein für den Grundumsatz des Organismus, sondern auch für seine Anpassung an körperliche Belastung Relevanz besitzen. Indem das T4 entsprechend dem Bedarf an ATP (beteiligt an der Muskelkontraktion: Adenosintriphosphat) den Substratumsatz in der Atmungskette erhöht, spielen diese Hormone während der aeroben Energiegewinnung eine Rolle.

Für die Regulierung des Widerstandes im Blutgefäßbett ist in Bezug auf Druck und Volumen des Renin-Angiotensin-Aldosteron-System zuständig. Dabei besorgt das Aldosteron (Mineralokortikoid) die Natrium-Rückresorption, ist somit für die beim Leistungssport bedeutsame Isoionie (Elektrolyt-Konzentrationsausgleich) und wird vornehmlich durch Angiotensin und die Kaliumkonzentration stimuliert. Die Wasserrückresorption in den distalen Nierentubuli erfolgt mit Hilfe des Vasopressin bzw. ADH-Ausschüttung bei gleichzeitiger Anregung durch Osmorezeptoren. Damit verbunden ist eine verminderte Harnausscheidung, so daß zuweilen es von praktischer Bedeutung ist, daß unter dem Einfluß verstärkter Muskelarbeit sowie auch bei psychischer Belastung durch Vasopressinausschüttung eine Diuresehemmung ausgelöst wird. Die Gewinnung von Harn zur Durchführung biochemischer Untersuchungen, z.B. Dopingkontrolle, kann dadurch ernsthaft erschwert werden. Es leuchtet wohl ein, daß die hier teilweise nur skizzierten neueren Erkenntnisse auf endokrinologischem Gebiet es verdienen, zunehmend praxiswirksam zu werden, also auch in Form von Trainingsempfehlungen für die sinnvoll-faire Regulierung physischer sowie psychischer Beanspruchungen umgesetzt zu werden, und dies nicht allein im Wettkampfsport, vgl. Teil III, Kapitel 3.

Trainingssteuerung durch Nutzung der hormonellen Leistungsregulation

Es scheint daher geboten, das Gesagte noch um einige Gesichtspunkte hinsichtlich der genannten Forderungen zu erweitern. Ausgangspunkt sollte hier die Erfahrung sein, daß insbesondere der Hochleistungssport verhältnismäßig häufig zu einer Überlastung einzelner Regulationssysteme führt.

Benutzte zirkulatorische, hormonelle und metabolische Parameter zur Trainingsüberwachung

Parameter	Beurteilung von
Herzfrequenz	Intensität
Laktat	Intensität
Harnstoff	Metabolische Belastung
Creatinkinase (CK)	Muskuläre Belastung
Testosteron/Cortisol	Anabol-Kataboles Gleichgewicht
Katecholamine	Nervale Belastung
Ammoniak, Kreatinin, zelluläre Immunität	noch zu wenig gesichert

Tabelle 11: Nach Kindermann und Mitarbeiter (1989)

Dabei hat als häufigste Ursache eine ungenügende Regeneration namentlich während intensiver Trainingsphasen mit der Folge eines Leistungsabfalls zu gelten. Derzeit sind wir imstande, einzelne zirkulatorische, metabolische und hormonelle Parameter zur frühzeitigen Erkennung von Normabweichungen infolge von Überlastung zu erfassen. Dabei wird die Bedeutung der einzelnen Parameter zur Trainingsüberwachung (vgl. Tabelle 1) teilweise noch unterschiedlich interpretiert.

Zudem sind einige Parameter erst unzureichend verifiziert, um zu einer wissenschaftlich begründeten Trainings- und Belastungsgestaltung in Richtung Optimierung des Trainingsprozesses und maximaler Leistungsentwicklung ohne organismische Schädigung zu gelangen.

So kann derzeit festgestellt werden, daß für die Diagnostik eines bereits eingetretenen Übertrainings die Bestimmung der maximalen Plasmakatecholamin-Konzentrationen (standardisierte Belastungen unter Laborbedingungen) empfehlenswert ist. Vergleiche der maximalen Adrenalin- und Noradrenalinkonzentrationen bei erschöpfender stufenweise ansteigender Belastung, sowie erschöpfender anaerober Belastung zwischen einer Kontroll- und Übertrainingsgruppe zeigten, daß die Katecholaminkonzentrationen in der Übertrainingsgruppe um 23–46 % gegenüber der Kontrollgruppe reduziert sind. Die Sensitivität dieser Methode zur Erfassung eines Übertrainings ist davon abhängig, ob wirklich erschöpfende Belastung vorlag und ob das Ergebnis eines früheren gleichen Tests als Referenzwert verfügbar war.

Offensichtlich kann auch ein Abfall der Konzentration androgen-anaboler Hormone oder des Quotienten freies Testosteron/Cortisol auf seine Überlastung bzw. ungenügende hormonelle Regeneration hinzuweisen. Da ein anaboles Defizit annehmbar ist, läßt das Testergebnis auf eine Störung für die Regenerationsphase und Trainierbarkeit schließen angesichts der anabolen Testosteronwirkung sowohl für den Eiweißaufbau, als auch für die Stimulierung der Glykogensynthese (über die Glykogensynthetase). Vor allem für eine schnelle Regeneration nach Ausdauerbelastungen und während intensiver Trainingsphasen verdient dieser Mechanismus besondere Beachtung!

Zusammenfassend wird man bei der nötigen kritischen Wertung bisher vorliegender, teilweise noch stark voneinander abweichender Unterschungsergebnisse, folgern können, daß

1. derzeit die trainingsmethodischen Folgerungen im Hinblick auf disziplinspezifische Aufgaben für eine differenzierte Fähigkeitsentwicklung im wesentlichen gleichgerichtet sind;

2. bei von ungünstigen, leistungsmindernden (anabol-katabolen) Stoffwechselsituationen Bedrohten die trainingsmethodisch angezeigten Maßnahmen, wie Reduzierung bisheriger Trainingsart und Belastungsstärke, Veränderung der Belastungsdynamik (größere Zeitabstände zwi-

schen Belastungsspitzen), ggf. in Verbindung mit dem Einschieben weiterer Trainingseinheiten kompensatorischen Charakters, zur Anwendung gelangen sollte;

3. regulierende Maßnahmen des Trainingsumfeldes, wie Anwendung bzw. Erweiterung sport- und physiotherapeutischer Maßnahmen, einbezogen die gesteuerte Einflußnahme auf die Ernährung mit erhöhter Zufuhr namentlich von Vitaminen und Mineralstoffen, angezeigt sind, und dies ungeachtet eines Zeitverzuges bezüglich des „geplanten Leistungsniveaus". Aus gesundheitsrelevanter und zugleich sportimmunologisch-leistungsstimulierender Sicht verdienen verstärkt die Ausdauersportarten (Intervallbelastung o. dgl.) Beachtung.

Sex – Liebe – Glück – Sportimmunologie

Wer sich ausreichend mit Praxis und Theorie der Sportarten mit Einschluß bisher dokumentierter sportwissenschaftlicher Konsequenzen befaßt hat, kommt derzeit uneingeschränkt zu der Schlußfolgerung, daß auf unübertroffene Weise der ausdauersportlich belastete Organismus die Fähigkeit besitzt, auch Psyche und Geist des Trainierenden in Hochstimmung zu versetzen. Hierbei werden die physischen Belastungen – und dies betrifft keineswegs nur die „moderne Ausdauersportart" des Jogging („runners high") – mental verkraftet. Vielfache Feststellung gipfelt geradezu unübersehbar darin, daß regelmäßig betriebener Ausdauersport zu körperlichem Wohlbefinden und zu seelisch-geistigem Glücksgefühl führt.

An anderer Stellte (vgl. Teil III, Kapitel 1) findet sich Näheres, daß und wie durch wohldosierten Ausdauersport das Immunsystem regelrecht „trainiert" wird und damit die psychophysiologischen Abwehrkräfte geradezu „auf Trab" gehalten werden. Durchaus nicht zufällig verfügen wir daher auch bereits über statistisch abgesicherte Beobachtungen, daß ein auf solche Weise immunstimulierter Körper auch einen kaum übertreffbaren Schutz gegenüber einer Zunahme von altersentsprechend entarteten Zellen („Krebszellen") darstellt, der Organismus sich hier erfolgreich gegen gefährliche Metastasenbildung o. dgl. zu wehren vermag.

Während somit – um einen weiteren Gedanken des Kölner Immunologen G. Uhlenbruck aufzugreifen – das Immunsystem im Hinblick auf die Erhaltung von Leben, der Erkennung des „vermehrungswilligen Feindes (Erreger, Krebszellen) dient", vermag die menschliche Sexualität „der Erkennung des vermehrungswilligen Freundes zu folgen". In beiden Fällen müssen „auf beiden Seiten die richtigen Rezeptoren zueinander passen, sonst erkennt man weder Freund noch Feind."

Hier wird mit Recht die menschliche Sexualität, neben den Bereichen von Krankheit und von Sport, als „dritter Regelkreis" im Zusammenpassen von Leib und Seele gewertet. Wenn es hier „nicht paßt" und anfängliche Zuneigung – zumal beim männlichen Partner – auf einseitig-überwiegender „Organbezogenheit" begrenzt bleibt, anstelle einer Entwicklung in Richtung der leibseelischen Tiefe, tut dies „einem in der Seele weh". Längere derart schmerzhafte Erfahrung verschont freilich den von „käuflicher Liebe" (Prostitution) Besessenen, womit dieser sich praktisch mit jenen auf gleicher Ebene befindet, die im Sport Sieg und Erfolg um jeden Preis (z.B. Dopingfremd- und Selbstbetrug, vgl. Teil III, Kapitel 3) anzustreben gewöhnt sind. Beides vermag infolge Schwächung des Immunsystems zu Krankheit zu führen, denen allerdings ein moderater Ausdauersport in der Regel erfolgsam entgegenwirken dürfte.

Bei anhaltendem psychischen Leistungsdruck, ebenso wie bei Gewöhnung an übertriebenen Hochleistungssport, etwa infolge von „Sponsorabhängigkeit", zeigten umfangreiche Immunparameter-Messungen eindeutige Depressionen des umfassenden Abwehrsystems, die einhergingen mit Desinteresse an Sex, oft auch mit Anorgasmie. Dagegen erweisen sich Formen der Anerkennung, insbesondere das Gefühl, geliebt zu werden, oft in gleicher Weise als immunstimulativ, wie wohltuender, „nicht übertriebener" Ausdauersport. Dies betrifft sowohl Frauen, als auch Männer, wenngleich solche Sportarten gerade beim weiblichen Geschlecht – vielleicht wegen seines besonderen „Ausdauerengagements" u.a. in Form der Schwangerschaft – nicht allein erhöhte protektive Wirkung in Richtung von Herz-Kreislaufkrankheiten – einer ausgesprochenen „männlichen Domäne!" – sondern gerade auch im Hinblick auf Krebsschutz, erkennen lassen. Nicht zufällig gingen bereits von ausdauersporttreibenden Frauen Initiativen aus, diese Sportart in die Tätigkeiten von Krebsnachsorgegruppen zu integrieren.

Wenn aus der Sicht von Gesundheit und Sport die Zukunft der „schönsten Nebensache der Welt" den Ausdauersportarten ganz besonders zu gönnen ist, so befinden sich die Angehörigen des weiblichen Geschlechts – nicht zuletzt angesichts erwiesener hoher Ausdauerfähigkeit in Gestalt der Doppelbelastung in Familie und Beruf – unzweideutig auf der Überholspur gegenüber den männlichen Partnern. Ohne auf die „stimulierende Konstellation der erotischen Trainer-Schützling-Symbiose" voll verzichten zu wollen, dürfte auch jener Anregung zunehmende sportpädagogische Praxiswirksamkeit zu wünschen sein, daß nämlich im Hinblick auf die voll akzeptable natürliche Form des „mental motivierten Dopings" künftig wesentlich mehr weibliche Trainer für Sportler und mehr charismatisch besetzte männliche Trainer für Sportlerinnen engagiert werden sollten; „eine Quotenregelung, die bestimmt von allen Seiten akzeptiert werden dürfte" (Uhlenbruck und Peters 1990).

Demnach dürfte kein Zweifel mehr bestehen, daß fitneß- und gesundheitsfördernde Stimulation des Immunsystems sowohl direkt über das körperliche Engagement, als auch vielseitig und indirekt über die Psyche wirksam wird. In unserem Alltag dürften dabei jene bevorzugt sein, die ausreichend mit Humor bedacht sind. So verdanken wir Albert Camus die treffliche Einschätzung einer (di-)streßneutralisierenden und zugleich immunstimulierenden Effektivität des Humors: „Humor tröstet die Menschen über das hinweg, was sie in Wirklichkeit sind." Dies dürfte annähernd dem allseits bekannten „Humor ist, wenn man trotzdem lacht" des Schriftstellers Otto Julius Bierbaum (1865–1910) entsprechen, (u.a. Verfasser des impressionistischen Gedichtbandes „Irrgarten der Liebe" [1901]).

Demgegenüber – im Gegensatz zu den sehr jungen sportimmunologischen (genau: sportpsychoneuroendokrinoimmunologischen) Entdeckungen – haben noch wesentlich älter die engen Beziehngen zwischen Ausdauersport (etwa in Form des Schwimmens bzw. Badens) und Sex zu gelten, vgl. Abb. 26.

Abbildung 26: Dokument von Unbefangenheit beim mittelalterlichen Badeleben. (Aus: M. L. Göpel, Frauenalltag durch die Jahrhunderte. Ismaning/München 1986, 51)

TEIL II

Anpassungserscheinungen in Abhängigkeit von Lebensalter, Geschlecht und körperlicher Verfassung

Kapitel 1

Das Anpassungsvermögen der Muskelzelle und Muskelfaser

Grundlegende zur Struktur und Funktion wurde bereits in Teil I, Kapitel 1, ausgeführt. Hier soll versucht werden, näher dem Umstand Rechnung zu tragen, was sich aus der Kombination der leistungsbestimmenden neutralen, biomechanischen sowie biochemischen Kräfte, insbesondere im Bereich der muskulären Verbindungen, zu ergeben pflegt. Gerade das Ziel, die einzelnen Anteile hier mit Einbeziehung der genetischen Verankerungen nicht nur zu kennen, sondern diese auch systematisch zu nutzen, gehört zu den unabdingbaren Voraussetzungen, auf der Grundlage von deren relativer Bedeutung, eine Optimierung des Trainingsregimes, also hohe Ausdauerfähigkeit, aber auch ggf. maximale Schnelligkeit und Beschleunigung, zu entwickeln. Dabei geht es zugleich darum, neben der Beachtung oft entscheidender, weitgehend objektiv verankerter Leistungsfaktoren, das Training auch bei Beachtung subjektiver bzw. individueller Einflüsse, wie Vorliebe für eine bestimmte Sportart, so effizient wie möglich zu gestalten. Dies ist gleichbedeutend mit einer Steigerung seiner Spezifität.

Veränderungen der Muskelstruktur und des Muskelfaserspektrums durch Training

In Erweiterung zu dem schon in Teil I Gesagten, ist hier zu betonen, daß die Fähigkeit eines Skelettmuskels, etwa zur Entwicklung hoher, maximaler Kontraktionsschnelligkeit in bedeutendem Maß von der Struktur abhängt, d.h. hier von der inneren Anordnung der Sarkomere (Elementareinheit der Muskelfaser, vgl. Abbildung 27) und den aktiven Elementen der Muskelfasern (Myofibrillen), des weiteren von der Zusammensetzung des Muskelfaserspektrums. So ist ein Muskel mit einer größeren Anzahl in Reihen angeordneter Sarkomere bei sonst günstigen Bedingungen imstande, optimale maximale Schnelligkeiten zu erreichen. Dagegen ist die Anzahl der Fibrillen für die Kraftleistung ausschlaggebend. Von einem Muskel, dessen Fasern parallel angeordnet sind, kann größere maximale Schnelligkeit erwartet werden, aber weniger Kraft pro Faserquerschnitt, als von einem Muskel mit schräger Faseranordnung. Diese Muskelfaseranordnung ist im

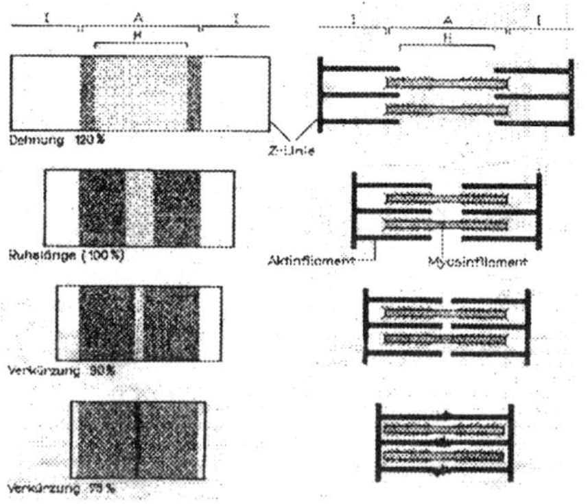

Abbildung 27: Veränderung der Querstreifung der quergestreiften Muskelfaser und der Lage der Myofilamente zueinander bei Dehnung (120 %) und bei Kontraktion (90 bzw. 75 % der Ausgangsruhelänge) eines Sarkomers.
Nach L. Pickenhain. In D. G. R. Findeisen u. Mitarb. (1980).

Erbgut (= genetisch) festgelegt. Die gleichfalls genetisch verankerten Arbeitsformen der Muskelfaser, wie Verkürzung (= isotonische Kontraktion), Erhöhung der Muskelspannung (= isometrische Kontraktion) oder auch beider Kombination (= auxotonische Kontraktion), z.B. beim Herzmuskel, wird wegen ihres hohen Bekanntheitsgrades hier nur kurz erwähnt.

Möglicherweise – diese Frage bedarf noch der endgültigen Klärung – beeinträchtigt die Muskelhypertrophie, also das Muskelwachstum als Ergebnis ausgeprägten Maximalkraft-Trainings, die Anordnung der Muskelfasern und damit die maximale Kontraktionsschnelligkeit (Thorstensson 1989).

Die relative Anzahl der verschiedenen Muskelfasertypen, d.h. das Muskelfaserspektrum, dürfte auch die Wechselbeziehungen von Kraft, Schnelligkeit und Zeit eines Skelettmuskels zu beeinflussen. So dürfte ein hoher Anteil von sogenannten Typ-II-Fasern (FTF = Fasttwitchfasern) eine wesentliche Voraussetzung für hohe Schnelligkeits- und Beschleunigungsleistungen sein. Es ist anzunehmen, daß die metabolische und feinstrukturelle Grundlage für eine Muskelfaserbestimmung (Formen des Enzyms Myosin-ATPase) primär genetisch festliegt und damit nur sehr begrenzt durch Trainingsmaßnahmen beeinflußbar ist. Damit ist zugleich ein deutlicher Hinweis auf die anlagemäßig bestehenden Begrenzungen für ein erfolgreiches Schnelligkeits- und Krafttraining gegeben; die treffen jedoch weniger auf Ausdauerleistungen zu. Dieser Gesichtspunkt besitzt durchaus auch Bedeutung für die Auswahl und Motivierung sportlicher Talente.

Neben den soeben kurz erörterten Bedeutungsfaktoren der Skelettmuskeln in Beziehung zum exemplarischen Training maximaler Schnelligkeit und Beschleunigung, spielen außer denen des Nervenssystems (vgl. Teil III, Kapitel 1) insbesondere noch die biochemischen Einflüsse eine nicht zu ignorierende Rolle, vgl. hierzu Tabelle 12.

Das hier besonders interessierende Ausmaß der Beschleunigung, teilwei-

Überblick über Faktoren, durch die maximale Schnelligkeit und Beschleunigung während kurzzeitiger körperlicher Belastung beeinflußt wird

Biomechanische Faktoren	Muskuläre Faktoren	Neutrale Faktoren	Allgemeine Faktoren
(1) $V_f = V_0 + a \cdot t$ (2) $F = m \cdot a$ (3) $F \cdot t = m \cdot v_f$ (4) $M = F \cdot l$ (5) $M = l \cdot \sigma$ (6) $I = \sum m \cdot r^2$ (7) $M \cdot t = I \cdot \omega_f$ (8) $V = \omega \cdot r$	• Mechanische Eigenschaften – Kraft-Schnelligkeit – Kontraktionsform – Dehnungs-Verkürzungs-Zyklus – Kraft-Muskellänge • Morphologie – Faseranordnung – Muskelfaserspektrum – Elastischer Anteil • Stoffwechsel – Energiequellen – Enzymaktivitäten	• Neurale Eigenschaften – Erregbarkeit – Nervenleitgeschwindigkeit – Übertragung • Koordination – Rekrutierung – Synchronisation – Agonist-Antagonist	– Dimensionen – Alter – Geschlecht – Training – Pharma – Ermüdung – Motivation

Die für die biomechanischen Formeln verwendeten Abkürzungen bedeuten im einzelnen: V_f Endschnelligkeit; V_0 Anfangsschnelligkeit; a lineare Beschleunigung; t Zeit; F Kraft; m Masse (Trägheit); M Kraftmoment; l Hebellänge; I Trägheitsmoment; σ Winkelbeschleunigung; r Radius (Entfernung vom Körperschwerpunkt zur Drehachse); ω_f Winkelendgeschwindigkeit; V augenblickliche lineare Schnelligkeit; ω augenblickliche Winkelgeschwindigkeit

Tabelle 12:

Nach A. Thorstensen. In A. Dirix u. Mitarb. (1989).

se mit Einschluß der dafür benötigten Zeit, hat entscheidende Bedeutung (Formel 1 in Tabelle 12). Dafür wird Kraft benötigt, wobei die Beschleunigung sich proportional zum Ausmaß der Kraft und umgekehrt proportional zur Masse des zu beschleunigenden Körpers verhält (Formel 2). Die hieraus zu folgender Notwendigkeit einer Berücksichtigung der Körpermasse einschließlich „Teilmassen" ergibt sich nicht zuletzt daraus, daß die Masse der Skelettmuskeln als die ursprünglichen Kraftmaschinen über die Gelenke

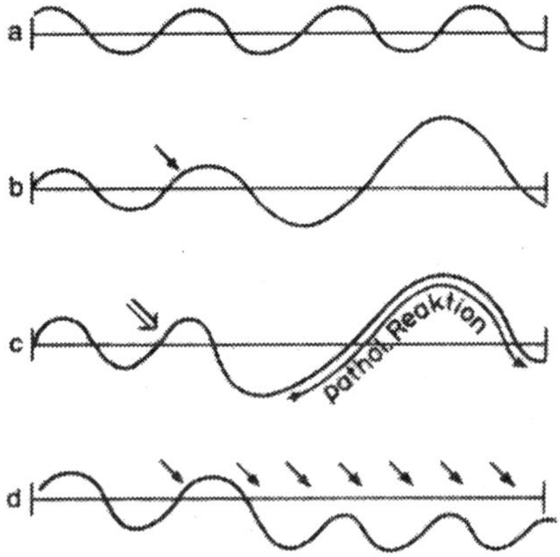

Abbildung 28: Fließgleichgewicht der selbstorganisiertenden Wechselbeziehungen zwischen Individuum und Umwelt:
a) innerhalb einer physiologisch vorgegebenen variationsbreite,
b) bei mäßigen Störeinflüssen (schwache Stressoren), die zu größeren Auslenkungen führen, aber durch interne Regulationsvorgänge auf den normalen (physiologischen) Schwankungsbereich zurückgeführt werden (einfacher Pfeil,
c) Abwehrreaktionen des Organismus mit Krankheitserscheinungen durch starke Stressoren, die bei Risikopersönlichkeiten bereits in Form mäßiger Distress-Einwirkungen (Doppelpfeil) wirksam werden können, wobei aber meistens Rückkehr zur Norm erfolgt,
d) Niveauverschiebung des Fließgleichgewichts durch chronische bzw. fortgesetzt wirkende mäßig starke Stressoren (mehrere Pfeile), wodurch die Risikogefährdung der Persönlichkeit gesteigert wird.
Nach L.-C. Schulz (1989). In D. G. R. Findeisen u. Mitarb. (1990).

hinwegwirken (Formel 4). Unübersehbar ist hier auch, daß diesen Kraftwirkungen durch die Körpermasse (Trägheit) Widerstand geleistet wird (Formeln 5 und 6), so daß Hebelarmlänge und Entfernung vom Körperschwerpunkt zur Drehachse ausschlaggebend sind.

Für Leistungsabweichungen sind fraglos auch individuelle Längenausmaße zu bedenken; wegen ihrer erblichen Bedingtheit sind sie bei der Talenteauswahl nicht zu ignorieren, wenngleich auch hier eine Verabsolutierung nicht ratsam ist (z.B. Vorteil kurzer Beine beim Sprint mit geringem Trägheitsmoment, wobei dieser durch den Nachteil verminderter Schrittlänge aufgehoben wird). Mit Bezug auf bereits Gesagtes zu Beginn dieses Abschnitts sollte daher das Training von Sportlern mit vermehrter Kraft, aber möglichst geringer Muskelhypertrophie absolviert werden.

Auch die biochemischen Vorgänge in den Muskelfasern unterliegen der Anpassung, wenngleich in begrenztem und sehr unterschiedlichem Ausmaß. Dabei werden in Abhängigkeit von Intensität und Dauer des Trainingsregimes verschiedene Stoffwechselwege beansprucht. Bislang konnte nicht sicher nachgewiesen werden, daß anpassungsmäßig ein nennenswerter Anstieg schnell verfügbarer Energiequellen (ATP, energiereiche Phosphate) mit in deren Stoffwechsel eingeschlossenen Enzymen (z.B. Actomyosin-ATPase, Myokinase) auftritt. Ungeachtet der z.B. beim Krafttraining festgestellten relativ geringen

Luftdruck (in Torr) und Sauerstoffdruck in der Trachealluft (in Torr) in verschiedenen Höhen über dem Meeresspiegel

Höhe (in m)	Luftdruck (in Torr)	Po_2 in Trachealluft (in Torr)	Höhe (in m)	Luftdruck (in Torr)	Po_2 in Trachealluft (in Torr)
0	760	149	5000	405	75
500	716	140	6000	354	64
1000	674	131	7000	308	55
1500	634	123	8000	267	46
2000	596	115	9000	230	38
2500	560	107	10000	198	32
3000	526	100	19215	47	0

Tabelle 13: Nach P.- G. Linke. In D. G. R. Findeisen u. Mitarb. (1980).

Zunahme dieser Enzyme, sind beim Ausdauertraining erheblich größere örtliche Anpassungsvorgänge im Muskelstoffwechsel ermittelt worden (Saltin und Gollnick 1983).

Beeinflussung durch äußere Einwirkungen

Hier erinnern wir uns daran, daß jeder Organismus sich in einer ständigen Auseinandersetzung mit seiner Umwelt befindet. Dabei werden die organismischen und psychischen Voraussetzungen des Individuums im Rahmen einer dynamischen Variantionsbreite, die für den Sportler besonders relevant ist, beansprucht. Der menschliche Organismus verfügt ohne Frage über eine individuell zwar unterschiedliche, zumeist aber doch recht große Anpassungsfähigkeit an die gegebenen Umweltbedingungen. Man kann auch sagen, daß zwischen Organismus und Umwelt ein ständiges Fließgleichgewicht besteht, vgl. Abbildung 28. Unter diesen Bedingungen empfindet der Mensch ein subjektives Wohlbefinden – daß Art und Umfang sportlicher Belastungen hier maßgeblich einzubeziehen sind, ergibt der Gesamtkontext dieses Buches! – und es treten dann keine Krankheitssymptome auf. Befassen wir uns also im folgenden unter diesem Aspekt mit Fragen, wie z.B. Sauerstoffmangel, Jahreszeit und Tagesrhythmik sowie Klima und Umgebungstemperatur. Wir werden feststellen, daß die genannten Einflußfaktoren geeignet sind, Leistungsfähigkeit und Trainierbarkeit wesentlich zu beeinflussen; dies betrifft selbstverständlich auch nicht besonders erwähnte sportliche Übungen, z.B. im Wasser (Schwimmen, Tauchen), wo gleichfalls für die Trainingsbelastung und die nötigen Anpassungsreaktionen spezifisch veränderte Bedingungen geschaffen werden.

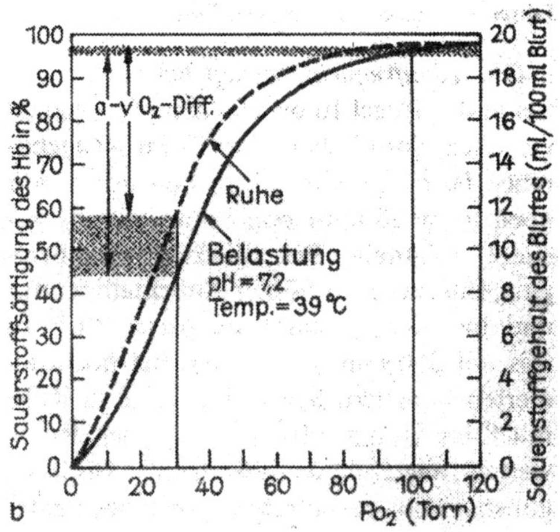

Abbildung 29: Sauerstoffbindung des Blutes in Ruhe (a; Blut-pH 7,4 Temp. 37 °C) und bei starker körperlicher Belastung (b; Blut-pH 7,2, Temp. 39 °C). Die Sauerstoffbindungskurve des Hämoglobins gibt an, wieviel Sauerstoff das Hämoglobin beim jeweiligen p02 bindet. Sie verlagert sich bei Säuerung und Temperaturerhöhung des Blutes, wie sie bei körperlicher Belastung auftreten, nach rechts (b). Diese Verlagerung begünstigt die Sauerstoffabgabe im Gewebe. a–v 02Diff. arterio-venöse Sauerstoffdifferenz.

Das den meisten bekannte Beispiel der Anpassung an sportliche Belastung unter mittleren Höhenbedingungen (z.B. Olympiade 1968 in Mexiko-City, 2300 m ü.M.) bezieht sich u.a. darauf, daß die Ergebnisse der Sprintdisziplinen – mit Zeitdauern unter 1 Minute als Folge des geringeren Luftwiderstandes – oft sogar besser ausfielen, als unter Flachlandbedingungen. Dagegen zeigte sich etwa beim 800-m-Lauf eine Verschlechterung der Leistung um durchschnittlich 3 %, beim 5000- und 10000-m-Lauf sogar um 10 %. Ganz offensichtlich hängt dies mit der unter Höhenbedingungen herabgesetzten Sauerstoffversorgung zusammen, die auch durch gezieltes Höhentraining zur Erhöhung der individuellen Anpassung nur begrenzt kompensierbar ist. Wie Tabelle 13 veranschaulicht, nimmt der 02-Druck in der Einatmungsluft parallel zum Luftdruck mit zunehmender Höhe immer stärker ab.

Bei annehmbar vollständiger Sättigung der Einatmungsluft in der Luftröhre mit Wasserdampf (bei Meereshöhe und 37 °C anteiliger Druck von 47 Torr) ist der Sauerstoffdruck in der Luftröhre mit der Formel PO_2 = (PLuft – 47) x 20, 94/100 berechenbar (d.h. 20,94 = prozentualer Luft-Sauerstoffgehalt bei 15 °C und Luftdruck von 760 Torr-Normalbedingungen). Für unser Beispiel Mexiko bedeutet dies, daß die Alveolarluft nur einen PO_2 von 110 Torr aufwies. Unter diesen Bedingungen liegen nur noch 83 % des Hämoglobins gegenüber 96 % auf Meeresniveau als Oxyhämoglobin vor, was bei hohen körperlichen Belastungen eine erhebliche Beschränkung der O_2-Zufuhr bedeutet, was auch Abbildung 29 veranschaulicht. In 5000 bis 6000 m Höhe sinkt beim Nichtakklimatisierten die O_2-Sättigung des Blutes bereits auf 80 %, was eine Gefährdung der Sauerstoffversorgung bereits unter Ruhebedingungen bedeutet.

Bei Nichtangepaßtheit (Nichtakklimatisation) wird versucht, den Sauerstoffmangel in Höhe über 1000 m durch Verstärkung der Lungenventilation mit Vertiefung der Einatmung auszugleichen. Wegen erheblicher Intensivierung der Atemmuskelarbeit (Verbrauch von relativ hohem Anteil vermehrt eingeatmeten O_2), bei gleichzeitiger vermehrter Abatmung von Kohlendioxid (Absinken des Blut-CO_2 unter die Norm) ist das Ergebnis hinsichtlich der Leistungsfähigkeit nicht befriedigend; die maximale O_2-Aufnahme ist im Endergebnis herabgesetzt.

Bei den als Akklimatisation bezeichneten Anpassungsmechanismen durch längeren oder wiederholt kürzeren Gebirgsaufenthalt kommt es über eine verstärkte Tätigkeit der blutbildenden Organe (Erhöhung der O_2-Aufnahme und -Transportfähigkeit) mit deutlicher Zunahme der roten Blutkörperchen (Erythtozyten), Zunahme des Hämoglobingehaltes sowie über vermehrte Kapillarisierung zu echten Anpassungsreaktionen an die Höhenhypoxie. Diese bilden sich jedoch in Meereshöhe in relativ kurzer Zeit wieder zurück. Bei Ausdaueranforderungen in Orten über 1500 m Höhe wird daher ein sich über mehrere Wochen erstreckenden Höhentraining durchgeführt. Dabei zeigte sich auch, daß die Leistungsfähigkeit bei Ausdauersportlern unmittelbar nach einer solchen Anpassungsmaßnahme bei Wettkämpfen in meereshöhe gesteigert ist, was vorzugsweise auf den erworbenen verbesserten Sauerstofftransportbedingungen des Blutes beruht. Da, wie die Dissoziationskurve des Oxyhämoglobins (vgl. Abbildung 29) zeigt, das Hämoglobin unter normalen Luftdruckbedingungen praktisch vollständig mit Sauerstoff gesättigt ist, kann die Leistungsfähigkeit des Organismus durch Einatmung von Luft mit erhöhtem O_2-Gehalt („Hyperoxietraining") keinerlei Verbesserung erfahren, vgl. auch „Sauerstoffbehandlung", Kapitel 5.

Bei der Betrachtung von Jahreszeit und Tagesrhythmus werden die bestehenden Wechselbeziehungen zwischen den zeitlichen Prozessesn im Organismus und denen der Umwelt durch das ZNS realisiert, vgl. Teil III, Kapitel 1. Wir können uns hier daher auf wenige Aspekte beschränken. Dabei erscheint von besonderer Relevanz, das das Zentralnervensystem mit seinen Neuronensystemen über eine spezifische Raum-Zeit-Struktur verfügt. Mit deren Hilfe vermag jeder Informationsfluß zum Gehirn über eine entsprechende Kodierung durch die Rezeptoren in einer raumzeitlichen Anordnung zu gelangen.

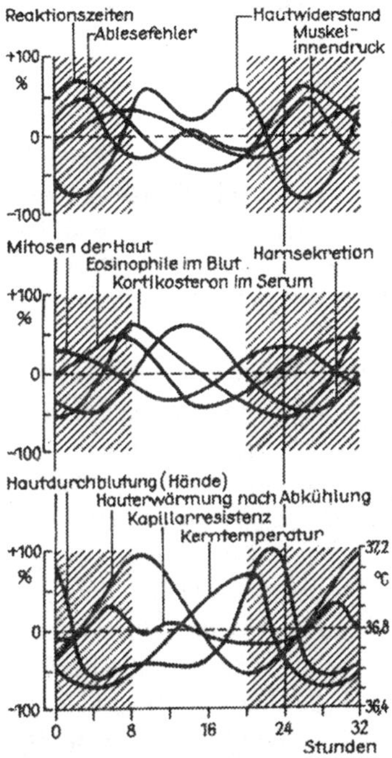

Abbildung 30: Verlaufskurven des Tagesrhythmus biologischer Funktionen des Menschen mit Schwankungen verschiedener vegetativer Funktionen und Leistungen. Die höchsten Werte der Nebennierenrindenhormone und der Kerntemperatur werden in den frühen bzw. späten Nachmittagsstunden erreicht. Die Hautdurchblutung der Hände entspricht der jeweiligen Kreislaufumstellung in der Auf- und Entwärmungsphase des Körpers.
Nach P.-G. Linke. In D. G. R. Findeisen u. Mitarb. (1980).

Bei der Tagesrhythmik geht es einmal um die Anpassung der vegetativen Funktionen an den Tag- und Nachtrhythmus; seine Bedeutung vergrößert sich zum anderen beim Wettkampfsport, wenn durch die Schnelligkeit der modernen Verkehrsmittel insbesondere des Flugzeuges, ein rascher Zeitzonenwechsel erfolgt: Die „innere Uhr“ läuft weiter, ist dabei zur jeweils gegebenen Ortszeit desynchronisiert. Es betrifft dies die Zirkadianrhythmen (24-Stundenrhythmus) der oberhalb von 37 °C liegenden durchschnittlichen Körpertemperatur in analoger Weise, wie die synchron verlaufenden vegetativen Regulationen der Kreislauffunktion u.a. Jeweils nach 2 bis 4 Tagen Ungehagens mit Leistungsabfall erfolgt wieder eine zunehmende Synchronisation der vegetativen Abläufe.

Genaue Messungen der Tagespolitik (Versuchspersonen bei völliger Isolierung) ergaben eine breite Variabilität der vegetativen Veränderungen mit einem Minimalwert von 19 und 20 Stunden sowie Maximalwert von 27–29 Stunden. In der Raumfahrtmedizin werden zur zweckmäßigen Synchronisierung des Tagesablaufs bei Astronauten bzw. Kosmonauten sogenannte Zeitgeber eingesetzt. Als solche gelten vor allem Licht und Temperatur, die jedoch unter natürlichen Bedingungen weder genau parallel, noch sinusförmig verlaufen, aber arteffiziell die biologischen Rhythmen sehr effizient zu ersetzen vermögen. Licht als solches mit Einbezug des Hell-Dunkel-Wechsels wird beim Menschen als Reiz offensichtlich unmittelbar über afferente Nervenbahnen von der Netzhaut zu Teilen des Stammhirns vermittelt. Dort werden die zur Bildung endokriner Substanzen nötigen regulierenden Faktoren (releasing factors) gebildet mit dem Ergebnis nerval-hormoneller vegetativer Anpassung.

Die starken Synchronisatoren in Gestalt von Temperatur und Licht werden unter bestimmten Umständen durch „dominierende" Zeitgeber ergänzt. Dazu gehören ein konstantes Tagesregime mit sinnvoller Einteilung von Mahlzeiten, Trainingszeiten sowie Einteilung von Freizeit und Nachtruhe. Meteorologische und geophysikalische Faktoren wie Luftdruck, Luftfeuchte, erdmagnetische Einflüsse und Schwerkraft, werden dagegen zu den schwachen Zeitgebern gerechnet.

Bedenkt man hier noch den Schlaf-Wach-Rhythmus in Hinsicht auf die Aktivitätsregulation, so ist die Wirkung von Trainingsreizen grundsätzlich für jede Tageszeit unterschiedlich zu erwarten, wie in Abbildung 30 veranschaulicht wird. In Abhängigkeit davon, ob in einer auf- oder absteigenden Phase der periodischen Funktionsumstellung der Einsatz von Trainingsreizen erfolgt, ist auch die Wirkung auf den Organismus verschieden. Während auch psychische Leistungen eine deutliche Abhängigkeit von der Tageszeit aufweisen (z.B. Reaktionszeit auf akustische Signale mit Abweichungen von etwa ± 7 % im Tagesgang), sind solche periodischen Verstellungen der vegetativen Funktionen, wie die Ausscheidung von Wasser, Chlor sowie auch Harnstoff, als biologisch angepaßte Reaktionen aufzufassen, die bei geregelter Nahrungszufuhr der Leistungsbereitschaft und -fähigkeit dienlich sind.

Die Erkenntnisse von Systemtheorie und Kybernetik führten dazu, daß die Organismus-Umweltbeziehungen unter dem Blickwinkel einer großen Anzahl von „homöostatischen" Mechanismen zu sehen sind; diese dienen sämtlich der Konstanterhaltung des inneren Milieus. Es sind dies rückgekoppelte schwingungsfähige Systeme, so daß sowohl die elementaren molekularbiologischen und zellphysiologischen Prozesse, wie auch die höchsten Regulations-, Lern- und Anpassungsleistungen des Organismus ohne dieses Rückkopplungsprinzip – übrigens auch ein Bestandteil des in der „Einleitung" geäußerten Harmoniebestrebens in unserem „technologisch-postmodernem" Zeitalters! – nicht vorstellbar sind.

Dieser Umstand wird jetzt sowohl durch das „mentale Training" (vgl. Teil III, Kapitel 2) mit Erfolg genutzt, macht zum anderen auch solche Erscheinungen, wie z.B. den Vorstartzustand erst befriedigend verständlich: In dieser Periode erfolgt bei stärkerer körperlicher Aktivität und Einsatz der Willkürmotorik eine nervale Ankopplung der kardiopulmonalen Steuerkreise innerhalb des Mittel- und Stammhirns. Auf diese Weise kommt es zu einem Vorlauf für notwendige Umstellungen namentlich der Herzkreislauf-

und Atemfunktionen. Die nötige Abstimmung der hier beteiligten drei Funktionskreise wird bei der synchronisierten Herzfrequenz sowie Atemfrequenz eindrucksvoll offenbar. Im Ergebnis registrierten wir bei eigenen Untersuchungen eine Ökonomisierung der Funktionen in Form einer Verringerung der Atem- und Herzkreislauf-Arbeit. Durch das Training erreichte Synchronisierungseffekte sind als Gütekriterien der erstrebten vegetativen Abstimmung und damit eigener sportmethodischer Bemühungen zu werten, abgesehen von dem oft auch bemerkbaren subjektiven Glücksgefühl des erfolgreich Trainierenden.

Kapitel 2

Besonderheiten der Belastbarkeit im Kleinkindalter und Schulalter, Reifungsalter und höherem Lebensalter

Zweifellos wurde bereits erkennbar, daß Sport nicht gleich Sport sein kann. Das Säuglingsalter wird uns hier nicht weiter aufhalten; der Säugling als „sekundärer Nesthocker" kommt mit seinen Strampelbewegungen voll zurecht. Wenngleich auch im Kleinkindalter noch ein Mehrfaches an Bewegungsaktivität gegenüber den meisten Jugendlichen und Erwachsenen festzustellen ist, kann der Leistungsspor bei Kindern natürlich nicht mit dem von Erwachsenen gleichgesetzt werden. Reifung, Wachstum und anpassungsbedingte Gewebsdifferenzierung, einbezogen die psycho-nervalen Funktionen, kombinieren sich in den verschiedenen Altersstufen in jeweils anderer Art, so daß es sich lohnen dürfte, sich damit etwas näher vertraut zu machen.

Bewegungsapparat und Organveränderungen bei Kindern

Während im Säuglingsalter die motorische Entwicklung durch automatische Bewegungsabläufe der Extremitäten gekennzeichnet ist und mit zunehmender Ausreifung der Großhirnfunktionen zielstrebige Lokomotionsübungen (Rutschen, Krabbeln, erste Stehversuche) einsetzen, schreitet im Kleinkindalter (2. bis Ende des 6. Lebensjahres) der Gestaltwandel in typischer Weise fort.

So zeigt die Körperform zwischen dem 4. und 5. Lebensjahr eine Reihe von Charakteristika: Der Kopf ist noch immer relativ groß, der Rumpf

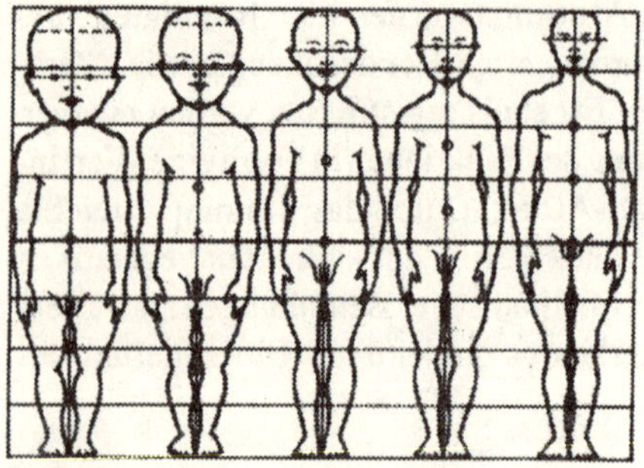

Abbildung 31: Verschiebung der Körperbauproportionen im Laufe des Lebens. Betrachtet man die Körperbauproportionen des Säuglings-, so sieht man, daß der Stamm relativ länger als die Beine und die Spannweite der Arme größer als die Körperhöhe sind. Außerdem ist der Kopf verhältnismäßig groß.
Nach W. Bringmann (1980). In D. G. R. Findeisen u. Mitarb. (1980).

walzenförmig, der Brust- und Bauchabschnitt lassen noch keine Modellierung erkennen, die Rippen stehen horizontal, der Bauch ist vorgewölbt. Infolge noch unterentwickelter Muskulatur sind die Schulter schmal und die Wirbelsäule noch verhältnismäßig gerade. Kleinkinder dieser Altersklasse haben kurze Extremitäten und die Konturen sind weitgehend durch Fettpolster bestimmt.

Dieser Lebensabschnitt zeichnet sich durch großen Bewegungsdrang aus. So lernt das Kleinkind jetzt spielend die grundlegenden Bewegungsformen (Stehen, Gehen, Ziehen, Laufen, Springen, Hüpfen, Klettern). Im Interesse allseitiger Entwicklung der Bewegungsfertigkeiten ist somit bereits im Vorschulalter eine gezielte sportliche Unterweisung ratsam. Dabei sollten Ballspiele wegen ihrer günstigen Einflusses auf Körperformung, Bewegungsschulung und Organkräftigung bewußt gefördert werden. Besonders Beachtung verdienen außerdem die großen Muskelgruppen des Rückens als frühzeitiger Beitrag zur Verhütung von Haltungsschäden. Dagegen muß wegen funktioneller Unterentwicklung der Kreislauf- und Stoffwechselregulation vor erschöpfenden Ausdauerbelastungen (Wettkämpfe von Radfahrern usw.) Abstand genommen werden.

Je kindgerechter die Aufgaben gerade in dieser Entwicklungsphase gestellt werden und je freuderfüllter die sportlichen Tätigkeiten ablaufen, desto größer ist die Aussicht der Beibehaltung von Sport bis ins höhere Lebensalter!

Die Entwicklungsperiode des frühen und mittleren Schulalters setzt mit dem 6. Lebensjahr ein und endet mit dem Eintritt in die Reifungszeit (etwa 10. Lebensjahr). Durch den Schulbeginn erfolgen wesentliche Veränderungen in den kindlichen Lebensbedingungen, wie neuer Tagesrhythmus, neue soziale Beziehungen, veränderte Bewegungsgewohnheiten usw.

Im frühen Schulalter vollzieht sich der Gestaltwandel: Die Extremitäten zeigen ein rascheres Wachstum, als der Rumpf (vgl. Abbildung 31). Die

Folge dieser wachstumsbedingten Änderung der Körperproportionen ist eine Verlagerung des Körperschwerpunktes. Diese liegt beim etwa 13jährigen in Höhe des Beckengürtels, beim Kleinkind etwa in Nabelhöhe. Die Entwicklung der Organsysteme bietet angesichts einer guten Anpassungs- und Leistungsfähigkeit gerade dieses Lebensabschnitts die Möglichkeit guter Beeinflussung durch eine Vielfalt sportlicher Aktivitäten.

Das Herzwachstum verläuft proportional zum Körperwachstum (aktiver und passiver Bewegungsapparat); um bei Belastung durch höhere Geschwindigkeit des Blutumlaufs eine Vergrößerung des Herzminutenvolumens zu erlangen, wird das kleine Schlagvolumen durch eine höhere Herzschlagfrequenz ausgeglichen. Analog verhält sich das Atemsystem, indem sich anpassungsbedingt eine bedeutende Zunahme der Lungenventilation bzw. Lungenvolumina einstellt. Dabei kommt es unter sportlicher Belastung bereits jetzt zu allmählicher Anpassung der Dynamik der Atembewegungen (Atemfrequenz, Tiefe, Zeitpunkt von Ein- und Ausatmung, Atemanhalten) in Richtung auf die sportartspezifische Bewegungsdynamik beim Trainierenden, wobei es sich um beginnende zentrale Koordinierung der motorischen und vegetativen Steuerungsimpulse handelt.

Von besonderem sportphysiologischen Interesse ist hier auch, daß es trainingsbedingt bei sechs- bis siebenjährigen Schülern nach einem Jahr zu deutlichen Längenunterschieden kommt. Dieser Umstand besitzt Bedeutung, weil das Längenwachstum Einfluß auf das Muskelwachstum nimmt.

Durch regelmäßiges und sinnvolles Trainieren werden nicht nur Muskulatur und knöchernde Strukturen Anpassungsveränderungen in Form der Dickenzunahme und veränderter Strukturen unterworfen, sondern auch das Binde- und Stützgewebe. Dabei verlaufen die Anpassungsvorgänge im Binde- und Stützgewebe gegenüber denen der Muskulatur und dem Herz-Kreislaufsystem mit eindeutiger zeitlicher Verzögerung. Dieser Umstand sollte beim Training unbedingt Beachtung finden, indem z.B. Belastungssprünge grundsätzlich vor allem aber in Phasen stärkeren Wachstums, vermieden werden.

Als erfreulich positiv sind Beobachtungen eindeutiger Trainingseffekte auf die Sehnen einzuschätzen. Hier kommt es zu Hypertrophie des straffen kollagenen Bindegewebes, signifikanter Zunahme der Zugfestigkeit des kollagenen straffen Bindegewebes sowie zu geringfügiger Abnahme seiner Dehnungsfähigkeit.

Zu bedenken ist hier vor allem, daß es in diesem Entwicklungsstadium immer wieder zu vermeidbarer Knorpeldegeneration als Folge zu intensiver Trainingsbelastung kommt. Besonders im Ellenbogengelenk jugendlicher Turner werden Häufungen juveniler Osteochondropathien, d.h. Knochen-

Knorpel-Leiden, sowie immer wieder auch Wirbelsäulenerkrankungen (Spondylosen) im Ergebnis nicht jugendgerechten Trainings im Leistungssportbereich, ermittelt. Diese und weitere, forschungsmäßig noch nicht zuverlässig erfaßte Anpassungserscheinungen nahezu aller bedeutsamen Strukturen, lassen es dem verantwortungsbewußten Trainer und Sportarzt sehr geraten erscheinen, dem systematisch betriebenen Schul- und Freizeitsport in der Regel und ganz entschieden, den Vorrang zu geben gegenüber jeglichem Leistungssport bei Kindern, namentlich im mittleren, erst recht natürlich im frühen Schulalter. Aber: Gegenüber völliger Inaktivität bei guter Gesundheit, ist ein Leistungssport-Training das kleinere Übel, weil sich in diesem Fall (oft eine Umkehr des heute noch voll gültigen Gesetzes von Roux (1780–1854) auszuwirken pflegt, daß nämlich die Steigerung der Funktion durch Anpassung eine Verstärkung der Strukturen (Aktivitätshypertrophie) hervorruft. Zur Förderung der Motorik („Motoskopie") hat sich auch uns hier ganz besonders das therapeutische Reiten im Sinne von Christine Heipertz-Hengst (1985) bewährt.

Und noch dies: Anstelle derzeit oft zu beobachtender, nicht ausreichend begründbarer Vollsportbefreiung, sollte immer geprüft werden, ob bestenfalls nicht eine Teilsportbefreiung (z.B. nach akuter Erkrankung, Unfall o. dgl.) ausgesprochen werden kann, und diese zeitlich begrenzt, z.B. für vier Wochen. Gesundheitsgefährdete Kinder, z.B. mit schlechter Haltung, schwachen Rückenmuskeln oder auch leichter Verkrümmung der Wirbelsäule, sollten im schulischen Rehabilitationsgruppen zusammengefaßt und ihnen ein spezieller Gesundheitssport – entsprechend sportärztlich-sportmethodischen Festlegungen – zuteil werden.

Zusätzlich haben sich hier, wie auch bei bestimmten Erkrankungen oder Fehlbildungen (Diabetes, Asthma, bei Älteren auch Bechterewsche Krankheit u.a.) Hausaufgabenprogramme mit differenzierten Traininigskomplexen (z.B. je 5 Minuten isometrische Kraftübungen wie Kopfstrecken gegen ein Handtuch, Ziehen eines Handtuchs über dem Kopf, Zusammendrücken der Fäuste im Nacken, Oberkörper aufrichten aus Rückenschwebelage, anschließend isotonisches Training, wie Gewichtheben im Stand, Bücherheben in Sitz- und in Rückenlage, Beugestütze auf Boden mit Füßen auf Stuhl u.a., anschließend 2 Minuten Entspannungsübungen, z.B. Ausschütteln der Arme aus der Hochhalte, Fallen in der Hocksitz, Entspannen der Gesamtmuskulatur in Rückenlage, Arme in Seithalte, Beine gegrätscht, vollkommen gelockert liegend, tiefes Aus- und Einatmen, u. dgl.) sehr bewährt. Nicht zu übersehen ist hierbei, daß kindliche Erfolgserlebnisse der beste Garant für Gewissenhaftigkeit und regelmäßiges Üben solchen Gesundheitstrainings sind, was man durch Üben in der Gruppe, ggf. zusammen mit den Eltern verfolgen sollte. Wirksam ist hier der gleichfalls starke motivierende und leistungsstimulierende Effekt.

Wegen der großen, ja oft entscheidenden Bedeutung körperlichen Übens für die gesamte weitere psychophysiologische Entwicklung des Heranwachsenden, werden noch folgende sieben Regeln zur Beachtung im Schul- und Freizeitsport, erst recht aber im Leistungssport (modifiziert nach Groher 1989) genannt.

1. Frühzeitige allgemeinmotorische Schulung, um einseitige, und dadurch Fehlbelastungen und -entwicklungen, zu vermeiden;
2. Training der Flexibilität, die eine gleichmäßige Belastung des (hyalinen) Knorpels der statisch sowie auch dynamisch beanspruchten Gewebe gewährleistet;
3. Genaue Beachtung der Erkenntnisse über das Muskel-Gelenk-Gleichgewicht, welches schon bei Kindern Mißverhältnisse zwischen tonischer und phasischer Muskulatur erkennen läßt und Fehl- bzw. Überlastungen anzeigt (typisches Beispiel: Überlastung des Überganges Lenden-Kreuzwirbelsäule durch ein Ungleichgewicht zwischen tonischer und phasischer Muskulatur);
4. Vermeidung größerer Belastungssprünge, die angesichts langsamer Anpassung der Strukturen des Bewegungsapparates zu einem unerwünschten Mißverhältnis zwischen Belastung und physiologischer Belastbarkeit führen können;
5. Regelmäßige Kontrollen des Längenwachstums. Kritische Belastungsphasen müssen Reduzierung der Trainingsleistungen bewirken;
6. Pausen zwischen den Belastungen sind beim Kind auf Grund der langsameren Erholungsvorgänge im Binde- und Stützgewebe sowie der Muskulatur deutlich zu verlängern, was teilweise in Form völlig andersartiger Belastungsformen und -arten realisierbar ist;
7. Unbedingt zu vermeiden ist bei Kindern (bis zum Abschluß der Pubertät) das Training der Maximalkraft.

Besonderheiten des Reifungsalters

Das Reifungsalter wird auch als Pubertät bezeichnet und in zwei Phasen gegliedert: in die erste puberale Phase (Pubeszenz) und in die zweite puberale Phase (Adoleszenz). In diesen Phasen vollziehen sich sowohl in körperlicher, als auch in psychischer Hinsicht („psychophysiologisch") eindrucksvolle Veränderungen, deren bedeutendste in negativer Hinsicht in Tabelle 14 aufgeführt (relative Gegenanzeigen des Leistungssports) sind. Systemati-

Relative Kontraindikationen für eine Teilnahme am Leistungssport
1. Zurückbleiben in der körperbaulichen Entwicklung
2. Sehstörungen
3. Taubheit
4. Stummheit
5. Juvenile Hypertonie
6. Bronchiektasen
7. Rezidivierende Infektionen der oberen und unteren Luftwege
8. Dysfunktionen der endokrinen Organe
9. Chronische Gastritis
10. Magen-(Zwölffingerdarm-)Ulzera
11. Anomalien und Dysfunktionen des Genitalsystems
12. Nephrolithiasis
13. Chronische Hautkrankheiten
14. Haltungsanomalien (aber nicht fixierte Skoliose)
15. Erblich bedingte Bewegungsstörungen
16. Gelenkentzündungen
17. Coxa vara, coxa valga, genus vara, genus valga
18. Luxatio coxae congenita (in früher Kindheit ohne spezielle Apparate behandelt)
19. Plattfüße
20. Erkrankungen und Behinderungen, durch Verletzungen verursacht
21. Alle weiteren Erkrankungen aus der persönlichen Anamnese sollten individuell berücksichtigt werden.
22. Erkrankungen aus der persönlichen Anamnese mit hoher familiärer Disposition sind zu beachten.

Tabelle 14

sche, wie zugleich entwicklungsgemäße Weiterführung der im Kindesalter begonnenen Sportarten vermögen in oft entscheidender Weise krisenbedingte Erscheinungen in gesundheitsgerechter Richtung zu beeinflussen.

Die erste puberale Phase liegt gewöhnlich bei beiden Geschlechtern zwischen dem 11. und 14. Lebensjahr und wird ausgelöst durch die vom Hypothalamus-Hypophysensystem gesteuerte Sexualhormonproduktion. Einfluß auf die Skelettentwicklung hat der Umstand, daß die Geschlechtsreife bei Mädchen 1 bis 2 Jahre früher eintritt. Bei Knaben ist in diesem Alter die Trainierbarkeit der Muskulatur besser, als bei Mädchen. Zielstrebiges Üben ist hier auf den Aufbaustoffwechsel zu richten: Der jugendliche Organismus verfügt in dieser Phase noch nicht über befriedigende Reserven für die Energiegewinnung, die im Erwachsenenalter bei Höchstleistungen einsetzbar sind. Grundsätzlich darf man davon ausgehen, daß die absolute Trainierbarkeit im Reifungsalter entsprechend der individuellen Leistungsentwicklung und der ansteigenden O_2-Kapazität zunimmt. Bei Jungen erreicht sie gewöhnlich um das 18. Lebensjahr, bei Mädchen schon ab 16. Lebensjahr das Maximum.

Für die relative Trainierbarkeit, d.h. für das Verhältnis des in einer bestimmten Zeit erzielbaren Leistungszuwachses gegenüber der Grundleistung, konnten bisher keine verläßlichen Altersdifferenzen ermittelt werden.

Man wird auch der Auffassung zustimmen müssen, daß von Ausnahmen abgesehen, den Jugendlichen ein „Überschuß an Kräften bleiben (sollte), der Wachstum, Akzeleration, Pubertät, Schule/Beruf dienen muß" (Heipertz 1985), dem sich Intensität und Extensität sportlicher Belastungen anpassen sollte.

Während in der ersten puberalen Phase noch Schwierigkeiten beim Erlernen neuer Fertigkeiten auftreten – früher als „Krisenzeit", heute treffender als Phase der Umstrukturierung bezeichnet – und z.B. ungünstige Voraussetzungen für motorisches Lernen anzutreffen sind, werden in der zweiten puberalen Phase im allgemeinen (bei gut abgestimmter Trainingspraxis!) positive Veränderungen verzeichnet. So stellt die Adoleszenz einen zweiten Höhepunkt der motorischen Entwicklung dar, mit voller und abschließender Ausprägung aller körperlichen und motorischen Persönlichkeitsmerkmale. Damit einhergeht eine Ablösung gesteigerten Längenwachstums zugunsten vom Breitenwachstum, Harmonisierung des Verhältnisses von Rumpf zu Extremitäten mit Verbesserung der Bewegungskoordination. „Jugendliche des ersten und zweiten Pubertätsabschnittes sind nicht nur trainierebar, sondern auch hoch belastbar" (Letzelter 1978), was aber keineswegs ein Ignorieren der erwähnten physiologischen Besonderheiten bedeuten kann.

In psychologisch-sportimmunologischer Hinsicht kommt es in beiden Phasen nicht selten zu Verheimlichungen von Beschwerden oder Krankheitserscheinungen (= Dissimulation). Diese bedeutet auch eine Gefahr für den Sportplatz, der durch gute Beobachtung der Jugendlichen seitens des Sportlehrers bzw. Trainers begegnet werden kann, einbezogen von Leistungsprüfungen. Letztere sollten für jene Jugendlichen zu einem Erfolgslebnis interpretiert werden, die (noch) nicht zu guten oder persönlichen Spitzenleistungen imstande sind und dazu neigen, sich von der Teilnahme am Sport zurückzuhalten.

Nach neuesten Beobachtungen sind gute Remissionen mit Hilfe der Sporttherapie bzw. einem zielstrebigen Ausdauertraining gerade auch bei hyperreaktiven Kindern (sogenannten hyperkinetisches Syndrom), mit Abklingen ihrer ruhelosen und impulsiven Aktivitäten sowie auch Agressionen und Lernstörungen, erreichbar.

Im Sportunterricht sollten die vorhandenen Bewegungsfertigkeiten gefestigt werden. Neben dem Schwimmen sind hier vor allem Leichtathletik mit Einbeziehen von Gymnastik und Sportspielen, empfehlenswert. Gute Bedingungen bestehen für die allgemeine Ausdauerschulung angesichts der Kreislaufökonomisierung dieser Entwicklungsstufe. Dabei sollte das Ausdauertraining weitgehend im submaximalen Bereich (60 bis 90 % der

Maximalleistung) erfolgen (Steuergröße: Pulsfrequenz etwa 160/min bei Streubreite 150 bis 180/min). Gefahren durch Überbelastung sind im Adoleszentenalter nicht völlig zu verneinen; zumeist sind sie aber mehr psychischer als physischer Art.

Man wird abschließend sagen dürfen, daß im Erwachsenenalter nur dann die volle Ausdauer und Kraft erreicht wird, wenn im Entwicklungsabschnitt des Reifungsalters, und zwar in der Phase der Adoleszenz, die trainingsbedingten Potenzen ausreichend genutzt wurden!

Vorteile und Gefahren von Sport im höheren Lebensalter

Wir können auch in der Phase des Alterns davon ausgehen, daß es einen nachweisbar engen Zusammenhang gibt zwischen körperlicher Inaktivität und dem Schwinden der Leistungsfähigkeit im höheren Lebensalter: Regelmäßiger Sport ist das „beste Mittel, um gesund zu altern" (Kaiser 1970).

So sicher es ist, daß Alter an sich nicht Krankheit ist, so evident ist die Tatsache, daß mit zunehmendem Alter der Spielraum sich verkleinert, in dem das Leben und die Lebensäußerungen sich zu entfalten vermögen, die Organe eine Funktionsminderung und auch einen Verlust an Anpassungsvermögen und Umstellungsfähigkeit erfahren. Verweilen wir daher jetzt bei den grundsätzlich zu erwartenden organischen Veränderungen und den sich daraus ergebenden funktionellen Besonderheiten des Alterns.

1. Eine Reduzierung der Organ- und Gewebsmasse ist auf die Abnahme der Zellzahl einzelner Organe (Parenchym) und Bindegewebsvermehrung zurückzuführen (Atrophie). Dabei erfolgt allmähliche Abnahme der Leberzellen zwischen dem 50. und 60. Lebensjahr mit deutlichem Fortschreiten im 6. und 7. Lebensjahrzehnt. Analog verhält es sich mit den parenchymatösen Zellen in den Nieren, Lungen und Skelettmuskeln. Im Gehirn kommt es altersbedingt nach neueren Untersuchungen nicht zum Absterben von Nervenzellen, wohl aber zu einem Gewichtsrückgang infolge von Plasmaverlust; lediglich die für die Erinnerungsfunktion („Neugedächtnis") verantwortlichen Nervenzellfortsätze (Dendriten) zeigen eine Abnahme (vgl. Teil I, Kapitel 5).

2. Innerhalb der Zellen erfolgt Verminderung der Glykogenspeicherung, teilweise auch Fettinfiltration oder fettige Degeneration. Es geht dies einher mit Abnahme der Mitochondrien-Gesamtzahl sowie auch mit Strukturveränderungen. Eine geringere Speicherung von Kaliumionen muß auf allmähliche Reduzierung der Permeabilität im Zellmembranbereich zusammen mit allmählichem Versagen des Zell-Natrium-Kalium-Gegenaus-

tausches, d.h. der Natriumpumpe, bezogen werden.

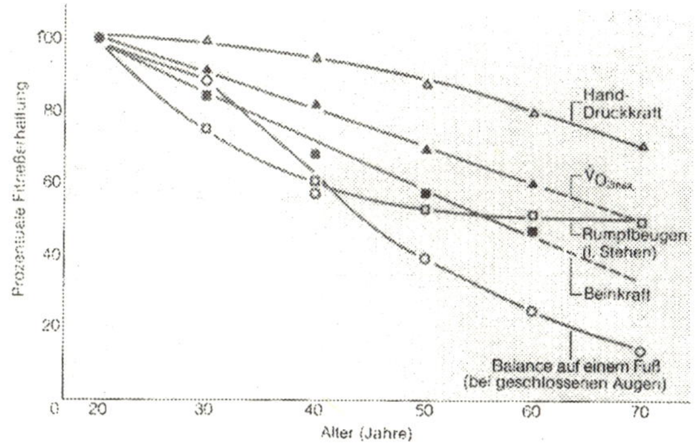

Abbildung 32: Altersbedingte Veränderungen der körperlichen Fitneß bei japanischen Männern. Nach Kuroda. In A. Dirix u. Mitarb. (1989).

3. Die Bindegewebe zeigen einen reduzierten Stoffwechsel, insbesondere auch eine Abnahme des Gerüsteiweißkörpers Elastin. Die daraus folgende Verminderung der Elastizität und Dehnungsfähigkeit mündet ein in zunehmende Starre (Sklerose) der Blutgefäße, Einschränkung der Beweglichkeit der Gelenke sowie auch Hautfaltenbildung.

Die sich daraus ergebenden funktionellen Verschiebungen bewirken einen Verlust maximaler funktioneller Leistungsfähigkeit (Rückgang parenchymatöser Zellen und weiterer Zellpopulationen) u.a. mit Abnahme der Reservekapazität. Es kommt zu früherer Ermüdung bei gleichem Arbeitsaufwand. Veränderungen im Immunsystem erhöhen die (Di-) Streßempfindlichkeit und damit die Anfälligkeit gegen Infekte sowie Gewebsdegeneration („Krebs“, z.B. durch Einsamkeitsstreß, vgl. Teil III, Kapitel 3).

Eine „reduzierte Homöostase“, d.h. herabgesetzte organische Selbstregulation, äußert sich häufig in trägen Reaktionen, z.B. in den Chemorezeptoren der Blutgefäße, Änderungen des Blutdrucks sowie einzelner chemischer Blutbestandteile. Japanische Untersuchungen auf körperliche Fitneß – die Indizes beruhen auf Durchschnittswerten der japanischen Bevölkerung – ergaben bei Vergleich mit 20jährigen Personen, daß die Muskelkraft (z.B. Handdruckkraft), die im täglichen Leben voll in Anspruch genommen wird, nur gering reduziert ist, während die Kraft weniger beanspruchter Muskeln, z.B. der unteren Extremitäten, im höheren Lebensalter deutlich vermindert ist (vgl. Abbildung 32). Bei zu Jahre alten Personen gefundene Werte des Gleichgewichtsvermögens (Messung bei geschlossenen Augen beim Balancieren auf einem Fuß) betrugen nur noch 20 % gegenüber 20jährigen Männern.

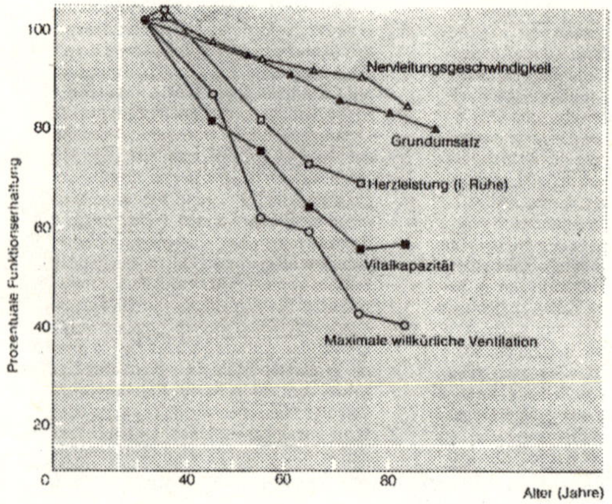

Abbildung 33: Altersbedingte Veränderungen ausgewählter physiologischer Parameter. Bei Vergleichen mit 30jährigen Personen, deren Werte gleich 100 % angesetzt wurden, zeigte sich deutlicher Funktionsverlust im Bereich des Herz-Kreislaufsystems und im Bereich des Atemsystems, weniger stark im nervalen Bereich.

Aus sportimmunologischer Sicht ist besonders bemerkenswert, daß der Funktionsverlust im Bereich des Herz-Kreislauf-Systems und des Atemsystems deutlich stärker ausgeprägt war, als der im Bereich des Nervensystems, vgl. Abbildung 33.

Weitere interessante Vergleiche mit Langzeitbeobachtungen bei japanischen Athleten, die bereits 1964 an der Olympiade in Tokio teilnahmen und weiter trainierten, verglichen mit jenen, die das Training völlig eingestellt hatten, ergaben u.a., daß selbst bei Personen, die ansonsten ausgesprochen fit waren, aber das regelmäßige Training eingestellt hatten, ein Absinken der ehemals vorhandenen Leistungsfähigkeit auf Werte, die nur wenig über denen Untrainierter lagen. Diese Tendenz war besonders – wie schon bemerkt – bei den Parametern des Herzkreislauf- und Atemsystems nachweisbar. Nur diejenigen bildeten eine Ausnahme, die nach Beendigung der sportlichen Laufbahn weiterhin mindestens dreimal in der Woche sportlich aktiv waren, in Form von Laufen, Radfahren oder/und Schwimmen. Andererseits zeigte sich, daß selbst untrainierte Personen durch einmaliges wöchentliches Training, das jedoch regelmäßig durchgeführt wurde, eine deutliche Verbesserung der körperlichen Fitneß sowie der kardiorespiratorischen Funktionen aufwiesen.

Weniger auf ein Krafttraining, z.B. der Rumpfmuskeln (z.B. als Präventivmaßnahme gegenüber im Alter oft auftretenden Rücken- bzw. Kreuzschmerzen), als vielmehr auf ein ausdauerakzentuiertes regelmäßiges Training mit Erfassung des gesamten Körpers, kommt es demzufolge im höheren Lebensalter ganz besonders an. Also: Das Training großer Muskelgruppen durch wöchentlich regelmäßiges Laufen, Schwimmen, Radfahren und tägliche Gymnastik (Beanspruchung von Muskeln, Sehnen und Gelenken) wird als unverzichtbar angesehen, dem älteren Menschen bei der

Aufrechterhaltung von physischer und psychischer Leistungsfähigkeit bei vollem Wohlbefinden behilflich zu sein.

Der nötige schrittweise, stabile und abgesicherte Aufbau altersangepaßter regelmäßiger sportlicher Betätigung bedarf in jedem Fall sorgfältiger sportmedizinischer Beratung. Dies bezieht sich keineswegs allein auf die besonders zu beachtende Herz-Kreislauffunktion. Immerhin konnte verdeutlicht werden (Kuroda 1989), daß das erwähnte ausdauerakzentuierte Programm in Kombination mit Gymnastik bei einer Herzschlagfrequenz von etwa 80 % der geschätzten maximalen Frequenz bei den Gealterten regelmäßig zu positiver funktioneller Anpassung, u.a. Blutdrucknormalisierung führte, vgl. Abbildung 34.

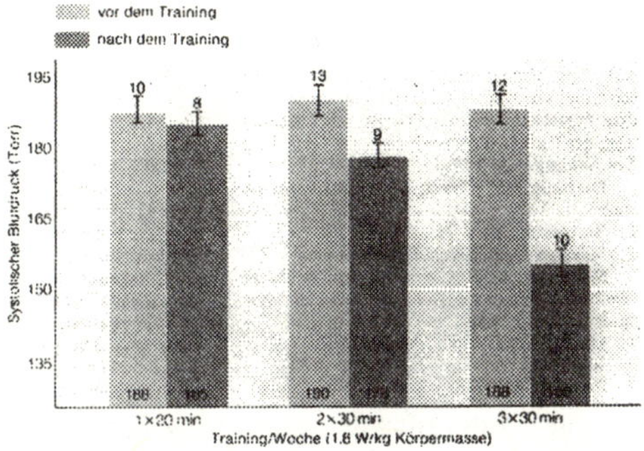

Abbildung 34: Der Einfluß eines 6monatigen Trainings auf den systolischen Blutdruck.
Nach S. Israel (1982).

Grundsätzlich – und dies wird bewußt nochmals betont! – sind somit für physiologisch gealterte Menschen vor allem Langläufer (Jogging), Skilanglaufen, Wandern, Reiten, Gymnastik, sowie vor allem auch Schwimmen, zu empfehlen, des weiteren mit Einschränkung (wegen nötiger Sprints!) auch Rasenballspiele und Tennis. Dabei kann hier von jedem Sportler selbst die verträgliche Belastungsintensität durch Bestimmung der Herzschlagfrequenz (Pulsmessen am besten an der Halsschlagader) ermittelt werden. Die einen Sicherheitsspielraum berücksichtigende Zielfrequenz sollte einen Wert von 170 minus Lebensalter (d.h. bei einem 70jährigen 100/min) nicht überschreiten. Dieser Wert wird auch von Kranken mit chronischene Herzkreislauf-Störungen in den meisten Fällen gut toleriert und wirkt zugleich positiv adaptiv.

Sportliche Betätigung älterer chronisch Kranker

Ohne Frage reduziert körperliche Aktivität die Erkrankungstendenz beim alternden Menschen. Zum anderen fördern Erkrankungen die Altersprozesse. Auch begegnet man noch viel zu häufig älteren Menschen mit scheinbar gutem Gesundheitszustand bei einem hohen Risikopotential. Bei häufig verhaltensbedingter, also auf einem erheblichen Defizit gesundheitsbewußter Lebensführung beruhender Kombination von Übergewicht, Bluthochdruck und Fettstoffwechselstörung, erfolgt meistens die Befriedigung des Gesundheitsbedürfnisses rein passiv durch Medikamenteneinnahme, gelegentliche (dabei oft unzureichend genutzte) „Heilkuren" u. dgl.

In einer Untersuchungsgruppe von 305 Teilnehmern wurde bei 57 Probanden nach gründlicher Voruntersuchung auf Eignung ein gezieltes Sportprogramm angewendet, das aus Gymnastik und/oder Schwimmen (dreimal wöchentlich) in Verbindung mit Gesundheitserziehung bestand. Die Ergebnisse des Programms zeigten zwar eine Zunahme der Leistungsparameter besonders deutlich in der Schwimmgruppe; insgesamt war die Beeinflussung der Gesundheitsparameter stark enttäuschend, so daß die mittlere Gewichtsabnahme nur 1,1 kg betrug und ein signifikanter Einfluß auf die Serumfette nicht zu verzeichnen war (de Meirleir und Mitarbeiter 1989).

Zahlreiche weitere Beispiele dieser Art bestätigen zum anderen, daß chronische Erkrankungen ihren Ursprung oft in den frühen Perioden des individuellen Lebens haben und die gebotenen Möglichkeiten wirksamer Prävention ignoriert wurden. Fragen wir uns somit an dieser Stelle, welche Möglichkeiten der Prävention und sportlichen Betätigung in ihrer Eigenschaft als therapeutische Hilfe es bei den häufigsten chronischen Erkrankungen zu bedenken gilt:

Folgen wir hier im wesentlichen Israel (1989), so gilt für die Arteriosklerose – sie nimmt unter den chronischen Erkrankungen des Herzkreislaufsystems eine dominierende Rolle ein – daß Bewegungsmangel einen unabhängigen Risikofaktor für die Entwicklung darstellt. Andererseits muß ein Training mit dem Ziel, die allgemeine Fitneß zu steigern (gewöhnlich mit einer Ausdauersportart), als das Auftreten der Arteriosklerose verzögernde Präventivmaßnahme gelten. Diese Aussage ist umso zuverlässiger zu machen, wenn das sportliche Training mit einem Lebensstil verbunden ist, der solche verhaltensbedingten Risikofaktoren, wie Zigarettenrauchen und Übergewicht, ausschließt.

Bluthochdruck (Hypertonie): Angesichts seiner Prävalenz von etwa 20 % in den hochindustrialisierten Ländern gibt es zahlreiche Untersuchungen und zielgerichtete Experimente, die eindeutig bestätigen, daß die arterielle

Hypertonie bei regelmäßig Sport Treibenden mit unterdurchschnittlicher Häufigkeit auftritt. „Der präventive und auch therapeutische Wert milder, aber extensiver, ausdauerbetonter Bewegungsprogramme ist bereits bei der Mehrzahl der Hypertonieformen nachgewiesen" (Israel 1989).

Zu den Risiken seitens des Herz-Kreislaufsystems wurde zudem bereits in Teil I, Kapitel 2, Stellung genommen, so daß an dieser Stelle die ergänzende Bemerkung genügen mag, daß der periphere Arbeitsmuskel unter normalen Umweltbedingungen zeitlich vor dem Herzmuskel versagt. Ein mildes Ausdauertraining ist ein effektives Mittel der primären und sekundären Prävention sowie auch Rehabilitation bei ischämischer Herzkrankheit (Hollmann und Mitarbeter 1986). Die meisten tödlich kollabierten Sporttreibenden unterlagen organischen oder verhaltensbedingten kardiovaskulären Risikofaktoren, z.B. Zigarettenrauchen oder auch Fehlreaktionen des Blutdrucks.

Bei chronischen Störungen des Venensystems – in ihm finden sich fast 90% des totalen Blutvolumens, und mehr als 50 % der in den noch industrialisierten Ländern Lebenden weisen vom mittleren Lebensalter ab eine Krampfaderbildung bzw. Varikose auf – liegt meistens mehr vor, als ein kosmetisches Problem. Dennoch ist das Krampfaderleiden bei fehlender Thrombose oder Venenentzündung (Phlebitis) kein Hindernis für körperliche Aktivität und Sport. Lediglich Sportformen, die eine Verletzungsgefahr mit sich bringen, sollten gemieden werden. Oft empfiehlt es sich, bei ausgedehnten Varizen beim Sport eine Bandage anzulegen.

Bei der Zuckerkrankheit spielt ein sportliches Training sowohl eine präventive, als auch therapeutische Rolle: Trainierte verfügen über eine verbesserte Glukosetoleranz, weil Sport den Kohlenhydratstoffwechsel stabilisiert. Daher gehört körperliche Aktivität nach ärztlichem Ratschlag, ebenso wie Diät und Medikation, zur Diabetesbehandlung!

Bei Störungen des Atemsystems (chronische Bronchitis, Asthma, Emphysem) besitzt sportliches Training oft günstigen Einfluß auf den Atemablauf. Bei Trainierten besteht eine adaptiv gesteigerte Atemkapazität und Alveolenventilation, der Übertritt des Sauerstoffs von den Lungen ins Blut ist erleichtert. Darüber hinaus bewirkt die Trainingseinheit, namentlich bei Ausdauersport (z.B. Schwimmen), über Zunahme der sympathikotonen Regulation im Sinne wünschenswerter Erweiterung der Bronchien (Bronchodilatation) (vgl. auch Teil I, Kapitel 3 sowie Teil III, Kapitel 5 und 6).

Unter dem Blickwinkel, daß Altern nicht nur Degeneration, sondern auch Adaptation bedeutet, seien auch an dieser Stelle 7 Empfehlungen für das Sporttreiben bei chronisch kranken Menschen gegeben:

1. Sportliche Belastungen müssen bei akuten Exazerbationen vermieden werden, außerdem unter extremen klimatischen Bedingungen, nach ergiebiger Nahrungszufuhr sowie im Zustand psychischer Erregung;

2. Jedes Training muß mit ausreichender Einarbeitungsprozedur in Form der Vorwärmung eingeleitet und darf niemals bis zu hohem Ermüdungsgrad oder gar Erschöpfung fortgesetzt werden;

3. Die Belastungen sollen möglichst weich und rhythmisch sein; dabei sollten geläufige Bewegungen bevorzugt werden, weil der ältere chronisch Kranke langsam reagiert, rasche Intensitätsübergänge und abrupte Bewegungen somit nicht verträgt;

4. Spiele, die mit Körperkontakt des Gegners verbunden sind, sollten vermieden werden, dgl. solche Tätigkeiten, die komplizierte oder riskante sportliche Techniken verlangen sowie ein hohes Maß an Flexibilität erfordern (z.B. Sprünge);

5. Sportliche Tätigkeiten mit behinderten älteren Menschen sollten grundsätzlich bei Tageslicht oder in hell erleuchteten Räumen stattfinden;

6. Bei nötiger Verbesserung der Atemtechnik sollten Tiefatemübungen durchgeführt werden mit gelegentlich eingelegten kleinem Widerstand in die betonte Ausatmung („Widerstandsatmung“, vgl. Teil II, Kapitel 5). Auch sollten sportliche Übungen vermieden werden, die mit psychischer Erregung verbunden sind (Gefahr der Hyperventilation);

7. Großer Wert ist auf die psychische Führung gerade der älteren Menschen mit chronischer Erkrankung zu legen; eines der dabei dominierenden Prinzipien sollte sein: „Gesundheit und Sicherheit gehen vor Leistung!“

Kapitel 3

Die sportliche Belastbarkeit der Frau und die Bewältigung von „Frauenstreß“

Schon an anderer Stelle (vgl. Einleitung) wurde sehr betont an das die Lebenswerte verdeutlichende altchinesische Yin-Yang-Paradigma erinnert. Sollte es wirklich bloßer Zufall sein, daß bei der Frau so detaillierte Untersuchungen, wie sie inzwischen vom Mann vorgenommen wurden, bislang im wesentlichen unterblieben? Ist es wirklich nur zufällig, daß „der“ Sport, „der“ Sieg, „der“ Gewinn (oder auch „der“ Krieg ...) männlich apostrophiert sind im Gegensatz (oder lediglich im Unterschied) zu „die“ Medizin, „die“ Prävention, „die“ Fürsorge, „die“ Rehabilitation oder auch

Einige physiologische Kenngrößen des weiblichen Organismus im Vergleich zum männlichen Organismus (Durchschnittswerte)

Biologische Größe	weiblich	männlich
Herzvolumen	500–600 ml	600–800 ml
Herzgewicht	300 p	350 p
Schlagvolumen	55 % des Mannes	–
Belastungspuls	höher	–
Maximale Sauerstoff - aufnahme (VO_2 max.)	2,7 l/min	3,1 l/min
Hämoglobin	14,5 g %	16,0 g %
Blutmenge	3,8 l	5,0 l
Atemtyp in Ruhe	Brustatmer	Bauchatmer
Totalkapazität	4,7 l	6,5 l
Vitalkapazität	3,5 l	5,0 l
Atemgrenzwert	90 l	110 l

Tabelle 15:
Nach Märker. In D. G. R. Findeisen u. Mitarb. (1980).

„die“ Liebe? Im folgenden sollen einige annähernd befriedigend erforschte Daten erörtert werden mit Blick auf unser auf hohe Leistungsfähigkeit bei guter Gesundheit („die“ Harmonie!) zielendes Anliegen, dabei die wesentlichen Abweichungen vom „gut erforschten Mann“ mitbedenkend. Naturgemäß, unübersehbar und nicht allein aus medizinisch-wissenschaftlicher Sicht auch von besonderem Reiz, sind hier die anatomischen, physiologischen und psychologischen Charakteristika, die genetisch bedingt sind. Sollte gerade in unserer Zeit nicht auch deren Adaptabilität an solche umweltrelevanten Anforderungen, wie sie der Anspruch auf hohe sportliche Leistungsfähigkeit stellt, unser aller volles Interesse beanspruchen dürfen?

Aerobe Leistungsfähigkeit und Training

Gemeinhin bekannt sind die morphologischen geschlechtsspezifischen Merkmale hinsichtlich Körperhöhe (10–12 cm kleiner), Körpermasse (10 kg geringer), Schulter (schmaler), Becken (breiter und niedriger), obere und untere Extremität (X-Stellung gegenüber gerader Stellung), Muskulatur (relativ 35 % gegenüber 41,8 % zur Körpermasse), maximale Muskelkraft (20–35 % geringer) sowie der Fettpolster (psychologische „Rundungen“ gegenüber stärkerer Muskelbetonung). Fraglos von erheblich größerem Interesse sind die physiologischen Kenngrößen, die partiell in Tabelle 15 aufgeführt sind und bei der Fähigkeit, Sauerstoff zu transportieren, von ausschlaggebender Bedeutung sind.

Derzeit ist unbestritten, daß die aerobe Leistungsfähigkeit in höherem

Prozentualer Zuwachs in ausgewählten maximalen und submaximalen Leistungsvariablen bei Männern und Frauen

Variable	Männer	Frauen	Literaturquelle
Vo_{2max} (ml/kg/min)	15,0	14,2	EDDY et al. (1977)
V_{Emax} (l/min)	11,7	11,0	DANIELS et al. (1979)
Herzvolumen (ml)	1,3	1,5	HOLMGREN et al. (1960)
Blutvolumen (l)	6,4	4,9	HOLMGREN et al. (1960)
Kraft (engl. Pfd.)*	20,0	23,0	WILMORE (1974)
Herzfrequenz in Ruhe (Schläge/min)	5,9	7,9	HOLMGREN et al. (1960)
Submaximale Herzfrequenz (Schläge/min)	7,4	10,1	EDDY et al. (1977)

** Durchschnitt für Armheben und -senken, Beindrücken und Bankdrücken*

Tabelle 16: Nach Drinkwater (1989)

Ausmaß durch Training und das biologische Potential bestimmt werden, als durch das Geschlecht. Es gilt als gesichert, daß Frauen und Männer, die in der gleichen Sportart trainieren, in ihrem VO_2max (= maximales Sauerstoffaufnahmevermögen) dichter beieinander liegende Werte aufweisen, als die bei Sportlern gleichen Geschlechts in verschiedenen Sportarten, vgl. Tabelle 16.

So zeigten z.B. Männer und Frauen der finnischen Mannschaft in nordischen Disziplinen eine VO_2max von 78,3 bzw. 68,2 ml/k/min, wogegen die Durchschnittswerte einer männlichen Profi-Basketballmannschaft und die der weiblichen Kollegen-Mannschaft 45,8 bzw. 49,6 ml/kg/min aufwiesen (Drinkwater 1989). In solchen Sportarten, bei denen die Ausdauerleistungsfähigkeit den Aufschlag für Spitzenergebnisse verlangt, sind weibliche Sportler ihren männlichen Kollegen angesichts niedrigerer aerober Leistungsfähigkeit unterlegen.

Die Körpermasse und die VO_2max (ml/kg/min) des Sporttreibenden ist in den meisten Sportarten das beste Maß der Geschlechtsunterschiede bei Ausdauerleistungsfähigkeit. Die Differenz ist gering, doch der durchschnittliche Wert liegt bei Frauen um 10 bis 25 % unter dem der Männer, was auf ihrem höheren Fettanteil beruht. Bei magerer Körpermasse liegt die Differenz

Wirkung des Trainings im Verhältnis zum Ausgangsleistungsniveau bei 18- bis 24jährigen Frauen

Parameter	Ausgangsleistungsniveau							
	‹ 40 (ml O_2/kg/min)				› 40 (ml O_2/kg/min)			
	n	vorher	nachher	%	n	vorher	nachher	%
Vo_{2max} (ml/kg/min)	181	35,6	42,5	19,5	105	44,4	48,4	9,1
V_{Emax} (l/min)	146	84,8	92,0	8,5	79	90,0	95,8	6,4
Herzfrequenz (Schläge/min)	136	192,3	193,1	0,4	74	191,6	189,0	1,3
Körpermasse (kg)	76	59,4	59,4	0,0	73	58,8	56,2	4,4
Körperfett (%)	145	27,1	25,7	5,2	84	22,4	19,3	14,1
Schlag-volumen (ml)	27	66,0	79,9	21,0	–	–	–	–
CaO_2-CvO_2 (ml/l)	27	126,9	132,3	4,2	–	–	–	–

Tabelle 17: Nach Drinkwater (1989)

zwischen den Geschlechtern nur bei 1 bis 10 % (Sparling 1980). Bemerkenswert scheint hier auch, daß die Muskelmasse und damit die Sauerstoffverwertung bei Frauen unter jener von Männern liegt. Dabei ist der Hämoglobingehalt bei Frauen niedriger und reduziert die O_2-Transportkapazität ihres Blutes um etwa 10 %.

Obwohl die maximale Herzschlagfrequenz bei den Geschlechtern gleich sein kann, führt das kleinere maximale Schlagvolumen der Sportlerin zu geringerer maximaler Herzleistung (Qmax).

Das Training vermag jedoch diese Differenz zu verringern, wenn die Qmax mit der Körpermasse oder Körperoberfläche relativiert werden. Auch unter diesem Aspekt ist zu bedauern, daß zu wenige Befunde vorliegen, in denen die Dimensionen und funktionellen Kapazitäten des weiblichen Herzkreislauf-Systems exakt dargestellt sind.

Untersuchungen an auch über die Schulzeit und sonstige sportlichen Wettkampfgelegenheiten hinaus aktiv tätigen Frauen zeigten, daß sie durch Ausdauertraining ein hohes Niveau aerober Leistungsfähigkeit zu stabilisieren vermochten, und dies bis ins mittlere Lebensalter. Hierbei ist die Effektivität aerober Konditionierungsprogramme bei Männern und Frauen als gleich anzusetzen, vgl. Tabelle 16.

Da bei der Sportlerin infolge trainingsbedingten proportional höheren

Anstiegs des Plasmas gegenüber der Erythrozytenzunahme sowohl die Hämoglobinkonzentration, als auch der Hämatokrit absinken, sollten sich junge Sportlerinnen regelmäßig auf ihren Eisengehalt im Blut untersuchen lassen. Frauen verlieren vor allem bei Wettkämpfen etwa doppelt so viel an Eisen wie Männer (d.h. 1,5 mg Fe), was sie oft nicht durch die Nahrung auszugleichen vermögen (Bedarf 18 mg/d) (Haymes 1986).

Die aerobe Leistungsfähigkeit vermag in dem Ausmaß anzuwachsen, als der Ausgangswert der VO_2max angibt und zudem wie die Trainingsprogramme gestaltet werden. So hatten in 28 Trainingsanalysen diejenigen Sportlerinnen, die vor dem Training ein maximales O_2-Aufnahmevermögen über 40 ml/kg/min erreichten, einen Zuwachs von 9,1 ihrer VO_2max und Frauen mit niedrigerem Ausgangsniveau vermochten ihr Leistungsvermögen um 19,5 zu verbessern, vgl. Tabelle 17 (Drinkwater 1989).

Bemerkungen zum Krafttraining

•

Der Unterschied in der Möglichkeit, Muskelkraft zu entwickeln, beruht in erster Linie auf dem anabolen Effekt des männlichen Kleindrüsenhormons (Testosteron), in der Muskulatur des Mannes. Da die Kraft proportional zur Fläche des physiologischen Muskelquerschnitts ist, besitzen die größeren männlichen Muskeln Vorteile. Die Gesamtkraft der Frau beträgt im Durchschnitt nur etwa 2/3 gegenüber dem Mann. Wenn die Kraft auf (magere) Körpermasse bezogen wird, erniedrigt sich der Unterschied auf rd. 20 %. Grundsätzlich wird der Mann also deutliche Vorteile in den Sportarten haben, in denen der Erfolg primär durch Kraft und/oder Schnelligkeit bestimmt wird, was genetisch bedingt ist, und dies auch dann, wenn Sportlerinnen kräftiger sind, als untrainierte Männer.

Dennoch wurde noch vor kurzem das Potential der weiblichen Muskelkraftentwicklung erheblich unterschätzt, als das Krafttraining mit Gewichten zum Bestandteil von Konditionierungsprogrammen wurde. Immerhin zeigte sich, daß in einigen Muskelgruppen innerhalb weniger Monate bei Sportlerinnen eine Verbesserung von bis 30 % eintrat. Dabei erreichte die Mehrzahl der Frauen einen Kraftzuwachs, ohne daß dies mit Zunahme von Muskelmasse verbunden war. Nur in verhältnismäßig wenigen Fällen sind hier zur Leistungssteigerung Anabolika (anabole Steroide) und teilweise auch Testosteron, damit permanent kaum wünschenswerte oder akzeptable physische Veränderungen, provoziert worden (Bartwuchs, männertypische Kahlheit, tiefere Stimmlage u.a.). Solches Vorgehen (Doping) ist unmoralisch (Verschaffung auf unfaire Weise erzielter Vorteile) und steht im

Widerspruch zu den Regeln der Sportverbände (vgl. auch Teil III, Kapitel 3). Kaum zufällig begegneten anfangs sehr viele Frauen dem Kraftsporttraining mit sehr großer Zurückhaltung.

Ermutigend für eine Entwicklung von Muskelkraft wirkt auf immer mehr Frauen gegenwärtig die bessere Möglichkeit, Verletzungen im Sport zu vermeiden, wobei besonderes Augenmerk auf Kraftentwicklung im Oberkörperbereich gelegt wird. Sowohl bei Frauen, wie auch bei Männern, sollte Krafttraining – zumal die Verletzungsquoten insgesamt kaum Unterschiede in Anzahl oder Lokalisation aufweisen (Nilson 1986) –, immer auf ihrem individuellen Ausgangsstatus aufgebaut sein, nicht ausschließlich auf Leistungsverbesserung, sondern auch auf die Verhütung von Verletzungen zielen.

Sport bei Schwangerschaft und Menstruation

Im letzten Abschnitt sollte zumindest angeklungen sein, daß die sportliche Leistungsfähigkeit der Frau nicht schlechter – freilich bislang deutlich schlechter erforscht – sondern anders ist. Ist sie nicht viel stärker nach innen, etwa auf die Werte Lebenserhaltung und Gesundheit gerichtet und damit im positiven Sinn „introvertiert", gegenüber dem mehr „extrovertierten" männlichen Leistungssport?

Weibliches Schnelligkeits- und Ausdauertraining ist dem Körperbau voll angemessen; entspricht dies nur „zufällig" auch Tendenzen der Arterhaltungsadaptabilität, etwa bei in Urzeiten nötiger Flucht? Wieweit sind vergleichende Wertungen überhaupt vertretbar? Ist es beispielsweise dasselbe, wenn der so liebgewordene Rüde bei der erstbesten vorbeilaufenden heißen Hündin den Deckakt vollzieht, wie der „lieblose" und käufliche Sex der Prostituierten? Erinnert letzteres vielleicht auch an das oben kurz gekennzeichnete Doping?

Außerhalb jeder Wertung liegt offensichtlich die Frage, ob die Frau während der Schwangerschaft – und wenn ja, welchen – Sport treiben sollte. Schon, weil es sich bei der Schwangerschaft mit ihren ausdauersportähnlichen Parametern, um einen physiologischen Vorgang handelt, dürfte ein generelles Urteil fehl am Platz sein. In den meisten Fällen wird zwar von Hochleistungstraining und Wettkampf abzuraten sein, keineswegs aber von regelmäßiger Gymnastik. Letztere ist aus sportmedizinischer und gynäkologischer Sicht sogar sehr zu empfehlen. Sogar in den ersten beiden Schwangerschaftsmonaten kann in der Regel in gewohnter Weise Sport getrieben werden.

Eine kritische Zeit der Umstellung des mütterlichen Organismus ist der 3. Monat. Hier sind alle gewohnten Trainingsbelastungen zu vermeiden, ausgenommen leichte Gymnastik (Gefahr einer Fehlgeburt). Etwa ab 7. Monat kommt es zu Kapazitätsverminderung von Herz und Kreislauf sowie der Atmung. Das Schlagvolumen vermindert sich zunehmend, Herzminutenvolumen und Pulsfrequenz sind schon in der 2. Schwangerschaftshälfte erhöht. Wenngleich sich daraus eine zusätzliche Belastung durch Sport nahezu verbietet, ließen sich auch noch im letzten Abschnitt der Gravidität bei gut trainierten Sportlerinnen hohe Leistungen registrieren.

Eine weitere Ausnahme von der Regel gibt es beim Stillen: Allgemein muß von großen körperlichen Anstrengungen während der Stillzeit abgeraten werden. Heipertz (1985) erinnert daran, daß vor allem Langstreckenläuferinnen durch Wettkampfteilnahme und Wiederaufnahme eines erfolgreichen Trainings die Forderung widerlegt haben: „Entweder laufen oder stillen sie."

Gesetzmäßig ist ein erhöhter Eisenbedarf mit Einsetzen der ersten Regelblutung (Menarche), der sich bei der Schwangerschaft verdreifacht; in dieser Zeit kann er kaum allein durch die Nahrung gedeckt werden kann.

Die Menstruation wird bei rd. 75 % der Frauen durch Sport nicht beeinflußt; stärkere Menstruationsbeschwerden, besonders in den ersten Tagen, verlangen aber Schonung bzw. Einschränkung sportlicher Belastungen. Für die trainierte Frau ist die Teilnahme an Wettkämpfen auch während der Regelblutung zumeist unproblematisch. Die meisten Frauen bemerkten während dieser einen Leistungsabfall, was sich besonders auf Dauerleistungen bezieht. Vor der Regel wird überwiegend geringere, nach der Menstruation höchste Leistungsfähigkeit angegeben. In Ausnahmefällen kann durch Verordnung von Sexualhormonen eine Menstruationsverschiebung vertretbar sein, z.B. bei Weltmeisterschaften o. dgl.

Bevor wir noch zu einigen Empfehlungen zum konkreten Verhalten in Anlehnung an die Ausführungen von Wursten (1989) kommen, noch die Bemerkung, daß die Entbindung bei aktiven Sportlerinnen in der Regel schmerzärmer und schneller als bei Untrainierten vonstattengeht, dgl. zeigen Geburt und Wochenbett bei ihnen gewöhnlich einen guten Verlauf. Wird sogleich nach der Entbindung Gymnastik betrieben, kommt es erheblich seltener zu den nicht gerade willkommenen Striae gravidarum (Schwangerschaftsstreifen). Und schließlich: Viele Sportlerinnen erreichen erst nach einer Entbindung ihre Höchstleistungen – ein Zufall?

Empfehlungen für die schwangere Sportlerin

1. Zu Beginn der Schwangerschaft sollte die bisherige sportliche Aktivität beibehalten und dann im 2. und 3. Monat reduziert werden, um im 3. Monat dann den Leistungssport völlig einzustellen;

2. Vor, während und nach der sportlichen Belastung muß besonders auf ausreichende Zufuhr kohlenhydratreicher Nahrung geachtet werden, namentlich bei Ausdauerleistungen. Diese sollten grundsätzlich nur bis zum submaximalen Bereich und ausschließlich unter aeroben Bedingungen durchgeführt werden, um Übersäuerung zu vermeiden;

3. Bei Ausdauerbelastungen ist bei hohen Außentemperaturen auf einen Anstieg der Körpertemperatur zu achten, um Mißbildungen beim Säugling zu vermeiden;

4. Extreme und ruckartige Bewegungen mit Erhöhung des Druckes innerhalb des Bauches sind gleichfalls zu unterlassen;

5. Wenn Herzkrankheiten, Bluthochdruck oder Diabetes bestehen, Antikoagulantienbehandlung erfolgt, Fehl- oder Frühgeburten erlebt wurden, Mehrlingsschwangerschaft festgestellt wurde oder eine Infektion durchgemacht wurde, darf nur nach fachärztlicher Beratung Sport durchgeführt werden;

6. Bei Vaginalblutung, Wehen, Kreuzschmerzen, Atemnot, Unwohlsein mit Augenflimmern, Kopfschmerzen und Mißempfindungen in den Beinen, muß Sport unbedingt sogleich eingestellt werden;

7. Außer unter Wettkampfbedingungen sind während der gesamten Schwangerschaft folgende Sportarten bis zu einer Herzfrequenz von 130/min erlaubt: Wandern, Radfahren, Gymnastik, Schwimmen bei Wassertemperaturen zwischen 20 und 30 °C, kurze Saunagänge und Tanzen;

8. Bis maximal 50 % der individuellen Leistungsgrenze können Rudern, Bodenturnen, Tennis, Squash, Segeln, Laufen und Skilanglauf bis zu einer Höhe von 1500 müM sowie Tennis bedenkenlos ausgeführt werden;

9. Wegen der Gefahr eines Sturzes sollten nur bis zur 16. Schwangerschaftswoche die Sportarten Hochsprung, Weitsprung, Kugelstoßen, Diskuswerfen, Schlittschuh- und Rollschuhlaufen und Ski-alpin bis 2000 müM vorgenommen werden;

10. Wegen zu großer Gefahren für Mutter und Kind sollte auf die Sportarten Tauchen, Marathonlauf, Triathlon, Gewichtheben, Boxen, allen Mannschafts- und Kampfsportarten, Disziplinen mit hohem Sturzrisiko, wie Wasserski, Surfen, Geräteturnen, sowie auf körperliche Anstrengungen oberhalb 2000 müM verzichtet werden (vgl. L. Prokop 1988).

Sport und „Frauenstreß“

Viele Frauen stehen unter alltäglicher Doppelbelastung und klagen angesichts oft massiver beruflicher und häuslicher Arbeit über „ständigen Streß“. Was gemeint ist mit diesem „Frauenstreß“ ist der „Distreß“ des aus Österreich stammenden kanadischen Wissenschaftlers H. Selye (1907–1982), der in den 30er Jahren den Streßbegriff schuf. Von ihm wird zwischen Eustreß und Distreß unterschieden, wobei für Selye Streß „die unspezifische Reaktion des Organismus auf jede Form der Anforderung“ bedeutete (Selye 1936), vgl. Abbildung 28 c) und d). Die unspezifische Anpassungsreaktion des Organismus gegenüber Belastung weist einen dreiphasischen Verlauf auf (vgl. Abbildung 28 b), nämlich die Alarmrekation, das Widerstandsstadium und das Erschöpfungsstadium, in dem die Regulationsmechanismen des Organismus wieder auf ihren normalen Gleichgewichtszutand zurückkehren. Im Widerstandsstadium kommt es zur intensiven Mobilisierung von Regenerationsmechanismen, im psychischen Bereich werden die Erlebnisfähigkeit und die Fähigkeit zur Informationsverarbeitung durch wiederholt stärkere Beanspruchung deutlich verbessert.

Diese hier nur andeutungsweise geschilderten Vorgängen laufen prinzipiell bei jeder sportlichen Trainingsphase in analoger Weise ab: Es kommt zu einer nachweisbaren Zunahme der Energiereserven und zur Verbesserung der Koordinatioinsfähigkeit, darüber hinaus auch zu einer sportimmunologisch bedeutsamen Steigerung der individuell-organismischen Abwehrpotenz. Sogar in mehrfacher Hinsicht ist die Frau dem Mann hier überlegen, (Di-) Streß zu bewältigen, ja „Streß zu genießen“, vgl. Teil III, Kapitel 5, zumal, wenn es ihr zum Bedürfnis wurde, zwei- bis dreimal in der Woche sich ausdauersportlich (Laufen bzw. Joggen, Radfahren, Skilanglaufen, Schwimmen o. dgl.) zu betätigen.

Diese Feststellung wird nicht widerlegt, sondern eher bestätigt durch bestimmte Eigenheiten im Partnerverhalten. Nicht selten stellt der den „ganzen“ biopsychosozialen Menschen bedenkende Arzt hier eine ungenügende „Selbstannahme“ mit auffälligen „Du-Sätzen“ („Du bist lieblos“, „Du machst mich unglücklich“ o. dgl.), statt die eigenen Bedürfnisse, Gefühle, Vorlieben und Abneigungen in „Ich-Sätzen“ zu artikulieren. Dabei wird dem männlichen Partner der Austausch gegen ein „jüngeres Modell“ häufig geradezu suggeriert, nämlich infolge solcher Überorientierung auf eigene, weibliche „Sicherheit“. Solcher „Beziehungsstreß“ der doppelt belasteten Frau muß oft auf eine erlebte Kind-Elternbeziehung mit Beobachtungen bei der elterlichen Ehe bezogen werden. Grundsätzlich stellt sich hier die Frage:

1. Was die „gestreßte“ Frau von sich selbst erwartet und zu geben bereit ist;

2. Was der Ehemann von ihr erwarten kann;

3. Was letzterer von sich erwartet und glaubt, selbst geben zu können.

Zugutekommen hier der belasteten Frau fraglos auch solche Gegebenheiten, wie sie erst kürzlich neuere US-amerikanische Unterschungen ermittelten. Ihnen zufolge ist bei der Frau die Verbindung zwischen linker und rechter Gehirnhälfte (corpus callosum) dicker, als beim Mann. Damit wird neben anderem begründet, daß Frauen vor dem Handeln stärker zu denken pflegen, auf Konfliktsituationen weniger aggressiv und damit nicht so oft mit Herzrasen o. dgl. reagieren, als der Mann. Sie besitzen zwar eine niedrigere Schmerzschwelle, zugleich aber bei körperlich-seelischen Belastungen ein früher einsetzendes Warnsystem, u.a. bei (Di-)Streßeinflüssen.

Man glaubt, darin auch eine bedeutende Verankerung der bekannten allgemein längeren weiblichen Lebenserwartung erblicken zu sollen. Ihr unstreitbar stärkeres Ansprechen auf Berührungen, Streicheln, Zärtlichkeiten u. dgl. steht sicherlich auch damit im Zusammenhang, daß wirklich „gestreßte Frauen" sich durch ein freundliches Wort und körperliche Nähe – nicht nur eines Mannes, auch von Kindern oder Enkeln – leichter getröstet werden und wieder zur Ruhe kommen. (Di-)Streß sich damit schneller neutralisieren läßt (vgl. auch Teil I, Kapitel 6 und Teil III, Kapitel 2). Andererseits vermag länger anhaltender (Di-)Streß bei gesundheitlich unbedachter Lebensweise in Vaginismus und Menstruationsanomalien, Appetitlosigkeit sowie andererseits auch in Heißhunger oder Magersucht, Fettsucht, Zuckerkrankheit (Diabetes) o. dgl. auszuufern.

Das Wissen um bestehende Gegebenheiten und Zusammenhänge, gute Motivierung und sodann konsequentes Tun in Richtung von Fitneß und Gesundheit befähigt, Frauenstreß mit dem Gefühl unter Kontrolle zu bekommen, das ein erfolgreich-glückhaftes Leben immer häufiger vermittelt. Und dies zum Segen der Frau sowie zu dem ihrer Familie!

Kapitel 4

Erreichbares durch Erziehung und Selbsterziehung

Zwischen Hygiene und Gesundheit besteht eine enge Wechselbeziehung, zu deren bewußter Nutzung für die Persönlichkeitsentwicklung sich der Sportunterricht eignet, wobei er von kaum einem anderen Fach übertroffen wird. Hier wird die gute Theorie zuverlässig und nahezu „unauffällig" in gesundheits- und leistungsfördernde Praxis umgesetzt, womit Bedürfnisse entwickelt werden können, die bis ins hohe Lebensalter überdauern.

Hygiene, gesunde Lebensweise und Erziehung

Beobachtet man Kinder beim Spiel im Kleinkindalter, so fällt auf, daß von ihnen zumeist eine intermittierende Belastungsform bevorzugt wird, die bei den Spielen natürlich ebenso völlig unbewußt zur Anwendung gelangt, wie das Laufen, Springen, Hüpfen, Klettern o. dgl. Dabei entsteht keine oder nur sehr wenig Milchsäure bei zugleich sehr guter Durchblutung der Körperperipherie und gleichzeitig registrierbarem steilem Anstieg des Sauerstoffverbrauchs, der jenen Erwachsener um das Drei- bis Vierfache übertrifft. Die Ausdauerbelastung, die bekanntlich energetisch einfacher verläuft, wird von Kindern spontan nicht benutzt, offenbar, weil entsprechende Bewegungsformen ihnen zu monoton und emotionsarm sind, so daß schon gute Motivation und erzieherischer Einfluß nötig sind, um eine solche Belastung zu provozieren (Macek und Mitarbeiter 1989).

Dabei ist nachgewiesen worden, daß die Ausdauerbelastung nicht nur nicht im Widerspruch zu den physiologischen Voraussetzungen des Kindes besteht, sondern es sogar eine Überlegenheit gegenüber untrainierten Erwachsenen und zumindest ein Gleichgewicht mit älteren Trainierten besteht (Lehmann und Mitarbeiter 1980), vgl. auch Teil II, Kapitel 2. Dennoch wäre es verfehlt, aus „hygienischen“ Gründen den natürlichen Bewegungsdrang im Vorschulalter unterdrücken oder „umleiten“ zu wollen. Wohl aber ist es ratsam, in der Vorschulanleitung in der Familie, Kindergarten o. dgl. erzieherisch zu nutzen, daß im Kleinkind- und Vorschulalter die Entwicklung von bildhaftem Analogiedenken und von Abstraktions- und Verallgemeinerungsprozessen auf verbaler Grundlage einsetzt. In dieser Entwicklungsphase muß somit die Anleitung zu regelmäßiger gesunder Ernährung, zu Sauberkeit, zu guter Körperhaltung und Sport systematisch einsetzen und dann altersgerecht weitergeführt werden. Dazu gehört auch, daß sich Eltern oder Mitarbeiter im Kindergarten bereits jetzt um Sportschwache (z.B. infolge Übergewicht) besonders kümmern, und daß sie ihnen im Gesundheitsverhalten möglichst ein Vorbild sind.

Das „früh übt sich ...“ beginnt im Vorschulalter!

Sport und Gesundheitserziehung in Schule und Hochschule

Von besonderem Interesse für die Frage der altersgerechten Vermittlung gesundheitserzieherischer Kenntnisse und Fähigkeiten, vor allem in Verbindung mit den dafür besonders geeigneten sportlichen Aktivitäten, ist nicht zuletzt die internationale Entwicklung.

So bestand eine auffällige Zurückhaltung noch bis vor wenigen Jahren in vielen konfessionellen Schulen, die dem Sport keinen oder nur sehr geringen erzieherischen Wert beimessen. Hier gelang es oft den Eltern und den Gemeinden, für geeignete Sportprogramme Sorge zu tragen. In zunehmendem Maß rückte das Fach Leibeserziehung sowohl im Hinblick auf die Wertevermittlung, Methodik, Organisation als auch erzieherische Aktivitäten in den Schulklassen, in den Mittelpunkt gesamtpädagogischen Bemühens.

Zunehmendes Interesse findet daneben die Organisation und Funktion von Wettkämpfen zusammen mit dem Freizeitsport an höheren Schulen und Universitäten. Ergebnisse aus der Schweiz informieren darüber, daß Sport an europäischen Universitäten eher Zwecken der Freizeitbeschäftigung und Integration kleiner Gruppen dient. Doch wenn auch das allgemeine Interesse europäischer Jugendlicher am Sport nicht minder groß sein dürfte, wie das ihrer nordamerikanischen Altersgenossen, besteht für Lüschen (1989) kein Zweifel, daß die andersartige Organisation des Sports mit ausdrücklichen gesundheitserzieherischen Akzenten innerhalb der Schule, wohl der Hauptgrund dafür ist, daß der Wettkampfsport in den höheren Schulen und Universitäten sehr hoch im Kurs steht. Ohne gewisse Risiken infolge Überlastung („dysfunktionale Wirkungen“) zu übersehen, konnte ermittelt werden, daß Schulen mit hoher Wettkampforientierung auch bessere akademische Leistungen (Natur- und Geisteswissenschaften) aufweisen. Der Sport rangiert im Wertesystem der nordamerikanischen Schüler sogar höher als die Wissenschaft, weil der Sportler seine Altersgenossen repräsentiert, wogegen der primär auf seine akademische Bildung ausgerichtete Schüler dies nicht tue (Coleman 1961).

An dieser Stelle werden einige methodische Hinweise zur Gesundheitserziehung im Sportunterricht für angebracht gehalten. Dem Sportunterricht werden zwei Hauptaufgaben zugeordnet: Die sportfachbezogene Vermittlung und Aneignung der Mittel und Methoden des Übens und Trainierens zur Steigerung der Kondition. Es wird dies vorwiegend erreicht durch den nach wissenschaftlichen sportmethodischen Gesichtspunkten gestalteten Unterricht sowie durch die Beachtung der hygienischen Anforderungen während und nach dem Unterricht sowie bei außerunterrichtlichem Sport, Wettkämpfen u. dgl.

Kostplangerüst für eine gesunde Ernährung benötigter Nahrungsmittel und -zusammenstellungen

Bewertung	Getreide	Obst	Gemüse einschließlich Kartoffeln	Milch
sehr günstig	Frischkornzubereitungen (50 g täglich), gekochtes Schrot	Frischobst, Obstsalat	rohe Gemüsefrüchte, Frischsalate, gedämpfte Schalkartoffeln	„rohe Vorzugsmilch", frische Butter
günstig	Vollkornbrot, Teigwaren aus vollem Korn	Frischsaft, Zubereitungen im Mischgerät, Tiefgefrierobst	gedünstete Gemüse mit beigefügtem Frischanteil, Frischsäfte, Tiefgefriergemüse, gekochte Schalkartoffeln, gebackene Kümmelkartoffeln	pasteurisierte Vollmilch, Quark, milder Käse, Kühlhausbutter
weniger günstig	Mischbrot, Pumpernickel	konservierte Säfte, Kompott, Dörrobst, Obstkonserven, lange abgelagertes Obst	Salzkartoffeln, gekochtes Gemüse, konservierte Säfte	pasteurisierte Magenmilch, scharfer Käse
ungünstig	Semmel, Weißgebäck	Marmeladen aus geschwefelten Pulpmassen und mit künstlichen Zusätzen	gekochtes Gemüse ohne Mitverwendung des Kochwassers, Gemüsekonserven, „Fertigmahlzeiten", Salzgemüse	kondensierte Milch, Milchpulver

Die in der Tabelle zum Ausdruck gebrachte Wertung soll andeuten, in welcher Richtung die Kostenauswahl und -zubereitung erfolgen sollte. Dabei ist grundsätzlich gegen die unter „weniger günstig" oder „ungünstig" eingeordneten Formen nichts einzuwenden, wenn sie nicht regelmäßig oder gar ausschließlich den Speisezettel beherrschen.

Tabelle 18: Nach H. Krauß. In D. G. R. Findeisen und L. Pickenhain (1990).

Analog dem sportlichen Training bedarf die Erziehung zu gesundheitsrechtem Verhalten des ständigen Übens und Wiederholens. Voraussetzungen für den Erfolg sind neben ausreichenden Kenntnissen des Sportlehrers vor allem seine Ausdauer und Geduld, die konsequente Mitwirkung des Elternhauses sowie regelmäßige Kontrollen der Erziehenden.

Besonders lebenspraktische Bedeutung kommt bei diesem Bestreben a) der gesunden Ernährung und b) der Genußmittelfrage (Zigaretten- und Alkoholkonsum) zu.

Zu a) Sportlehrer und Trainer sind verpflichtet, bei ihren Schülern o. dgl. auf die konsequente Beachtung einer gesunden Ernährung als einer der stärksten gesundheits- und leistungsbezogenen Umweltfaktoren hinzuwirken. Praktisch bedeutet dies, bei geeigneter Gelegenheit (Hervorhebung guter Beispiele, Kontrollen), die Schüler immer wieder anzuhalten, selbst um eine Ernährung mit reichlich Obst, Gemüse, täglich 1/2 l Milch (Buttermilch o.ä.) und Bevorzugung von Vollkornerzeugnissen bzw. Roggenbrot gegenüber Weißmehlprodukten (Kuchen) bemüht zu sein, des weiteren bei ggf. in der Schule verabfolgter Mahlzeit, sich um ein vollwertiges Essen und dessen hygienisch einwandfreie Durchführung (Anerziehung guter Tischsitten einschließlich Händewaschen vor dem Verzehr) zu kümmern. Weiteres vgl. Tabelle 18.

Zu b) Falsche Ernährung ist häufig gekoppelt mit Bewegungsmangel und Genußmittelmißbrauch mit den Folgen frühzeitiger Gefäßschäden, Magen- und Stoffwechselleiden, Fettleibigkeit und Leistungsschwäche, Asthma, Nervosität u.a. Wer hier nicht mit der nötigen Konsequenz auftritt und an völlig falscher Stelle „großzügig" ist (oft Symptom eigenen Genußmittelfehlverhaltens, z.B. als Raucher), macht sich letztlich mitschuldig an heute grundsätzlich vermeidbarer Krankheit der ihm Anvertrauten. So ist hinlänglich bekannt, bedarf aber immer wieder der Erinnerung: Nikotin ist ein starkes Nerven- und Blutgefäßgift, daß besonders das Zigarettenrauchen oft zu schweren Gefäßkrankheiten führt, so daß Herzinfarkte bei Rauchern dreimal häufiger auftreten, als bei Nichtrauchern; mit wenigen Ausnahmen beruht der Lungenkrebs auf dem Zigarettenrauchen sowie nachweisbar oft auch Durchblutungsstörungen mit Amputationsfolge, und dies ungeachtet sportlichen Trainings! In letzter Zeit mußte das Passivrauchen verantwortlich gemacht werden für die Asthmaentstehung im Kindesalter in einem zuvor ungeahnten Ausmaß (Findeisen 1988), vgl. auch unter Teil III, Kapitel 3.

Zum anderen beobachtet man immer wieder, daß Kinder mit Asthma völlig unkritisch und unberechtigt vom Schulsport befreit werden, wogegen sich durch gezielte sportliche Betätigung mit Einschluß von Atembehandlung eine bessere Leistungsfähigkeit und Krankheitsbeherrschung auf psychophysiologischem Weg (Findeisen 1974) erreichen läßt: Die Kinder „verlernen" regelrecht ihr Asthma. Andererseits – davon sind allerdings nur 4–5 % der Asthmakinder betroffen – kann es bei unbedachten schnellen Kraft- und auch Ausdauerbelastungen über einen schnellen Anstieg des Atemwiderstandes (angesichts des kleinen Durchmessers der kindlichen Bronchien) zu einem Asthmaanfall (Brochospasmus) kommen. Ursache dafür sind in der Regel rasche und ungeübten Bewegungen, die zu einer falschen Verallgemeinerung bei Sportlehrern und leider auch noch bei manchem Arzt, führen.

Stichwortartig nunmehr eine Reihe über Jahrzehnte bewährte Hinweise zu einer gesundheitsgerechten Gestaltung des Sportunterrichts (Findeisen und Mitarbeiter 1980):

1. Ernährungshygienisch ist zu beachten, daß zwischen einer größeren Mahlzeit und Sportbeginn eine Stunde vergangen ist;

2. Die Sportkleidung sollte immer der Jahreszeit angemessen und Sportkleidung gut luftdurchlässig und nur in geringem Maß wärmehaltend sein, helle Sachen solchen mit dunklen Farben vorzuziehen (Weiß verringert die Wirkung von Wärmestrahlen, Schwarz und Grau absorbiert sie), in den kalt-feuchten Monaten sollte ein Trainingsanzug angelegt werden, Turnschuhe sollten eine feste Sohle haben, insbesondere bei Sport im Freien;

3. Zu Beginn jeder Stunde muß für ausreichende Erwärmung der Muskulatur gesorgt werden, der Belastungshöhepunkt ist allmählich anzustreben und die – solange wie möglich im Freien durchgeführte – Sportstunde sollte mit auflockernden Übungen ausklingen;

4. Es sollte der Einzelstunde gegenüber der Doppelstunde immer der Vorzug gegeben werden, damit erhöhte Ermüdung mit Steigerung der Unfallgefahr sowie Konzentrationsmangel in den Folgestunden vermieden wird;

5. Am Ende der Sportstunde ist auf gründliche Waschen der Schüler zu achten, möglichst mit abschließendem Kaltwasser-Duschen im Interesse zusätzlicher Gefäßtrainings- und Abhärtungseffekte;

6. Nach dem Schwimmunterricht ist wegen der Gefahr der Unterkühlung die Badebekleidung sofort zu wechseln (Mitnahme von 2 Badehosen);

7. Die speziellen Aufgaben, die in den Lehrplänen verankert sind und auf die Erziehung zu gesundheits- und leistungsgerechtem Verhalten jedes Schülers zielen, wie Körper- und Bekleidungshygiene, gesunde Ernährung und Meidung von Genußgiften (Tabak, Alkohol), Erziehung zu guter Körperhaltung und sinnvolle Freizeitgestaltung, bedürfen ständiger Beachtung.

Kapitel 5

Wesen und Methodisches zu Physiotherapie und Sporttherapie

Zum Verständnis der Wirkungsprinzipien der Physiotherapie (bzw. Physikalischen Therapie) und der Sporttherapie wird an das alte „natura sanat, medicus curat" erinnert. Es ist dies umso wichtiger, als die bislang dominierende Medizin, entsprechend ihrer naturwissenschaftlichen Ausrichtung auf

Wirkprinzipien von Therapie

Künstliche Therapie	Natürliche Therapie
vorwiegend medikamentös oder chirurgisch Direktwirkungen Pathogenese- und symptomorientiert	physio-, sport- und psychotherapeu - tisch orientiert biosozial auf den „ganzen" Menschen zielend
1. Ausschaltung (Erregerbekämpfung udgl.)	1. Schonung (Erholungsförderung, Ru higstellung)
2. Lenkung (pharmakotherapeutische Beeinflussung)	2. Regularisierung (Übungsbehandlung, zielend auf Selbstregulation)
3. Ersatz (Substitutionsbehandlung, z. B. Insulin; Organersatz	3. Kräftigung (anpassungsgerecht, auf Im munabwehr udgl. gerichtet)

Tabelle 19

das Mensch-Maschine-Modell und entsprechend noch oft geübter Zuwendung lediglich zur „molekularen Ebene" des Menschen, im Wesentlichen auf eine „künstliche Therapie" orientiert ist. Die „natürliche" Therapie mit Einschluß der Psychotherapie, die auf den „ganzen" biopsychosozialen Menschen zielt, versucht die von der „traditionellen", dabei reduktionstischen Medizin kaum beachteten Bereiche der Behandlung des „Kranken" mit Einschluß von Prävention und Rehabilitation, anstelle der „Krankheit", zu erreichen, vgl. auch Tabelle 19.

Der Schwerpunkt der Physiotherapie liegt somit auf Beeinflussung der körpereigenen Fähigkeiten durch bewußtes Setzen von Reizen auf der Grundlage eingehender Kenntnis von deren Wirkungsweise; über eine Förderung von Erholung, Übung und Anpassung wird Heilung angestrebt, anstatt lediglich (vorübergehender) Symptomfreiheit. In bestimmten Situationen wird die „künstliche" Therapie zumeist in Form der medikamentösen

Behandlung als „komplementäre“ Therapie mit herangezogen. Hier, wie auch bei der ähnlich wirkenden und vorgehenden Sporttherapie, sind gute Kenntnisse der physiologischen Reaktionen sowie der Regulations- und Abwehrvorgänge die conditio sine qua non erfolgreicher Indikationsstellung und des methodischen Ablaufs.

Die Sporttherapie setzt im Zwischenstadium zwischen weitgehender Inaktivierung der Bewegungsfunktionen und anderer Vorgänge und der vollen Belastbarkeit an. Ihr Übungsprogramm umfaßt durchgehend Elemente des Sports, wie sie auch im Gesundheitstraining zur Anwendung gelangen. Die Übungen werden vom Sportlehrer, Trainer u. dgl. bei Mitwirkung und unter Aufsicht eines Sportarztes angesetzt; ihrerseits erfolgt auch die Überwachung entsprechender Parameter, z.B. des Kreislaufs, der Atmung u.a.

Wirkungsprinzipien und spezielle Ansatzpunkte

Wie bereits angeklungen ist, zielt die Physiotherapie auf die Wiederherstellung gestörter Funktionen mit Hilfe überwiegend auf die Haut und Schleimhaut einwirkender „natürlicher“ Reize, z.B. Wasser, Temperatur, Strahlung. Sie greift somit unabhängig von Ort und Art einer Regulationsstörung im vegetativen Regulationskreis mit thermischen, mechanischen usw. Reizen immer zuerst an der Körperoberfläche, also an den Rezeptionsorganen an. Durch die richtige Wahl der Reizqualität und -quantität sowie Dauer der Reizeinwirkung bei Beachtung der vegetativen Ausgangslage, wird ein Überschreiten der „Stellbereiche der Regelsysteme“ (Cordes 1966) vermieden. Käme es dazu, würde dies zwangsläufig zu Mißempfindungen führen und dies eine Fehlindikation oder/und verfehlten Einsatz physiotherapeutischer Reize, ihrer Reizstärke oder auch Reizfolge signalisieren.

Indem somit in selektiver Weise physikalische Reize gesetzt werden, ist bei deren serienmäßiger Anwendung von physiologischer Stelle (Rezeptoren der Körperoberfläche) ein schonender oder auch übender Effekt erreichbar. Dagegen wird mit der „künstlichen“ Therapie eine Substitution (z.B. mit Insulin) seitens der Pharmakotherapie, „Reparatio“ oder gar „Amputatio“ bzw. Organersatz seitens der Chirurgie angestrebt. Heutige moderne Medizin sieht in den beiden Therapieformen das Prinzip sinnvoller Ergänzung („Komplementarität“), sie schließen einander nicht aus, sind somit füreinander auch nicht „alternativ“.

Bei Nutzung der organismischen Reaktionen auf natürliche Umweltreize mit einfachen und ggf. kombinierten Techniken: „Einfachheit ist Siegel der

Physiotherapeutische Maßnahmen zur Förderung von Erholungsvorgängen und zur Gesunderhaltung (E), zur Behandlung (B) sowie zur Prophylaxe (P) im Sport

	Maßnahmen	Wirkung
1. Maßnahmen, die der Sportler selbst ausführt	Trockenbürstungen,	P
	Abklatschungen,	E, P
	Güsse,	E, P
	Wechseldusche,	P, E
	Wassertreten im kalten Wasser,	P
	warme Teil-, Halb- oder Vollbäder mit und ohne Zusätze,	E, P, B
	Wechselfußbäder mit kaltem Abschluß (evtl. Salzzusätze),	P, E
	Sauna (mit Entspannungsbecken),	E, P
	Schlammpackungen, heiße Kompressen über besonders beanspruchten Gelenken,	E, P
	Einreibungen mit durchblutungsfördernden Mitteln	E
	Selbstmassage	E
2. Maßnahmen, die der Physio therapeut selbständig durchführt	klassische Massage als Teil- oder Vollmassage (Trainings-, Vorbereitungs-, Zwischenakt-, Entmüdungsmassage),	E, P
	Unterwasserstrahlmassage als Teil- oder Vollmassage,	E, P
	alle unter 1. genannten physiotherapeutischen Maßnahmen	E, P
3. Maßnahmen, die der Physiotherapeut auf ärztliche Anordnung durchführt	alle unter 2. genannten Maßnahmen beim Vorliegen einer Verletzung,	B
	Reflexzonenmassage (Segment-. Periost-, Bindegewebsmassage),	B, P, E
	Ultraschallbehandlung,	B
	Ultrareizstromdurchflutungen,	B, P, E
	Iontophorese(Histamin),	B,P
	Kurzwellenbestrahlung,	B
	Ultraviolettbestrahlung	P

Tabelle 20

Weisheit“, Leonardo da Vinci (1452–1519), werden tiefgreifende Wirkungen erreicht, z.B. über eine Umschaltung von der ergotropen (sympathikusbetonten) auf die trophotrope (vagusbetonte) Reaktionslage und umgekehrt. Damit wird einmal eine Erhöhung der natürlichen Anpassungsfähigkeit und Verbesserung der Kondition erreicht – zugleich eine Domäne der Sporttherapie –, zum anderen in zumeist nicht zu übertreffender Weise dem ärztlich verpflichtenden Prinzip des „nil nocere“ bzw. „nicht schadens“ (Findeisen 1963; 1974; 1986) entsprochen.

Ohne hier ins Detail gehen zu können, wird auf die Aussagen in Tabelle 20 verwiesen, wobei es sich hier nur um eine Grobeinteilung handelt, vgl. dagegen die ausführliche Darstellung von Drexel und Mitarbeiter (1990).

Hier sei noch ein geradezu repräsentatives Beispiel für das aussichtsvolle Zusammenwirken und Zusammenpassen von Therapie angeführt: Erst im Rahmen funktionsordnender Maßnahmen, wie Beseitigung von Verspannungen der Brustmuskulatur („Thoraxstarre“) sowie von Fehlatmung und nötigem Einsetzen von Widerstandsatmung, und der oft ebenso auffälligen Wärmehaushaltsstörungen mit gezielter Ingangsetzung von Selbstregelungen, namentlich mit hydrotherapeutischen Maßnahmen (vgl. Tabelle 21) erweisen sich antibakterielle Maßnahmen als wirksam. Voraussetzung ist, daß nicht ein Virusinfekt vorliegt, z.B. beim hier ins Auge gefaßten infektbedingten Asthma. Nur wenn letzterer auszuschließen ist (anstelle oft zu beobachtender routinemäßiger Anwendung von Antibiotika u. dgl.), können Antibiotika und Chemotherapeutika effektiv werden, wobei dennoch nicht übersehen werden sollte (nach ausdrücklichen Warnungen seitens Heilmeyer und Mitarbeiter, 1962), daß damit lediglich bzw. bestenfalls eine Bakteriostase (reversible Bakterienhemmung) zu erwarten sei. Nur bei intakter örtlicher und allgemeiner Immunabwehr könne Aussicht auf eine kurative Wirkung bestehen.

Zur physiotherapeutischen und sporttherapeutischen Methodik

Nach den bisherigen Ausführungen wäre es geradezu verwunderlich, wenn die Physiotherapie nicht einen festen Platz in der Sportmedizin gefunden hätte. Sie ist – häufig in gezielter Kombination mit der Sporttherapie – sowohl in der Trainings- und Wettkampfvorbereitung, als auch im Stadium der Erholung sowie zur Vermeidung von Sportunfällen und Sportschäden, unentbehrlich. Dabei werden die angezeigten Maßnahmen entweder vom Sportler selbst ausgeführt (z.B. Trockenbürsten, Wechselduschen oder Wechselfußbäder und weitere abhärtende Wasseranwendungen sowie Sauna) oder von einem Physiotherapeuten vorgenommen (z.B. Teil- oder Vollmassage als Trainings-, Vorbereitungs-, Zwischenakt- und Entmüdungsmassage), oder aber sie gelangen ausschließlich auf ärztliche Verordnung zur Anwendung (z.B. Reflexzonenmassage, Ultraschall- oder Kurzwellenbehandlung). Weiteres vgl. Tabelle 20 sowie 21.

Etwas näher soll an dieser Stelle wegen ihrer hervorragenden präventiven und auch therapeutischen Effekte sowie unterschiedlichen Anzeigen auf die Sauna, Heißluftbäder und Dampfbäder eingegangen werden.

Die finnisch-russische Sauna ist das klassische Heißluftbad, in dem sich

Komplexe Regulationsvorgänge, in Gang gesetzt durch Überwärmungsbäder (einschl. Sauna) und künstlich erzeugtes Fieber

Blutbefunde	beim Überwärmungsbad (einschl. Sauna)	bei künstlich erzeugtem Fieber (Pyrifer i. v.)
weißes Blutbild	Leukozytose mit Linksver - schiebung	Leukozytose mit Linksver - schiebung (bei Malaria - therapie, Leukopenie)
rotes Blutbild	geringe relative Zunahme	geringe relative Zunahme (bei Malariatherapie, Anämie)
Blutkörperchensen - kungsgeschwindigkeit	bei krankhafter Erhöhung: Senkung	bei krankhafter Erhöhung: Senkung
Blutzucker	Anstieg, anschl. Abfall	Anstieg, anschl. Abfall
Insulin	vermehrt (zentral bedingt?)	–
Kochsalz	nicht eindeutig	nicht eindeutig
Kalium	Absinken	–
Kalzium	Anstieg	–
Cholesterin	kaum Veränderungen	–
Säure-Basen-Haushalt	Azidose	Azidose
Agglutinine bzw. Opsoninindex	Steigerung	Steigerung
Urinbefunde		
Harnstoff	Steigerung	Steigerung
Harnsäure	Steigerung	Steigerung
Kreatinin	Steigerung	Steigerung
Gallenfarbstoff	negativ	bei Malariatherapie z. T. positiv
Urobilin	negativ	bei Malariatherapie z. T. positiv
Urobilinogen	negativ	bei Malariatherapie z.T. positiv
Porphyrin	mäßig stark bis stark	stark
Hämoglobin	negativ	bei Malaria selten positiv
Blutdruck und Puls		
Blutdruck	Größerwerden der Blut-druckamplitude	Größerwerden der Blut-druckamplitude
Puls	frequent	frequent, dikrot

Überwärmung mit hydrotherapeutischen Mitteln gehört zur jahrhundertealten therapeutischen Praxis. Es handelt sich um eine besonders gut steuerbare Methode der komplexen Steigerung der organismischen Abwehrleistungen. Ihre Wirksamkeit läßt sich zwanglos durch die Wärmewirkung auf Zentren der unter dem Sehhügel gelegenen Zwischenhirnregion (regio subthalamica) erklären. Für einen Teil dieser Zentralstellen gelten solche Temperaturdifferenzen als adäquater Reiz. Dicht benachbart befinden sich die Zentralregionen für den Wärmehaushalt, Stoffwechsel, Kreislaufregulation, Schlaf- u. Wachregulation, Antrieb u. Stimmung sowie über neurosekretorische Zwischenhirnzellen auch Einwirkungsmöglichkeiten auf Hypophyse und Immunsystem.

Tabelle 21:
Nach H. Krauß. In D. G. R. Findeisen und L. Pickenhain (1990)

kreislaufgesunde Menschen bei Temperaturen von 60 °C bis 100 °C für 10 bis 20 min unbedenklich aufhalten können. Die Sauna eignet sich auch bei Neigung zu Bluthochdruck (Hypertonie) sowie bei Unterdruck (Hypotonie), bedarf hier aber unbedingt der ärztlichen Verordnung. Im Gegensatz zum russisch-römischen Dampfbad kann sie unbedenklich und zumeist mit großem Gewinn auch von Asthmatikern, chronischen Bronchitikern und Heufieberkranken in vielen Fällen in der Beschwerdezeit, mit Sicherheit aber in den beschwerdefreien Intervallen (Ziel: Umstellung der trophotropen auf die ergotrope Reaktionslage, Immunstimulation; Förderung der Schleimabsonderung u.a.) aufgesucht werden (2–3 Gänge).

Der gesunde Sportler nimmt nach den Reinigungsprozeduren am besten dreimal zu je 6–12 min im Saunaraum Platz, schließt eine Abkühlungszeit von etwa gleicher Zeit (kaltes Duschen oder Tauchbad) an, beschließt mit kräftigem Abtrocknen, wenn möglich mit halbstündiger Nachtruhe im Liegen. Richtiges personen- und zeitangemessenes Saunabaden hat ein kaum vergleichbares Wohlgefühl zur Folge; Müdigkeit am folgenden Morgen sollte zu (vorübergehender) zeitlicher Verkürzung (ggf. nur 2 Gänge) Anlaß geben. Im allgemeinen ist zu wöchentlich einem Bad zu raten.

Neuere Untersuchungen ergaben insbesondere auch endokrine Stimulationen (z.B. Erhöhung des Katecholaminspiegels) sowie Erhöhung des Prolaktins im Blutplasma, des weiteren auch eine Steigerung der Immunabwehr mit Erhöhung der Werte von Interferon, A-Immunglobulinen, der natürlichen Killerzellen, P-Substanz, Lysosomenenzyme u.a. Die Saunawärme bewirkt nicht allein eine Zunahme der Hautdurchblutung mit zusätzlicher Hautreinigung, sondern erfaßt auch tiefere Bereiche, so neben Verbesserung der Dehnbarkeit der Muskulatur auch eine Zunahme der Gelenkbeweglichkeit. Dagegen konnte eine Steigerung der körperlichen Leistungsfähigkeit für Ausdauer und Kraft bisher nicht mit Sicherheit nachgewiesen werden, wie von Prokop (1979) betont wurde. Unübersehbar ist dabei die Herabsetzung der Herzfrequenz im Laufe von Saunaserien (therapeutisch gleichfalls nutzbare Verschiebung in bradykarder bzw. trophotroper Richtung), wie auch beim Ausdauertraining zu verfolgen ist. Nicht zu bestreiten ist auch die allgemein-trainingsunterstützende Saunawirkung. Weiteres vgl. Tabelle 21.

Beim russisch-römischen Bad handelt es sich dagegen um ein den Kreislauf erheblich stärker belastendes Dampfbad. Es sollte dies genau von der Sauna abgegrenzt werden und nur nach ärztlicher Anweisung Anwendung finden. Infrage kommen unter Umständen Kopfdampfbäder (ggf. mit Zusatz von Eukalyptusöl, Kamille o. dgl.), Sitzdampf- oder Unterleibsdampfbäder (Zinnkrautzusatz, kontraindiziert bei Hämorrhoiden) sowie Voll- oder Ganzdampfbäder.

Balneo- und Klimatherapie

Die Behandlung in Kurorten und deren Sanatorien mit günstigen klimatischen Bedingungen (Wald- und Hügelland, Mittel- und Hochgebirge, Meeresküste, Hochsee) und oft auch besonderen örtlichen Heilmitteln wie Brunnen, Quellen (Balneotherapie) gilt sowohl prophylaktischen, als auch therapeutischen und rehabilitativen Zwecken. Wenn aber eine Kur mehr sein soll, als „kurze Ferien von der Krankheit", bedarf es auch in der Sportmedizin gewissenhafter Auswahl der Kurpatienten und kritischer Indikation bezüglich der infragekommenden Kurorttherapie, zweckentsprechender Ausstattung der Bäder bzw. Sanatorien, einbezogen die personellen Voraussetzungen dafür, nicht zuletzt für eine qualifizierte Vermittlung gesundheitsfördernder Praktiken zur Selbstanwendung im Alltag. Methodisch und apparativ muß eine möglichst ausgewogene Komplextherapie gewährleistet sein mit dem Ziel der Sanierung von Krankheitsprozessen auf spezifische wie unspezifische Weise, einbezogen die namentlich balneologischen Anwendungen, die das Prinzip der Schonung durch jenes der aktiven, möglichst leistungsbezogenen Übungstherapie ergänzen.

Für die in der Mehrzahl der Fälle zur Anwendung gelangenden prophylaktischen Kuren sowie zur Rehabilitation, sind eine Reihe klimaphysiologischer Gesichtspunkte beachtenswert.

Zu nennen ist hier die geographische Breite. Diese ist verantwortlich für die Durchschnittstemperatur des Kurortes, für die Einwirkung von Meeresströmungen sowie vorherrschenden Windrichtungen. Ausgenommen von Winterkurorten haben sich hier gemäßigte und warme Zonen bewährt. Die Höhenlage bestimmt den durchschnittlichen Sauerstoffteildruck des Ortes, den Einfluß auf die Blutbildung sowie auf die hormonellen und humoralen Regulationen beizumessen ist. Bei Kurorten über 1000 müM kommt der Allergenarmut der Luft (weitgehend frei von Baum-, Strauch- und Gräserpollen sowie Schimmelpilzsporen) zusätzliche präventive wie auch therapeutische Bedeutung zu.

Beim Feuchtigkeitsgehalt der Luft besteht eine Beziehung zur durchschnittlichen Niederschlagsmenge (abhängig von der Lage des Ortes, ggf. in der Nähe größer Verdunstungsflächen wie Flüsse, Seen und Meere, des weiteren zur vorherrschenden Windrichtung und dem Jahresmittel der Temperatur sowie der lokalen Vegetation. Der Staub- und Smoggehalt der Luft sollte gerade hier möglichst gering sein, weil durch Smogbildung angesichts der großen Zahl Atemwegsgeschädigter der ganze Kureffekt infragegestellt werden kann.

Bei der eigentlichen Klimabehandlung gilt das örtliche Klima als Hauptheilfaktor. Dessen Eigenschaften wirken unmittelbar auf die individuelle Reaktionsweise. Neben guter Information über diese muß immer auch eine genaue Berücksichtigung der lokalen Klimaeigenschaften in Verbindung mit Kenntnis der ortsgebundenen Kurmittel (Quellen, Brunnen, Thermen, natürliche Heilgase wie Kohlendioxid, freier Schwefelwasserstoff, Peloide, Inhalationen) gewährleistet sein. Die Auswahl des Kurortes in Verbindung mit dem kurgerechten Verhalten entscheidet maßgeblich über den Kurerfolg.

Näheres zur Methodik ist den Monographien und weiteren Arbeiten von Drexel und Mitarbeitern (1990), Brüggemann (1980), Findeisen und Mitarbeiter (1980) sowie Findeisen (1963; 1974; 1986; 1987) zu entnehmen. An dieser Stelle soll nur besonders die jahrzehntelang hochbewährte Anwendung von Atemgymnastik und Atembehandlung, Sportmassage und Sportselbstmassage, ggf. erweitert durch segmental angreifende Periostbehandlung. Besonders die elektrostimulatorisch sehr effiziente Reflexzonentherapie nach J. Thomas (1984, 1988) muß hier betonend genannt werden.

Wie zudem schon mehrmals festgestellt werden konnte, wird hier von Thomas inzwischen mit mehreren hundert seiner physiotherapeutischen Schüler in einer Weise gearbeitet, die in ihren methodischen Akzenten in Richtung umfassender Körperbewegung, also zumeist mit Einschluß einer regelmäßig betriebenen Ausdauersportart sowie Saunabaden, unsere tausendfach belegbare Überzeugung immer wieder bestätigt: Physiotherapie und Sporttherapie zählen zu den wertvollsten Instrumenten zur Förderung und Erhaltung der Gesundheit, hoher Leistungsfähigkeit und Lebensfreude in Einem. Damit sind die nahezu unverzichtbar für jeden, dessen biosoziale Anpassungsfähigkeit aufs höchste gefordert ist in unserer Leistungsgesellschaft undhelfen bei der Artikulierung einer positiven Antwort auf die Frage nach den Werten eines erfüllten Lebens für jeden Betroffenen, aber auch für seinen Arzt bzw. Physiotherapeuten.

Physio- und sporttherapetische Maßnahmen der genannten Art sind dabei letztlich nur als effizient-dominierende Komponenten einer gesunden Lebensweise unter den gegenwärtigen sozialen Bedingungen zu werten, um die es hierzulande gemeinhin bekanntlich noch nicht zum besten bestellt ist. Man denkt dagegen immer wieder an die Worte Christoph Wilhelm Hufelands (1762–1836) in seiner „Makrobiotik oder die Kunst, das menschliche Leben zu verlängern“: „Der Knecht versäumt Schlaf und alles, um sein Pferd gehörig zu striegeln, zu schwemmen und reinigen zu können. Wird das Tier mager und schwach, so ist es sein erster Gedanke, ob man vielleicht in der Hautbesorgung etwas vernachlässigt habe. Bei seinem Kind aber und bei sich fällt ihm dieser einfache Gedanke nie ein ...“

Obwohl doch ein jeder von uns in einer guten Haut stecken möchte!

TEIL III

Fitneß und Gesundheit, Immunsystem und leibseelisches Glücksgefühl

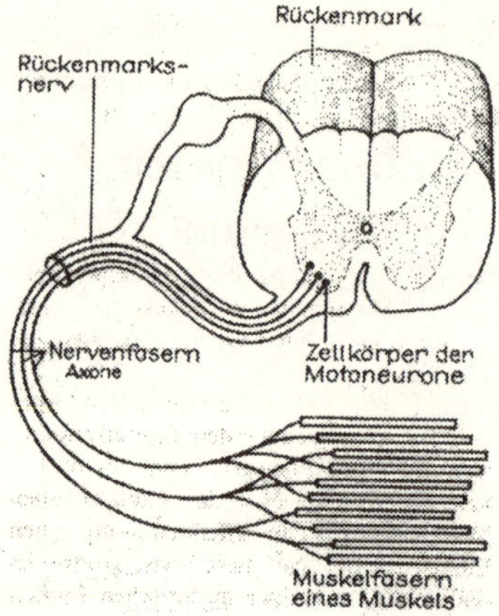

Abbildung 35: Schematische Darstellung der räumlichen Zuordnung von drei motorischen Einheiten.
Jede motorische Einheit aus einem Motoneuron und den von ihm innervierten Muskelfasern. Der Zellkörper des Motoneurons befindet sich im Vorderhorn des Rückenmarks. Sein Axon läuft in einem gemischten Nerven zu einem Skelettmuskel und zweigt sich dort in eine größere Anzahl von Muskelfasern auf. Die zu einer motorischen Einheit gehörigen Muskelfasern liegen im gleichen Muskel, sind aber mit den Muskelfasern anderer motorischer Einheiten gemischt angeordnet.
Nach L. Pickenhain. In D. G. R. Findeisen u. Mitarb. (1980).

Wir haben bereits in anderem Zusammenhang davon Kenntnis genommen: Gesundheit und Krankheit sind generell nichts Zufälliges, ereignen sich nicht „schicksalhaft“, sondern weitgehend als Ergebnis eigenen Verhaltens. Wenn bereits darauf verwiesen wurde, daß zwischen psychischen Vorgängen bzw. dem menschlichen Zentralnervensystem und der körperlichen Abwehr bzw. dem Immunsystem sehr enge Verbindungen bestehen, werden wir uns nunmehr mit den dies begründenden strukturellen und funktionellen Kontakten und Wechselwirkungen in konkreter Weise zu befassen haben.

Hier existierende mehr oder weniger enge Beziehungen sind übrigens bereits seit Jahrhunderten vermutet worden. Gewißheit, d.h. der wissenschaftliche Nachweis und damit die Möglichkeit zielstrebigen Handelns und menschlichen Verhaltens, wurde erst im letzten Jahrzehnt in Form der Begründung des neuen medizinischen Arbeits- und Forschungsgebiete der Psychoimmunologie, dank der Arbeiten insbesondere des US-amerikanischen Forscherteams R. Ader (1981), geschaffen. Was ist von den neuen Erkenntnissen bereits praxiswirksam im Sinne des Anliegens dieses Buches, was ist schon nutzbar im Alltag des Sportlers sowie den für sportliche Tätigkeit zu Gewinnenden? Was ist möglicherweise vom Schaden, ggf. als Ergebnis anhaltender sportimmunologisch-psychoimmunologischer Überforderung durch anhaltende und unangemessene physisch-psychische Belastungen, die in bereits bekanntem Widerspruch stehen zur grundsätzlich erstrebenswerten hohen Leistungsfähigkeit und Gesundheit in Einem?

An dieser Stelle ist angesichts unterschiedlichen Bedeutungsgehaltes auf die schon wiederholt genannten Begriffe „Fitneß“ und „Gesundheit“ einzugehen: Der heute oft recht weitläufige benutzte Fitneßbegriff wurde schon von Charles Darwin (1802–1882) mit seinen Worten des „survival of the fittest“. Gegenwärtig meinen wir damit die Anpassung von Körper und Psyche, des biopsychosozialen Menschen, vorrangig durch „wiederholtes ausdauerndes Training“ mit dem Ergebnis, daß der „betroffene Organismus für eine bestimmte körperliche und geistige (mentale) Leistung geeignet („fit“) ist“ (Uhlenbruck 1992).

Schon an anderer Stellte (Teil 1, Kapitel 1) wurde kurz auf die hierfür bedeutsame Erscheinung verwiesen, daß zu einer stabilen Gesundheit auch ein gesunder Geist gehören sollte, daß aber darüber hinaus für Fitneß im Ergebnis einer („arterhaltenden“) Ausdauersportart (z.B. Langstreckenlauf bzw. Joggen), sogar eine Steigerung der Hirndurchblutung bis zu 30 Prozent erfolgen kann, wobei sogenannte endogene Opiode (Beta-Endorphine) mit dem Ergebnis eines „runners high“ freigesetzt werden. Fitneß ist demnach nicht gleichbedeutend, wenn auch ähnlich mit Gesundheit. So wie es heute als sportimmunologische Tatsache gilt, daß sportliches Ausdauertraining auch das Immunsystem („psychoimmunologisch“) regelrecht „trainiert“, so kann man in landläufigen Sinn „gesund“ sein, ohne für eine bestimmte körperliche oder psychisch-mentale Leistung „trainiert“, somit „fit“ zu sein. Andererseits ist es auch denkbar, daß der als „fit“ ausgewiesene Sportler von einem Nichtsportler im Hinblick auf Gesundheit im landläufigen Sinn übertroffen werden kann. Anzustreben ist somit immer beides, sowohl die Fitneß, als auch die Gesundheit!

Sicherlich wäre es sehr zu begrüßen, wenn in dieser Richtung auch eine Qualifizierung in- und ausländischer Fitneß-Clubs erfolgen könnte!

Kapitel 1

Struktur und Funktion des Nervensystems und Immunsystems

Das Nervensystem besteht aus zentralen und peripheren Anteilen. Hier wollen wir fürs erste bei Struktur und Funktion der peripheren Nerven verweilen. Für den am Thema besonders Interessierten wird wegen des gerade hier nicht immer ausreichend Möglichen der Darstellung, namentlich in Beziehung auf spezielle Funktionsabläufe, auf die einschlägige, reichlich verfügbare Fachliteratur verwiesen.

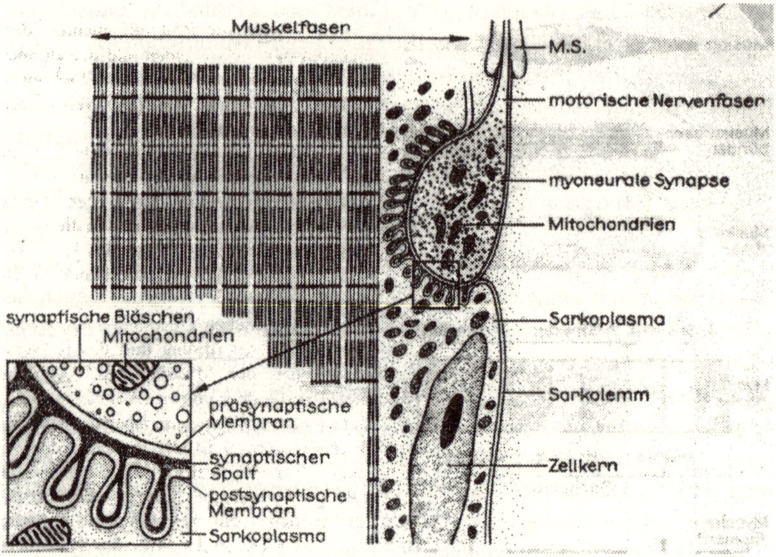

Abbildung 36: Schematische Darstellung der motorischen Endplatte (myoneuralen Synapse). Das Axon der motorischen Nervenfaser endet an der Oberfläche der Muskelfasermembran in einem vielfach gefurchten synaptischen Bezirk. In der Axonendigung befinden sich außer Mitochondrien zahlreiche synaptische Bläschen, welche die Überträgersubstanz Azetylcholin enthalten. Bei Erregung der präsynaptischen Membran wird Azetylcholin in den synpatischen Spalt angesondert und führt an der postsynaptischen Membran (einem Bestandteil der Oberflächenmembran der Muskelfaser) zur Depolarisation, die sich über die Membranen des sarkoplasmatischen Retikulums (hier nicht dargestellt) in der Muskelfaser ausbreitet und die Kontraktion des Aktomyosinssystems auslöst.
Nach L. Pickenhain. In D. G. R. Findeisen u. Mitarb. (1980).

Neuron, Reiz, Erregung, Erfolgsorgan

Die Nervenzelle mit der Gesamtheit ihrer Fortsätze bezeichnen wir als „Neuron". Jede Nervenfaser entspringt aus der eigentlichen Nervenzelle als „Neurit". Ein solcher Neurit kann beim Menschen eine Länge von über einem Meter erreichen. Dies betrifft z.B. die Nervenfasern, die zu den Fußmuskeln ziehen und aus den motorischen Vorderhornzellen des Rückenmarks entspringen. Die weiteren kurzen Fortsätze der Nervenzelle sind die „Dentriten". Durch sie tritt die Nervenzelle über spezifische, sogenannte synaptische Kontakte mit anderen Neuronen in Verbindung.

Gruppenbezeichnung, Beschaffenheit und Funktion verschiedener Nervenfasern

Gruppen-bezeich-nung	Faser-durch-messer µm	Mark-scheide	Leitungsgeschwindigkeit m/s		Funktion
			Kaltblüter 20 °C	Warmblüter 37 °C	
A α	10–20	dick	20–40	60–120	motorisch und afferent von den Muskelspindeln
B β	7–15		15–30	40–90	sensibel von den Berühungsrezeptoren der Haut
A γ	4–8	dünner	8–15	30–45	efferent zu den intrafusalen Muskelfasern der Muskelspindeln
A δ	2,5–5		5–9	15–25	von den Wärme-, Kälte- (und Schmerz-) Rezeptoren der Haut
B	1–3	dünn	2–6	3–15	präganglionäre vegetative Fasern
C	0,3–1,5	fehlt	0,3–0,8	0,5–2	postganglionäre Fasern des Sympathikus

Tabelle 22: Modif. nach L. Pickenhain. In D. G. R. Findeisen u. Mitarb. (1980).

Des weiteren sind hier die markhaltigen von den markarmen Nervenfasern zu unterscheiden. Wie in einem Kabel spielen sich hier die für Erregungen maßgeblichen Vorgänge ab, wobei deren Umhüllung, die Markscheide, einen hohen elektrischen Widerstand aufweist.

Die Markscheide umhüllt in Form konzentrisch angeordneter, spiraliger Lamellen den Achsenzylinder, das „Axon“, vgl. Abbildung 35. Durch in Abständen von einem bis zwei Millimeter liegende Einschnürungen, die „Ranvierschen Schnürringe“, erfolgt eine Unterbrechung der Markscheide, die von entscheidender Bedeutung für die Erreichung hoher Leistungsgeschwindigkeiten bei gleichzeitig minimaler Energieleistung ist. Markhaltige Nervenfasern haben einen Durchmesser von 3 bis 20 µm. Bei den dünnen markarmen Fasern des vegetativen Nervensystems fehlt die Markscheide völlig; deren Durchmesser liegt bei nur 1 bis 3 µm.

Die Seidenäste der Neuriten nennt man Kollaterale, die sich zumeist peripher verzweigen, so daß eine motorische Nervenfaser efferent zahlreiche Muskelfasern versorgt als „motorische Einheit“; eine afferente sensible

Faser erhält dagegen Impulse von mehreren Rezeptoren.

Die Erregbarkeit, sowie die isolierte Leitung und ein doppelsinniges Leitungsvermögen der Erregungen bei meßbarer Geschwindigkeit, sind die bedeutendsten Eigenschaften der Neuriten. Dabei werden als Reize alle mechanischen, thermischen und elektrischen Einwirkungen auf die Nervenfaser wirksam, sofern die Intensität einen gewissen zeitlichen Schwellenwert der Einwirkung übersteigt. Bei der Erregungsausbreitung werden die afferenten (aufsteigenden) Leitungsbahnen mit Erregungsleitung von der Periphere zum Zentralnervensystem abgegrenzt von den efferenten (absteigenden) Neuriten, die von den zentralen nervalen Strukturen zu den Erfolgsorganen gehen. Dabei regelt sich die Richtung des Erregungsablaufs durch die Art der Nervenendigungen oder des Endorgans, d.h. den Rezeptor, die Synapse oder die motorische Endplatte, weiteres vgl. Tabelle 22 sowie Abbildung 36.

Neben anderem kann dieser Übersicht entnommen werden, daß die größte Leistungsfähigkeit bei der dicksten Nervenfaser (Typ A alpha) liegt, die nur im motorischen System verläuft. Ein unmittelbarer Zusammenhang zwischen dem Querschnitt der Nervenfaser und ihrer maximalen Leistungsgeschwindigkeit gilt als gesichert, wobei die Größen der Kapazitäten und der Widerstände des Innen- und Außenleiters der Nervenfasern ausschlaggebend sind. Zudem beruht das differenzierte Verhalten bei unterschiedlichen äußeren Bedingungen und Reizeinwirkungen auf dem unterschiedlichen strukturellen Aufbau der verschiedenen Nervenfasertypen. So sind etwa bei Sauerstoffmangel die B-Fasern sensibler als die A-Fasern. Bei lokalem Druck (z.B. Knochenbruch, Bluterguß) auf einen Nerven sind zuerst die A-Fasern, und erst bei stärkerem Druck auch die C-Fasern blockiert. Dagegen erfolgt bei Einwirkung von Narkotika wegen der besseren Diffusionsbedingungen zuerst Ausschaltung der C-Fasern (mit 0,3 – 1,5 µm sehr dünner Durchmesser), und zuletzt die der dicken A-Fasern (mit 10–20 µm erheblich stärkerer Durchmesser). Die hohen Geschwindigkeiten der Erregungsleitung in markhaltigen Fasern werden durch die saltatorische Erregungsleitung von einem Ranvierschen Schnürring zum nächsten gewährleistet (oft Überspringen von ein bis zwei Schnürringen).

Zusätzlich zu den Neuronen enthält das Nervensystem Gliazellen (Neuroglia). Diese sind sehr zahlreich, so daß es etwa zehnmal soviel Gliazellen gibt, wie Neurone. Der Begriff umfaßt das ektodermale Stützgewebe des Nervensystems, das aus unterschiedlich gestalteten Zellen und Fasern besteht. Außer der Funktion als Stützgewebe wird der Neuroglia bei den Stoffwechselvorgängen innerhalb des Nervengewebes eine maßgebliche Rolle zugeschrieben. Die die Axone im peripheren Nervengewebe umkleidenden Schwannschen Zellen, werden gleichfalls als Glia klassifiziert. Zudem bestehen im Zentralnervensystem drei Gliazelltypen.

So wird durch die Mikrogliazellen die Verbindung zwischen dem Blutgefäßsystem zum Nervensystem hergestellt und durch sie eine „Reinigungs"-Funktion erfüllt. Die Oligodendroglia ist bei der Myelinbildung, d.h. bei der Entstehung des aus Lipiden und Eiweißen bestehenden Nervenmarks, wobei die Schwannschen Zellen eine Rolle spielen, maßgeblich beteiligt. Die Astrozyten kommen im gesamten Gehirn vor und senden teilweise Endfüßchen zu den Blutgefäßen. Sie bilden keine fortgeleiteten Potentiale, haben aber ein mit der extrazellulären Kalziumionenkonzentration schwankendes Membranpotential. Ihre genaue Funktion ist noch unklar (Ganong 1974).

Das Nerv-Muskelsystem

Die Muskelzelle, auch als Muskelfaser bezeichnet, ist die zelluläre Einheit der Muskelkontraktion, die durch den mototischen Nerven (Motoneuron) ermöglicht wird. Der Zellkörper des Motoneurons ist im Vorderhorn des Rückenmarks gelegen. Sein Axon, d.h. sein Achsenzylinder, ist vom sogenannten Alphatyp, hat somit einen relativ großen Durchmesser (12 bis 20 µm) und demnach eine hohe Leitungsgeschwindigkeit von 60 bis 120 m/s. Vom Axon des Motoneurons werden jeweils mehrere Muskelfasern desselben Skelettmuskels innerviert. Dieses Motoneuron und die von ihm versorgten Muskelfasern stellen die motorische Einheit und damit die funktionelle Einheit des Nerv-Muskelsystems dar.

Die Zahl der von einem Motoneuron innervierten Muskelfasern ist außerordentlich verschieden und sehr klein in Muskeln, die sehr feine und genaue Bewegungen durchzuführen haben, z.B. Augenmuskeln, Fingermuskeln, und beträgt hier nur 1 bis 20, während in Muskeln mit groben Bewegungen, z.B. Rumpf- oder Extremitätenmuskeln, die Muskelfaserzahl bei mehreren hundert bis tausend liegt. Daneben enthalten die letzteren kleine motorische Einheiten, die auch diesen Muskeln eine rasche Reaktion, aber mit geringerer Kraft, gestatten. Während die Zuordnung der Motoneurone zu den Muskelfasern genetisch bedingt und im Laufe des Lebens nicht veränderbar ist, sind die verschiedenen motorischen Einheiten als Ganzes an spezifische und über längere Zeit anhaltende Belastungsformen begrenzt anpassungsfähig.

Im Zellkörper des Motoneurons wird der Erregungsvorgang unter dem Einfluß anderer Neurone erzeugt („generiert"), sodann als Impuls über das Axon zu allen Muskelfasern der motorischen Einheit geleitet. Durch diesen

Vorgang kommt es zu nahezu gleichzeitiger Zusammenziehung (Kontraktion) aller zu einer motorischen Einheit gehörenden Muskelfasern. Wegen der einer motorischen Einheit möglichen geringen Leistung werden in der Regel bei jeder Bewegung (z.B. Daumengrundgelenk mindestens 2 bis 3) mehrere motorische Einheiten aktiviert, wobei die Anzahl der einbezogenen motorischen Einheiten in dem Maß zunimmt, wie die Muskelkraft automatisch oder bewußt (willkürlich) gesteigert wird. Sodann ist sowohl über die Zahl der in Aktion geratenen motorischen Einheiten, als auch über die Zahl der von Alpha-Neuronen kommenden Impulse, eine Abstufbarkeit der Willkürtätigkeit möglich. Außerdem verfügt der Skelettmuskel über eine vom Bewußtsein des Menschen unabhängige Kontrolle, den Reflex als unwillkürliche motorische Reaktion auf einen überschwelligen Reiz (z.B. Kniesehnenreflex).

An den Endverzweigungen des motorischen Axons der Muskelfasern beseht als besondere Struktur die motorische Endplatte oder myoneurale Synapse. Hier wird die Erregung von der Nervenfaser auf die Muskelfaser übertragen und auf diese Weise die Muskelkontraktion bewirkt. An der Synapse ist als chemisches Zwischenglied die Überträgersubstanz („Mediator" oder „Transmittor") Azetylcholin eingeschaltet.

Diese myoneurale Synapse (vgl. die schematische Darstellung in Abbildung 36) besteht demnach aus der zur Nervenfaser gehörenden präsynaptischen Membran sowie der zur Muskelfaser zu zählenden postsynaptischen Membran. An der präsynaptischen Membran eintreffende Nervenimpulse bzw. Polarisationswellen bewirken eine Freisetzung von Azetylcholin in den synaptischen Spalt. Azetylcholin führt zu Permeabilitätsveränderung der postsynaptischen Membran für kleine Kationen. Dabei erfolgt primär ein Einstrom von Natriumionen, und je nach Anzahl der freigesetzten Azetylcholinmoleküle kommt es zu einer abgestuften Membrandepolarisation, d.h. Durchlässigkeitsveränderung mit Zusammenbruch des Membranpotentials und Entstehung einer negativen Ladung an der Zelloberfläche.

Im Nervensystem erfolgt die Erregungsübertragung von Neuron zu Neuron prinzipiell in der gleichen Weise, d.h. über Synapsen mit der Zwischenschaltung von Überträgerstoffen. In der Regel ist Erregungsübertragung gleichbedeutend mit Informationsübertragung. Hier kommt es zu Informationsverschlüsselung in der Nervenfaser durch die Dichte der Einzelimpulse, die über die Membran der Nervenfaser geleitet werden (Impulsfrequenzmodulation). Diese Impulse lösen an der myoneuralen Synapse eine quantitativ abgestufte Neurosekretion (Azetylcholin) aus. Azetylcholin bewirkt an der postsynaptischen Membran einen neuen Prozeß elektrischer Erregungsausbreitung.

In diesem Zusammenhang interessieren noch der Kontraktionsvorgang sowie dessen energetische Absicherung.

Die einzelne Muskelfaser besitzt die Form eines dünnen Fadens, der einen Durchmesser von 0,1 mm und eine Länge von 30 cm haben kann. In ihr sind viele Zellkerne mit ihrem genetischen Apparat, im Zellplasma Mitochondrien, von deren Verantwortlichkeit für die oxydativen Stoffwechselvorgänge wir schon gehört haben, und als die eigentlichen kontraktilen Elemente die Myofibrillen enthalten. Hier muß noch gesagt werden, daß sich beim quergestreiften Muskel der Skelettmuskulatur die Breite der Querstreifen bei der Kontraktion verändert, daß ferner die lichtoptisch erfaßtbaren Querstreifen durch die regelmäßige Anordnung und das teilweise Überlappen von Myosin- und Aktinfilamenten, d.h. den unterschiedlichen Proteinfilamenten der Myofibrillen, zustandekommt.

Die Kontraktion der Muskelfaser, bei der seitliche Fortsätze der Myosinfilamente (Myosinbrücken) durch eine chemische Reaktion zeitweilig fixiert werden, während sich bei Erschlaffung sich die chemische Bindung der Myosinbrücken löst, ist immer ein aktiver, energieverbrauchender Vorgang. Die für die Anheftung und den Zug der Myosinbrücken nötige Energie wird durch die Spaltung von Adenosintriphosphat (ATP) freigesetzt. Dieser Kontraktionsvorgang führt zu Verkürzung der Muskelfaser bis auf zwei Drittel ihrer Ruhelage (Modell der gleitenden Filamente von H. E. Huxley). Weiteres vgl. Teil II, Kapitel 1.

Die motorischen Vorderhornzellen des Großhirns empfangen außer Impulsen von den Dehnungs- und Spannungsrezeptoren auch solche von den Temperatur-, Schmerz- und Tastempfindungen der Haut. Dabei sind zwischen dem afferenten und efferenten Teil des Reflexbogens weitere Ganglienzellen bzw. Neurone eingeschaltet. Die Erregungsübertragung vom sensiblen auf den motorischen Anteil des Reflexbogens erfolgt demnach stets polysynaptisch. Abbildung 37 soll die Vorgänge beim Fremdreflex zu verdeutlichen helfen.

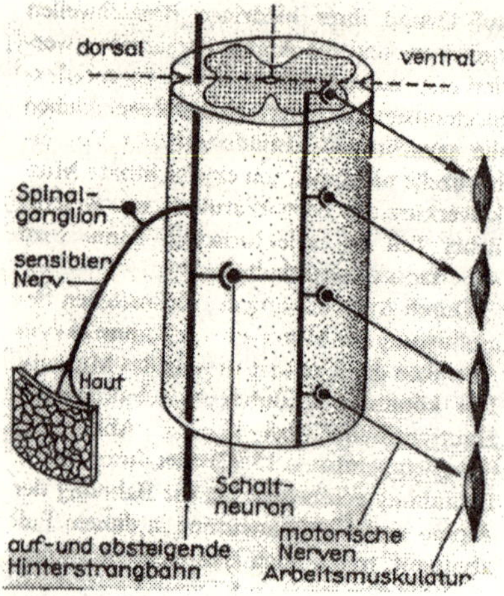

Abbildung 37: Schema eines Fremdreflexbogens. Sensible Oberflächenreize werden von Hautrezeptoren verarbeitet und über sensible Nereven dem Rückenmark über die Hinterhörner zugeleitet. Von der Hinterstrangbahn erfolgt unter Zwischenschaltung eines Schaltneurons die Überleitung auf das motorische System (Vorderhorn). Dabei sind mehrere Schaltstellen (polysynaptischer Reflex) beteiligt, und am Effekt nehmen Motoneurone mehrerer Segmente teil. Nach L. Pickenhain. In D. G. R. Findeisen u. Mitarb. (1980).

An den Extremitäten sind die Fremdreflexe in der Regel Beugereflexe. Die Reizung bestimmter Hautsegmente, die nerval mit einem bestimmten Spinalsegment verknüpft sind, ist für einzelne Muskelgruppen, bei denen die motorische Versorgung über das gleiche Segment erfolgt, besonders effektiv. Auf diese Weise ist die organische Grundlage für eine reflektorische Beeinflussung von Muskelfunktionen (Tonus, Durchbltung u.a.), beispielsweise durch physiotherapeutische Maßnahmen (vgl. Teil II, Kapitel 5) gut erklärbar.

Eigenreflexe verlaufen wegen ihrer monosynaptischen Schaltung sehr gleichförmig und sind kaum ermüdbar. Demgegenüber haben Fremdreflexe eine größere Variationsbreite, weil hier Stärke und Umfang der Reflexantwort von der Reizintensität abhängig sind. Zugleich wird die Reflexzeit verkürzt, und auch unterschwellige Reize vermögen durch Wiederholung eine Reflexantwort auszulösen.

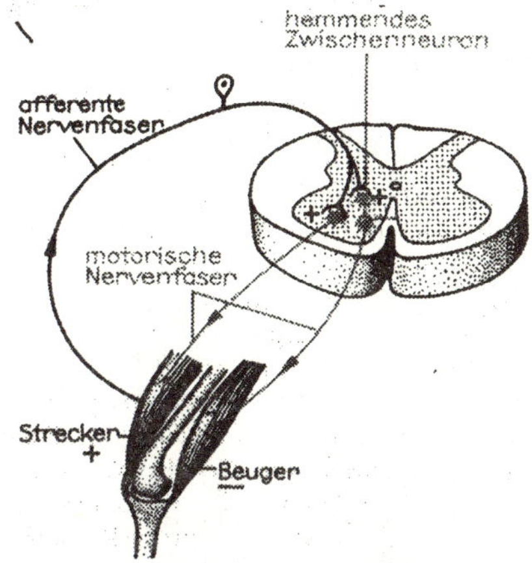

Abbildung 38: Schema des Eigenreflexbogens (Patellarsehnenreflex). Durch Schlag auf die Sehne nterhalb der Kniescheibe (Patella) wird im Musculum quadriceps eine Erregung der dehnungsempfindlichen Rezeptoren (Muskelspindeln) ausgelöst. Diese wird über sensible (afferente) Nerven zum Rückenmark geleitet und dort monosynaptisch auf ein motorisches Neuron des gleichen Segmentes übertragen. In den neuromuskulären Endzellen des gleichen Muskels wird dann die reflektorische Kontraktion ausgelöst. Nach L. Pickenhain. In D. G. R. Findeisen u. Mitarb. (1980).

Bei elektrophysiologischen Untersuchungen konnte ermittelt werden, daß beim Eigenreflex eine Einzelzuckung des Muskels vorliegt und diese durch kurzdauernde synchrone Entladung der Alpha-Motoneurone ausgelöst wird, vgl. Abbildung 38, die den Vorgang bei sportmedizinisch häufig provozierten Kniescheibenreflex (Patellarsehnenreflex) veranschaulicht.

Von weit größerer Bedeutung für die vielfältigen Funktionen des menschlichen Organismus sind die Fremdreflexe anzusehen: Sie werden sowohl durch das Rückenmark als auch durch die Hirnnerven vermittelt. Weiteres hierzu vgl. nächster Abschnitt. An dieser Stelle sei lediglich noch vermerkt, daß es sich hier um ausgesprochene Schutzreflexe (z.B. Hornhaut-, Pupillen- und Lidschlußreflexe des Auges, Nies- und Hustenreflexe) handelt. Der Saugreflex, Schluckreflex sowie die Sekretionsreflexe als Nahrungsreflexe stellen gleichfalls wichtige Fremdreflexe dar.

Besondere Aufmerksamkeit besonders im Hinblick auf den sportlichen Lernprozeß verdient hier der Prozeßablauf beim bedingten Reflex. Als bedeutender Bestandteil des Lernens gilt dieser als Reflexantwort auf einen Reiz, der ursprünglich nicht diese Antwort auslöste. Vielmehr wird er durch wiederholte Paarung dieses Reizes mit einem anderen Reiz erworben, der normalerweise die betreffende Reflexantwort hervorruft.

In den klassischen Versuchen von I. P. Pawlow (1849–1936) wurde die Speichelsekretion, die normalerweise durch Füttern von Fleisch entsteht, untersucht. Dabei ertönte unmittelbar bevor das Fleisch dem Versuchshund in das Maul gebracht wurde, eine Glocke. Dieser Versuch wurde solange wiederholt, bis schließlich auf das Glockensignal allein, also ohne Verabreichung von Fleisch, Speichelabsonderung eintrat. Hier diente das in die Mundhöhle eingebrachte Fleisch als unkonditionierter Stimulus (US: normalerweise eine angeborene Reflexantwort auslösender Reiz). Das Glockensignal diente als konditionierter Stimulus (CS). Nachdem CS und US genügend oft gepaart worden waren, produzierte der CS allein die ursprünglich nur durch den US bewirkte Reflexantwort.

Eine große Anzahl somatischer, viszeraler und anderer nervöser Vorgänge im Alltagsgeschehen des Trainings pflegt als Lernprozeß in Form einer Reflexantwort in bedingten Reflexen aufzutreten. Zum Erlöschen des bedingten Reflexes kommt es bei wiederholtem Angebot von CS ohne US, was man als Extinktion (innere Hemmung) bezeichnet. Bemerkenswert ist hier auch, daß der einmal erworbene bedingte Reflex nicht allein durch CS, sondern auch durch ähnliche Stimuli ausgelöst werden kann.

Um eine Konditionierung zu erreichen, muß immer der konditionierte Reiz (CS) vor dem unkonditionierten Stimulus (US) angeboten werden. Auch erfolgt die konditionierte Antwort aufden CS im gleichen Zeitintervall, durch welches beim Training CS und US getrennt waren. Dabei kann die Verzögerung zwischen Reiz und Antwort bis zu 90 sec betragen; bei längeren Zeitabständen spricht man von einem verzögerten bedingten Reflex.

Gerade sportphysiologische Erfahrungen lehren, daß bedingte Reflexe relativ leicht erlernt werden, wenn der US mit einem angenehmen (oder auch unangenehmen) Affekt gekoppelt sind. Das beruht darauf, daß Reizung des Belohnungssystems im Gehirn ein sehr kräftiger US darstellt; ähnlich ist die Reizung des Vermeidungssystems, z.B. in Form eines schmerzhaften elektrischen Schlages, als starker US einzuschätzen.

Entscheidendes Kriterium des bedingten Reflexes ist die Bildung neuer funktioneller Verbindungen im Nervensystem. Wenn z.B. ein neuer sensorischer Reiz einem Versuchstier erstmalig angeboten wird, verursacht dieser im Elektroenzephalogramm (EEG) eine diffuse Arousal-Reaktion, d.h. einen Aufwach- oder Weckeffekt im Hirnrindengebiet als Ausdruck einer diffusen kortikalen Aktivierung, sowie zudem Sekundärantworten (evozierte Potentiale) in verschiedenen Gehirnabschnitten. Die Verhaltensänderung bei Mensch oder Tier spricht für einen Zustand erhöhter Aufmerksamkeit, was von Pawlow als „Orientierungsreflex" („Was-ist-los"-Reaktion) bezeichnet wurde. Ist der Reiz indifferent, d.h. weder angenehm noch schädigend, nimmt die elektrische Reizerscheinung bei Wiederholung ab und es treten keine EEG-Veränderungen mehr auf: Das Versuchstier hat sich an den Reiz „gewöhnt", was man auch Habituation nennt.

Die Arousal-Reaktion wird aber nicht nur bei neuen Reizen hervorgerufen, sondern auch bei deren Paarung mit angenehmen oder unangenehmen Erfahrungen. Hinweise auf die Beteiligung emotionaler Faktoren bei der

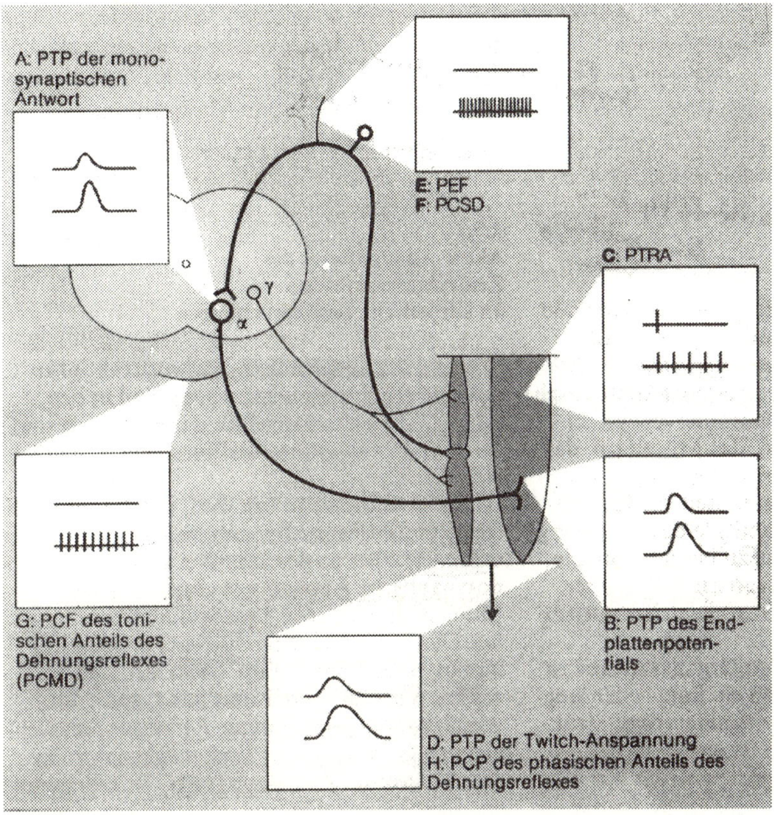

Abbildung 39: Zusammenfassung der akuten adaptativen Antworten des spinal-segmentalen Bereichs auf kurze Perioden niedriger bis hoher Aktivierungsstufen.
a = a-Motoneuron bei der Innervation einer repräsentativen extrafusalen Muskelfaser. Das a-Motoneuron, sein Neurit, die motorische Endplatte sowie die hierüber erreichten Muskelfasern bilden die „motorische Einheit". y = y-Motoneuron bei der Innervation einer intrafusalen Muskelfaser einer Muskelspindel (deren Kapsel in der Darstellung unberücksichtigt blieb). y-Motoneuron und Muskelspindel bilden die y-Schleife (oder den indirekten Weg) für die Aktivierung motorischer Einheiten über die afferenten Ia- oder II-Bahnen. Der Pfeil kennzeichnet die Muskeldehnung. A bis H. Neurale muskuläre elektrochemische oder Muskelkraft-Antworten vor (obere Kurven) und nach (untere Kurven) einer kurzen hochfrequenten Aktivierung der a-y-Motoneurone.
Nach R. S. Hutton. In G. Böning et al. (1989).

Konditionierung gibt die im EEG nachweisbare elektrische Aktivität im Hippokampus, dem als Bestandteil des Limbischen Systems bei der Ausbildung bedingter Reflexe sowie auch bei der Steuerung weiterer grundlegender Verhaltensreaktionen (z.B. Aufmerksamkeitsreaktionen, Orientiertheit auf neuartige Reize, Speicherung neuer Informationen, rezentes Gedächtnis) eine bedeutende Rolle spielt. Seine Reaktionen (= evozierten Potentiale) bei Einwirkung von Sinnesreizen laufen annehmbar über das aktivierende retikuläree System (ARS, vgl. Kapitel 2) im Hirnstamm (Formatio reticularis). Vermutlich wird im Gehirn, vielleicht in der Hirnrinde, durch einen Analysator jeder einwirkende Reiz mit vorangegangenen Reizen verglichen und bei neuen Reizen über einen exzitatorischen Impuls das Verhaltens-Aorousal hervorgerufen, was z.B. die gezielte Aufmerksamkeit zu steigern vermag. Auch die Vorgänge beim Gedächtnis mit den verschiedenen Mechanismen für das erstaunlich widerstandsfähige Langzeitgedächtnis und das mit zunehmendem Lebensalter, aber auch bei Alkoholikern (Hirnschädigung) gestörte Kurzzeitgedächtnis, sind hier im Zusammenhang mit der (ventralen) Hippokampusfunktion zu nennen.

Zur Anpassung des Zentralnervensystems an sportliche Belastung

Nach noch bis vor kurzem geltender Schulmeinung stellt das Zentralnervensystem ein „Steady state-System" dar, das weitgehend von stoffwechselbedingten metabolischen Auswirkungen der körperliche Aktivitäten verschont bleibe. Obwohl derartige Veränderungen aber als typisch für die Anpassungsantwort des Organismus anzusehen sind, kann es nicht verwundern, wenn in den letzten Jahren versucht wurde, Anpassungen bzw. adaptive Prozesse eines kurz- oder langfristigen Trainings auch im Hinblick auf zentralnervöse Auswirkungen zu untersuchen. Eine informative Übersicht liegt jetzt von Hutton (1989) vor, auf dessen Ausführungen wir uns hier weitgehend beziehen.

Anatomisch gesehen umschließt das Zentralnervensystem (ZNS) das Groß- (oder End-)hirn, das Mittelhirn, Kleinhirn sowie den Hirnstamm sowie das Rückenmark (Einzelheiten vgl. Tittel 1985). Als ein weiterer Bestand, der die Kontrolle der Bewegung verrichtet, ist die Schleife (der indirekte Weg für Aktivierung motorischer Einheiten) zu nennen, vgl. Abbildung 39. In dieser findet sich eine Darstellung der spinalen segmentären Antwortreaktionen auf akute Adaptationen des ZNS an körperliche Belastungen.

Wir wissen bereits, daß kurze, hochfrequente Beanspruchungen eine Aktivierung der Alpha-Motoneurone bewirken und eine verstärkte monosynaptische Antwort hervorrufen, was als posttetanisches Potential (PTP) bezeichnet wird. Sein Mechanismus vermag eine zeitlich verstärkte

Freisetzung von Nerven-Überträgerstoffen (Neurotransmittern) an synaptischen Endigungen und/oder eine kurze Abnahme der Aktionspotential-Ausbreitung auf die Endverzweigungen des Axons zu bewirken.

Neben bemerkenswerten tierexperimentellen Ergebnissen konnte neuerdiengs ein recht dramatischer Effekt einer vorausgehenden Aktivierung motorischer Einheiten im posttetanischen Potential der angespannten Muskelfaser ermittelt werden (Abbildung D). Beboachtungen sowohl bei Tieren, als auch beim Menschen erlauben die Folgerung, daß das PTP der submaximalen Muskelanspannung (die maximale bleibt unverändert) besser mit dem „Post-Aktivierungs-Potential" gleichgesetzt wird. Es war nachweisbar, daß im Endergebnis sowohl eine willkürliche maximale Muskelkontraktion, als auch ein bestimmter elektrischer Reiz noch innerhalb des physiologischen Frequenzbereiches der Aktivierung der motorischen Einheit liegen.

Die y-Schleife antwortet auf kurze Perioden hoher Erregungsfrequenzen in der Weise, daß einer stärkeren y-Motoneuronaktivierung auf einen Testreiz eine Nachentladung folgt. Dies führt zu wiederholten Kontraktionen der Muskelfasern und wiederholten Entladungen der Muskelspindelafferenzen. Diese Reaktionsform wurde als „Nach-Erregungs-Förderung" (PEF) bezeichnet (Abbildung 39 E).

Die Effekte dieser und anderer Beobachtungen bestehen darin, daß ein nahezu maximal kontrahierter Muskel, der sich kurz vor seiner Dehnung befindet, gegenüber einer höheren Aktivierung und potentiellen initialen Resistenz, sich zu verlängern, in beachtlicher Weise empfänglich ist. Es wird dies als ein Umstand gewertet, der beim Auftreten von Muskelfaserrissen während der Dehnung zu bedenken ist. Dessen ungeachtet sind derzeit noch viele Trainer und Physiotherapeuten der Auffassung, daß eine maximale statische Kontraktion des Muskels vor dessen Dehnung die Entspannung bzw. Lockerung begünstige. Diese Auffassung konnte widerlegt werden; die Niveaus der elektromyographischen Aktivität korrelieren vor der Muskeldehnung nur in geringem Maß mit dem aktuellen Anstieg im Bewegungsbereich.

Hier noch einige wenige Bemerkungen zu den langfristigen Anpassungsvorgängen des Zentralnervensystems und über die indirekt über das ZNS laufende positive sowie negative Beeinflussung des Immunsystems. So waren die bisherigen Untersuchungen der Nerv-Muskel-Anpassung bei körperlichem Training weitgehend auf den Skelettmuskel konzentriert. Dabei wurde die Auffassung vertreten, daß die funktionellen Eigenschaften der Muskelfasern weitgehend durch ihre nervale Versorgung bestimmt wird (vgl. Abschn. Nerv-Muskelsystem). Jetzt spricht jedoch vieles dafür, daß ein direkter Beweis für Anpassungsreaktionen der Motoneurone auf ständige körperliche Belastung kaum lieferbar ist. So soll hier als generelles Ergebnis neuer Forschung festgehalten werden, daß durch ein starkes Widerstandstraining zwar schnellere motorische Leitungsgeschwindigkeiten, nicht aber eine Veränderung in den oxydativen oder Endplattenaktivitäten provozierbar war.

Zum anderen: Seit einer Reihe von Jahren wissen wir, daß die vom Ausdauertraining grundsätzlich positiv beeinflußten psychischen Prozesse zwar die nervale Leitungsgeschwindigkeit verlangsamen, aber die Aktivität der wichtigen oxydativen Enzyme sowie die der Endplatten-Cholinesterase in den schnell kontrahierenden (fast twitch) Muskelfasern erhöht wird. Erst seit kurzem gilt zudem als gesichert, daß durch sportliche Leistungen das Immunsystem nicht nur direkt, sondern auch indirekt über das ZNS sowohl positiv, wie auch negativ beeinflußbar ist. Dies scheint vorwiegend darauf zu beruhen, daß sich das Immunsystem aus den einfachen, an den ZNS-Zellen haftenden (Zelladhäsions-)Molekülen heraus entwickelte. Daraus wird verständlich, daß nicht nur nerval-chemische Verbindungen (Neuropeptide, z.B. das schon eingangs erwähnte Opiod Endorphin, verantwortlich für „runners high“) bzw. Transmitter (Nervenüberträgerstoffe) Rezeptoren an Zellen des Immunsystems besitzen, sondern auch sogenannte Immunotransmitter bzw. Interleukine (die Immunabwehr aktivierende Signalstoffe) sich an Rezeptoren des ZNS finden. Da auch Immunopeptide, wie das bekannte Interferon, sich beim Menschen hormonell bzw. endokrinologisch auswirkt, macht verständlich, daß sportliches Training sich auch „psychoneuroendokrinoimmunolgisch“ manifestiert; und dies nicht allein in gesundheitsförderndem Sinn (Stichworte: Anhaltender Distreß, Immunschwäche bzw. Krankheit).

In einer Reihe von Tests war erkennbar, daß Höchstleistungen im Ausdauersport nur einen verhältnismäßig kurzfristigen, wohl auf plötzlicher Freisetzung von Endorphinen beruhenden, geradezu hypnose- oder tranceartigen Zustand provozieren. Dagegen bewirken mittlere Ausdauerbelastungen – wie wiederholt empfohlen: zwei- bis dreimal wöchentliches Laufen bzw. Joggen für 20 bis 50 Minuten in zwar durchaus anstrengendem, aber nicht erschöpfendem Tempo, vgl. auch Kapitel 5 – ein häufig über zwei- bis vier Stunden währendes ausgeprägtes Glücks- bzw. Wohlgefühl, letztlich vermutlich als Ergebnis eines ausgewogenen Verhältnisses von Rezeptoren und Endorphinen.

Volle Übereinstimmung besteht darin, daß dem Krafttraining ein bemerkenswerter Effekt auf elektrisch vermittelte EMG (elektromyographische) Reflexe zuzuschreiben ist, was Sportler betrifft, die willkürliche Muskelkontraktionen trainieren.

Man nennt diese Reflexantworten V1 oder M1 (kurzer Latenzreflex von etwa 27–37 ms Dauer; V2: mittellanger Latenreflex von etwa 47–65 ms Dauer; V3: langer Latenzreflex von 74–90 ms Dauer). Bemerkenswerterweise weisen sowohl die V2 (oder M2), als auch die V3 (oder M3)-Reflexantworten auf genügend lange Latenzzeitperioden auf, um über supraspinale, also oberhalb des Rückenmarks gelegene Strukturen vermittelt werden zu können. Sie sind somit imstande, auf die motorische Großhirnrinde (für die V2-Antwort: sogenannter transkortikaler Reflex) und auf das Kleinhirn und dessen motorische Rindenabschnitte (für die V3-Antwort) einzuwirken. Krafttraining hat somit einen verstärkten V1- und V2-Reflex sowie vermutlich auch eine Verstärkung der V3-Antwort zur Folge. Allerdings zeigte sich auch, daß der letztgenannte Reflex sowohl bei krafttrainierten, wie auch bei untrainierten Personen überaus variabel ist. Ohne Frage verbessert ein Krafttraining die Fähigkeit, willkürlich die Erregbarkeit der Motoneurone zu erhöhen, was einen maßgeblichen Einfluß auf Kontraktion und Entspannung des Skelettmuskels bzw. auf die spontane Anpassung der Längen-Spannungsänderung bedeutet.

Ausdauertrainierte Sportler ließen zudem nach einem Test, mit dem die maximale aerobe Kapazität geprüft wurde, niedrigere Amplituden des tonischen Vibrations-Reflexes (TVR) sowie geringere Amplitudenveränderungen erkennen (Hutton und Mitarbeiter 1987). Ähnliche Befunde fehlten bei Untrainierten, die den üblichen Beanspruchungen des Tagesablaufs ausgesetzt waren. Dieses Ergebnis deutet auf eine „bedingte Wechselwirkung zwischend er supraspinalen Ladung und den spinal-segmentalen Bereichen" (Hutton 1989).

Tierexperimentell wurde im Ergebnis äußerer Einwirkungen Veränderungen in der Masse des Gehirns oder seiner Bestandteile sowie im Bereich der Dentritenaufzweigungen und Synapsendichte beschrieben. Mäuse, die die einer Lauf-, Kletter- und Schwimmbelastung unterzogen wurden, ließen im Verlauf ihrer späten postnatalen Entwicklung im Vergleich mit den Kontrolltieren eine signifikant größere Hirnmasse registrieren. Histologische Untersuchungen des Kleinhirns ergaben eindeutig größere Dendritenfelder, größere Längen der Aufzweigungen, eine stärkere synaptische Dichte der Dendriten und eine höhere Gesamtzahl dieser pro Einheitenlänge pro Zelle.

Die Untersuchung neurochemischer Veränderungen scheint ein vielversprechender neuer Weg für die Ermittlung von Adaptationen des ZNS an Trainingsbeanspruchungen zu sein. Bereits berichtet wurde, daß es im Ergebnis eines 12wochenlangen Ausdauertraininggs zu eindeutigen Zunahmen der D2-Dopamin-Rezeptorbindung im Corpus striatum (Streifenhügel, Anteil des extrapyramidalen Systems) bei Ratten kommt (Gilliam und

Mitarbeiter 1984). Außerdem vermag keine andere Sportart, wie ein Ausdauertraining die Auswirkungen des Alterns auf den Verfall in den nigrostriären Dopamin-Neuronen und striären D2-Dopamin-Rezeptoren zu verzögern. Ohne Frage wird man Hutton (1989) zustimmen können, daß weitere Untersuchungen der ZNS-Adaptationen an ein Training sowohl unsere Kenntnisse über die neurale Entwicklung, wie auch für das Altern zu bereichern vermögen. Zu wünschen ist auch, daß diese Untersuchungen in zunehmendem Maß eine zentrale Stellung bei trainingsphysiologischen Untersuchungen einnehmen und im Ergebnis dazu beitragen, unser Wissen und unsere Möglichkeiten noch stärker abzusichern, die sich aus einem aktiven Lebensstil für eine stabile Gesundheit und einen hohen sportlichen Fitneßgrad ergeben.

Kapitel 2

Gehirn und Motivation, sportliche Aktivität und Erfolgserlebnis

Das aktivierende retikuläre System

Hier interessiert uns besonders, daß von den verschiedenen sensorischen Bahnen, also den der Weiterleitung und Verarbeitung von Umweltinformationen dienenden Strukturen, Impulse von Sinnesorganen für den Gesichts-, Gehörs-, Geruchs-, Geschmacks- und Tastsinn zu den jeweiligen Projektionsflächen der Hirnrinde (Kortex) geleitet werden. Diese Impulse vermitteln Wahrnehmung und Lokalisation der verschiedenen Sinnesreize. Über Kollaterale werden die Reize auch zur aktivierenden (oder aufsteigenden) netzartige Substanz des Hirnstammes geführt. Die Aktivität in diesem System verbürgt Bewußtheit (Wachszustand) und ermöglicht damit Wahrnehmungen.

Die Retikularformation besteht aus einer sehr großen Zahl kleiner, ein komplexes Netzwerk bildender Neurone mit Zentren für die Regelung von Atmung, Blutdruck, Herzfrequenz und weiterer vegetativen Funktionen. Sie besitzt auf- und absteigende Anteile, denen bedeutende Funktionen bei der Anpassung endokriner Leistungen sowie beim Aufbau bedingter Reflexe (vgl. Kapitel 1) und auch Einfluß bei der Aufnahme sensorischer Informationen, z.B. Lernen, zuzuschreiben sind.

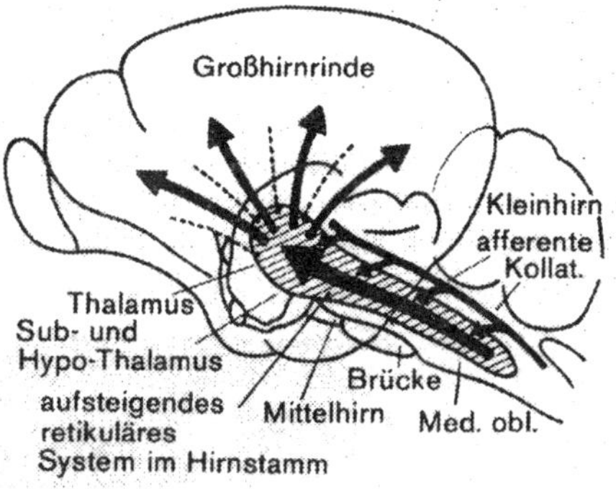

Abbildung 40: Schematische Darstellung des aufsteigenden retikulären Systems nach einem Katzenhirn-Sagittalschnitt.

Mit ihrer komplexen polysynaptischen Anordnung von Neuronen – die Kollateralen kommen nicht nur von den langen aufsteigenden Sinnesbahnen, sondern auch vom Trigeminusnerv (5. Hirnnerv) sowie den Sinnesorganen für Hören, Sehen und Geruchswahrnehmung – löscht das ARS die Spezifität sensorischer Modalitäten aus: Die meisten retikulären Neurone werden unterschiedslos durch verschiedene Sinnesreize stimuliert. Dies führt dazu, daß das ARS unspezifisch fungiert, seine sensorischen Leistungen dagegen spezifisch, indem deren Fasern lediglich durch einen Typ von Reizen aktivierbar sind. Die ARS-Aktivität pflanzt sich aufwärts fort und gelangt zu ausgedehnter Projektion in der Großhirnrinde; teilweise endet das ARS in den Kernen des Thalamus genannten Zwischenhirns, von wo aus eine unspezifische Projektion zum gesamten Neocortex, also dem stammesgeschichtlich jungen Teil der Großhirnrinde, erfolgt, vgl. Abbildung 40.

Die mit allen Teilen des Neocortex, also dem am stärksten differenzierten Teil der Großhirnrinde in Verbindung stehenden und als Thalamuskerne bezeichnete Mittelhirnkernmasse, erhält Impulse vom aufsteigendem retikulären System (ARS), die ihrerseits die „sekundäre Reizantwort" durch zahlreiche emotionale Faktoren und ganz besonders durch Motivation beeinflußt. Wird im Tierexperiment mit einem Reiz, an den man das Tier gewöhnt hatte, stimuliert, dann erfolgt nur eine sehr kleine diffuse sekundäre Antwort. Folgt aber bei der Gewöhnung regelmäßig auf den Reiz eine Serie elektrischer Schläge, dann erlebt man eine starke diffuse sekundäre Antwort, die überall in der Rinde, aber auch in verschiedenen subkortikalen Regionen nachweisbar ist. Gewisse Schlußfolgerungen für die sportliche Motivierung und Leistungsadaptation finden wir im Teil II, Kapitel 4.

Einen bemerkenswerten Einfluß auf das aktivierende retikuläre System in Form eines Weck- bzw. Arousaleffektes (vgl. Kapitel 1) haben Pharmaka, von denen Wirkungen das sympathische Nervensystems nachgeahmt werden. Gleich dem Adrenalin (Hormon des Nebennierenmarks) sowie Noradrenalin erzeugt das Amphetamin, durch Schwellenerniedrigung der Neurone des Hirnstammes, eine typische Arousalwirkung. Unter psychophysiologischer Belastung („Streß") ausgeschüttetes Adrenalin bzw. Noradrenalin hat die gleiche Wirkung. Adrenerge Massenentladung in Notfallsituationen erhöht daher den Bereitschafts- und Wachheitszustand, wie er auch für zielstrebiges Handeln benötigt wird. Der mit exzessiver Adrenalientladung verbundene Angstzustand kann als Ausdruck einer übersteigerten Alarmierung des Gehirns gedeutet werden.

Jede allgemeine Blutdrucksteigerung vermag die Erregbarkeit des ARS zu erhöhen; früher hat man diese Reaktion allein als Alarmeffekt direkter blutdrucksteigender Substanzen auf Neurone des Mittelhirns bezogen. Vermutlich befinden sich aber drucksensible Neurone im Mittelhirn.

Kontrolle von Körperhaltung und Körperbewegung

Wir wissen heute einigermaßen gut darüber Bescheid, daß die körperliche motorische Aktivität grundsätzlich abhängig ist vom Entladungsmuster und der Entladungsrate der spinalen motorischen Neurone sowie der analogen Neurone in den motorischen Kernen der Hirnnerven. Diese Neurone in der Form einer gemeinsamen motorischen Endstrecke erhalten Impulse aus einer Vielzahl von Leitungsbahnen.

Die mit dem motorischen Neuron übereinstimmenden Einflüsse sind auf die Erfüllung von drei Funktionen eingestimmt: 1. Auslösen erlernter Willküraktivität; 2. Anpassen der Körperstellung entsprechend den Erfordernissen für die Motorik; 3. Koordination der Muskeltätigkeiten mit dem Ziel präziser Bewegungen.

Dabei wird die erstgenannte Funktion im allgemeinen durch das Pyramidenbahnsystem und die entsprechenden Teile des Gehirns vollzogen, die sich mit der Entstehung von Bewegungen und Bildung von Bewegungsmustern befassen. Die zweite Funktion umfaßt die verschiedenen Bahnen des extrapyramidalen Systems. Die dritte Funktion realisiert das Kleinhirn mit seinen afferenten und efferenten Verbindungen. Diese hier in Anlehnung an Ganong (1974) bewußt vereinfachte Darstellung einer Dreiteilung funktionell-struktureller Korrelationen wird nunmehr durch einige relevante Aspekte der Analyse motorischer Funktionen zu komplettieren sein. Ausgangspunkt ist hier die Feststellung, daß die integrierte Aktivität der zahlreichen Einflüsse von Rückenmark, verlängertem Mark (Medulla oblongata), Mittelhirn und kortikalem Niveau (Großhirnrinde) die Körperhaltung bzw. -stellung regulieren und koordinierte Bewegungen ermöglichen.

Das Pyramidenbahnsystem nimmt seinen Ausgang von der vorderen Zentralwindung (Gyrus praecentralis) und den zugehörigen Hirnrinden

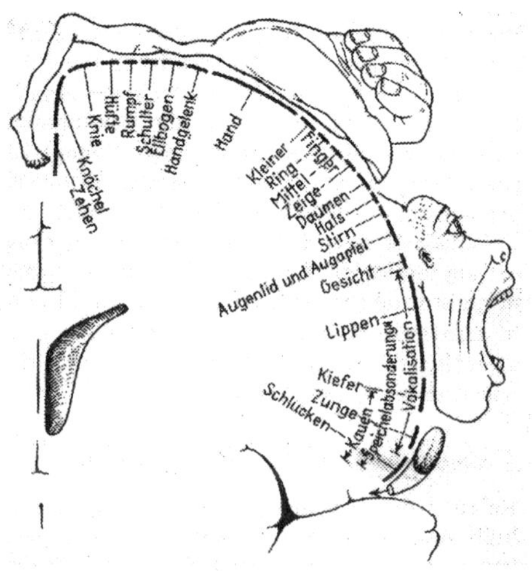

Abbildung 41: Motorischer Homunculus. Schnitt durch den Gyrus praecentralis. Die Kenntnisse über die kortikalen Ursprungsgebiete des Pyramidenbahnsystems wurden durch Reizversuche an in Lakalanaestetika kraniotomierten Patienten gewonnen. Nach Penfield und Rasmussen. In D. Gemsaet al. (1991).

(Kortikalen) Gebieten. Der Pyramidenseitenstrang wird von etwa 80 % der Fasern gebildet, welche die Seite in der Decussatio bzw. Kreuzung der Pyramiden und damit den Tractus corticosphinalis lateralis repräsentieren (vgl. Abbildung 41). Der Rest zieht als Pyramidenvorderstrang (Tractus corticospinalis amterior) weiter und kreuzt kur vor seinem Ende die Seite.

Die Kenntnisse über die kortikalen Ursprungsgebiete des Pyramidenbahnsystems konnten durch Reizversuche bei im Lakalanaesthesie erfolgter operativer Schädeleröffnung, d.h. bei Kraniotomierten, erweitert werden. Es zeigte sich, daß die verschiedenen Körperregionen in der Vorderenzentralwindung bzw. im Gyrus praecentralis mit den Füßen oben und dem Gesicht am Unterende des Gyrus repräsentiert sind, wie in Abbildung 41 dargestellt wird. Grundsätzlich ist hier festzustellen, daß die Größe der kortikalen Repräsentation verschiedener Körperabschnitte dem Ausmaß an Geschicklichkeit entspricht, mit dem der betreffende Körper feine Willkürbewegung auszuführen vermag. Besonders reichlich sind die der Sprache und Handbewegungen dienenden Muskeln vertreten, entsprechend der besonderen Geschicklichkeit erfordernden Gebrauchs von Lippen, Rachen sowie der opponierten Daumen.

Zur Funktion der Pyramdienbahnen soll hier nur vermerkt werden, daß ihnen vorwiegend die Einleitung fein abgestimmter, erlernter Willkürbewegungen (z.B. Eistanzen) obliegt. Dennoch sind Bewegungen auch ohne Pyramidenbahnen möglich, worauf nicht zu den Säugern zählende Wirbeltiere verweisen. Für Primaten macht es große Schwierigkeiten, sich bestimmte Bewegungen ohne die Pyramidenfunktion vorzustellen. Immerhin besteht darüber Klarheit, daß die wichtigsten Defekte nach Läsion der Pyramidenbahnen beim Menschen Muskelschwäche, Unbeholfenheit und

Integrationsebenen verschiedener nervöser Funktionen

Funktion	Art der Tierpräparation						Integrationsebene
	normal	decortiziert	Mittelhirn	decerebriert	spinal	decerebelliert	
Initiative, Gedächtnis etc.	+	0	0	0	0	+	Großhirnrinde
bedingte Reflexe	+	+ **	0	0	0	+	Großhirnrinde
emotionelle Reaktionen	+	+ +	0	0	0	+	Hypothalamus, limbisches System
locomotorische Reflexe	+	+ +	+	0	0	Nicht koordiniert	Mittelhirn. Thalamus
Stellreflexe	+	+	+ +	0	0	Nicht koordiniert	Mittelhirn
Anti-Schwerkraft-Reflexe	+	+	+	+ +	0	Nicht koordiniert	Med. obl.
Atmung	+	+	+	+	0	+	untere Med. obl.
Spinalreflexe(mit Ausnahme der Dehnungsreflexe)	+	+	+	+	+ +	+	Rückenmark

0 = fehlend
\+ = vorhanden
\+ + = verstärkt

**bedingte Reflexe können bei decortizierten Tierpräparationen nur mit Spezialmethoden aufgebaut werden

Tabelle 23: Nach J. Cobb. In D. Gemsa et al. (1991).

Schwierigkeiten bei der Einleitung von Willkürbewegungen sind.

Extrapyramidale Mechanismen sind vom Rückenmark bis zur Hirnrinde integriert. Während auf spinaler Ebene afferente Impulse einfache Reflexantworten hervorrufen, vermitteln auf fortschreitend höherem Niveau nervöse Verbindungen zunehmend kompliziertere motorische Effekte entsprechend dem Prinzip der stufenweisen motorischen Integration, vgl. Tabelle 23. Der Verlust der Fähigkeit zur Feinabstimmung der Einzelreaktion bewirkt zumeist gesteigerte Aktivität, so daß sich diese nicht mehr in ein umfassanderes motorisches Aktivitätsmuster einfügt, wie bei bestimmten

Sportunfällen zu beobachten ist.

Haltungsanpassung und Willkürmotorik sind kaum scharf voneinander zu trennen. Dagegen ist es möglich, eine Reihe von Haltungsreflexen zu unterscheiden, die den Körper in aufrechter, balancierter Stellung bei zugleich fortwährenden Anpassungen erhalten. Die zur Beibehaltung eines stabilen Haltungshintergrundes als Basis für die Willkürbewegungen nötigen Anpassungen umfassen längerdauernde statische Reflexe sowie dynamische kurzzeitige phasische Reflexe. Während die statischen Reflexe mit Dauerkontraktion der Muskulatur verbunden sind, lösen die phasischen Reflexe vorübergehende Bewegungen aus, vgl. Tabelle 24. Beide Reflextypen sind auf verschiedenen Ebenen des Zentralnervensystems (Rückenmark bis Großhirnrinde) integriert und werden durch extrapyramidale Leitungssysteme beeinflußt. Für die Haltungskontrolle ist die Variabilität der Schwelle für spinale Dehnungsreflexe von ausschlaggebender Bedeutung. Diese wird ihrerseits durch Erregbarkeitsänderungen der motorischen Neurone sowie auch mittelbar durch die Entladungsrate der gammamotorischen Neurone maßgeblich beeinflußt.

Neokortex und höhere Funktionen des Nervensystems

Lernen und Gedächtnis sind Funktionenen, die sowohl kortikalen als auch subkortikalen Regionen des Gehirns zuzuordnen sind. Weitere höhere Funktionen des Nervensystems sind nahezu ausschließlich dem jüngsten, am stärksten differenzierten Teil der Großhirnrinde, dem „Neokortex" zugeordnet. Zu ihnen gehören insbesondere die mit der Sprache verbundenen Vorgänge. Sprache und sonstige intellektuelle Leistungen sind spezisch menschliche Eigenschaften. Somit ist es nicht verwunderlich, daß der neokortikale Mantel des Gehirns beim Menschen den höchsten Entwicklungsstand erreichte. Auch solche Tätigkeiten, wie mentales Training, Autogenes Training u. dgl. stehen damit in engster Verbindung.

Der funktionelle Aufbau des Neokortex zeigt die sehr starke Entwicklung der drei Hauptverknüpfungsbereiche (Assoziationsareale), als wichtigste Kriterien des beim Menschen höchsten Quotienten aus Gehirngewicht und Körpergewicht gegenüber allen anderen Arten: Es sind dies 1. das frontale, (vor dem motorischen Kortex), 2. das temporale (zwischen dem oberen Gyrus temporalis und dem limbischen Kortex) Assoziationsareal.

Diese Assozitationsareale sind Teile des sechsschichtigen neokortikalen Mantels der grauen Substanz, der sich über die seitlichen Oberflächen der Hirnhemisphären ausbreitet. Dabei bilden die neuronalen Verbindungen

Haltungs- und Stellreflexe

Reflex	Reiz und Receptor	Reflexantwort	Reflexzentrum
Dehnungsreflexe	Dehnung, Muskel - spindeln	Muskel - kontraktion	Rückenmark, Med. obl.
positive Unter - stützungs - (Magnet) - Reaktion	Kontakt mit Sohle o. Hand Propriocept. in dist. Beugern	Streckung des Fußes, um Körper zu unterstützen	Rückenmark
negative Unterstützungs - reaktion	Dehnung, Proprioceptoren in Streckern	Aufhebung der positiven Unterstüt zungs-R.	Rückenmark
tonische Labyrinthreflexe	Schwerkraft, Otolithen	Rigidität der Strecker	Med. obl.
tonische Halsreflexe	Drehung des Kopfes (Hals - propriocep toren): (1) seit wärts (2) aufwärts (3) abwärts	Änderung der Rigidität: (1) Streckung der Extr. zur Seite, wohin Kopf gedreht (2) Beugung d. Hinterbeine (3) Beugung d. Vorderbeine	Med. obl.
Labyrinth - stellreflexe	Schwerkraft, Otolithen	horizontale Kopfhaltung	Mittelhirn
Halsstellreflexe	Dehnung d. Hals - muskeln, Muskel - spindeln	Aufrichtung v. Thorax, Schultern, dann Becken	Mittelhirn
Körper-Kopf - Stellreflexe	Druck auf Körper-seite, Exterocepto - ren	Aufrichten d. Kopfes	Mittelhirn
Körper-Körper - Stellreflexe	Druck auf Körper-seite, Exterocep - toren	Aufrichten d. Körpers auch bei seitw. gehaltenem Kopf	Mittelhirn
optische Stellreflexe	optische Anhalts - punkte	Aufrichten des Kopfes	Großhirnrinde
Placierungs - Reaktionen	visuelle, extero- u. proprioceptive Anhaltspunkte	Fuß wird auf unter-stützende Fläche gestellt	Großhirnrinde
Hüpf-Reaktionen	seit. Verschiebung beim Stehen Dehnungsrecept. der Muskeln	Hüpfen, um Beine in Stellung für Körperunterstüt - zung zu bringen	Großhirnrinde

Tabelle 24

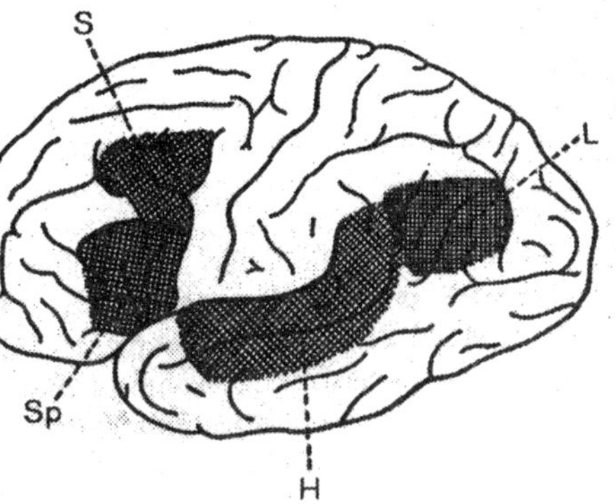

Abbildung 42: Theorie zur Lokalisation der Sprachfunktion. In der dominierenden Hemisphäre führen Läsionen in S zu Schwierigkeiten, Gedanken schriftlich, in Sp zu Schwierigkeiten, sich mündlich auszudrücken; in H zu Schwierigkeiten, gesprochene Worte zu verstehen; in L zu Schwierigkeiten, geschriebene Worte zu verstehen.
Nach T. C. Ruch u. Mitarb. In D. Gemsa et al. (1991).

innerhalb des Neokortex ein kompliziertes Netzwerk, in welchem die absteigenden Axone der größeren Zellen innerhalb der Pyramidenzellschicht Kolleterale abgeben, die über Assoziationsneurone zu den Dendriten jener Zellen rückgekoppelt sind, von denen sie entspringen. Damit ist ein komplizierter Nachhalleffekt (Reverberation) möglich. Rückläufige Kollateralen bilden auch zu Nachbarzellen Verbindungen; manche enden an Hemmungsneuronen, die ihrerseits an den Ursprungszellen enden, so daß auch negative Rückkopplungs-Schaltungen existieren.

Hier interessiert besonders auch eine Gruppe von im Neokortex lokalisierten Funktionen, die das beim Menschen komplexe Gebiet der Sprache umfaßt, vgl. Abbildung 42. Bemerkenswert ist neben manchem anderen, daß die menschliche Sprachfunktion in stärkerem Maß von einer Hirnhälfte abhängt. Die vor allem mit der Bildung von Wortkategorien befaßte Hemisphäre wird häufig als dominante Hemisphäre bezeichnet. Die jeweils andere Seite ist jedoch nicht geringer entwickelt, sondern mehr auf die Raum-Zeit-Beziehung spezialisiert. Sie ist z.B. mit dem Erkennen von Gesichtszügen, mit der Identifikation bestimmter Formen oder auch dem Erkennen musikalischer Themen befaßt. Derzeit weicht die Vorstellung von einer zerebralen Dominanz und Existenz einer dominanten und nichtdominanten Hirnhemisphäre immer mehr zugunsten des Konzeptes, das die erwähten komplementäre Spezialisation besser bedenkt.

Wie bereits in Kapitel 1 ausgeführt wurde, können Tiere nach entsprechender Konditionierung zwei Reize „diskriminieren", was von Pawlow als „experimentelle Neurose" bezeichnet wurde. Bei manchen Tieren beeinflußt diese (nicht ganz der Neuroseklassifizierung im psychiatrischen Sinn entsprechende) Reaktion nicht nur das Verhalten bei Konditionierungstests, sondern auch das allgemeine Verhalten. Analog verhält es sich bei manchen

Menschen. Daher wurde hier die präfrontale Lobotomie (Leukotomie), also die operative Durchtrennung der Stirnhirn-Thalamusverbindung, eingeführt, derzeit aber kaum noch praktiziert. Damit konnten Spannungszustände infolge realem oder eingebildetem Leistungsversagen sowie Spannungen beseitigt werden, durch die Wahn- und Zwangsvorstellungen und Angstzustände (Phobien) entstehen. Obwohl Wahnvorstellungen o. dgl. weiterbestehen, wirken sie postoperativ nicht mehr störend. Die operativen Ergebnisse resulstieren vermutlich stark aus der Abhängigkeit von der präoperativen Persönlichkeitsstruktur des Patienten. Die erwünschten Lobotomieeffekte werden gegenwärtig mehr auf psychotherapeutischem Wege sowie durch Pharmaka (sogenannte Tranquilizer) zu erreichen versucht.

Verhaltensänderung und nerval-hormonale Manifestation

Die eng mit dem Verhalten korrelierenden Emotionen lassen sowohl mentale als auch physische Komponenten unterscheiden, so daß man 1. an das Erkennen (Kognition), 2. das Fühlen selbst, den Affekt, 3. den Antrieb bzw. Drang zu handeln und 4. physische Veränderungen (Bluthochdruck, Herzrasen, Schweißausbruch u.a.) zu unterscheiden hat. Dabei befaßt sich die Physiologie vorwiegend mit den physischen Erscheinungen emotioneller Zustände und die Psychologie mit dem Erscheinungsbild der Emotionen per se; beide Fachrichtungen kommen nicht um das Zwischenhirn (Hypothalamus), das limbische System herum. Der limbische Kortex ist zudem der phylogenetisch älteste Teil der Hirnrinde. Es besteht aus Rindengewebe, dem Allocortex, und einem Ring von Rindengewebe, dem Juxtallocortex. Das Rindengewebe des nichtlimbischen Teils der Hemisphäre wird von dem in Kapitel 1 bereits erörterten und am höchsten entwickelten Neokortex gebildet.

Zu den Funktionen des limbischen Systems gehört neben dem hier nicht weiter zu verfolgenden Riechen, vor allem seine Mitwirkung beim Nahrungsverhalten, des weiteren in Verbindung mit dem Hypothalamus die Kontrolle biologischer Rhythmen, das Sexualverhalten, Wut und Furcht sowie auch die Motivation.

Bewegungen, wie Lecken und Kauen und andere mit der Nahrungsaufnahme verbundene Aktivitäten werden durch Reizung der Mandelkerne (N. amgydalae) ausgelöst, was gewöhnlich mit leichter Steigerung (Hyperphagie) verbunden ist. Eine Schläfenlappenläsion hat unterschiedlose Aufnahme aller Arten von Nahrung zur Folge (= Omniphagie). Während hier bei „amygdalider Schädigung“ Versuchstiere auch simuliertes oder verdorbenes Futter fressen, findet bei einer Läsion des Sattheitszentrums im ventromedialen Kern des Hypothalamus Einstellung der Nahrungsaufnahme statt. Zerstörung dieses Zentrums führt zur regelrechten Freßsucht (Hyperphagie), die bei reichlichem Futterangebot das Syndrom der hypothalamischen Fettsucht zur Folge hat.

Wenn der auf einem anderen Kontinent startende Leistungssporler Probleme mit der „biologischen Uhr" infolge Zeitverschiebung hat, wird er sich an sein limbisches System erinnern, das auch für Störungen im Schlaf-Wachrhythmus zuständig ist. Dabei zeigen fast alle Pflanzen und Tiere gleichfalls zyklische Schwankungen zahlreicher Funktionen. Unter den zahlreichen Zyklen sehr verschiedener Dauer ist der hervorstechendste der ungefähr 24 Stunden dauernde Tages- bzw. Zirkadianrhythmus. Neben Beschränkungen der physischen Leistungsfähgikeit zählen zu den bekanntesten Tagesschwankungen die Körpertemperatur, die Nerven-Nebennierenrindenfunktion, Natrium- und Kaliumausscheidung im Harn sowie das Harnvolumen (vgl. auch Teil II, Kapitel 1 und 2).

Eines der komplexesten Phänomene, bei welchem viele Teile des Nervensystems sowie des Endokriniums zusammenwirken, ist die Kopulation. Besonders enge funktionelle Verbindungen bestehen zum neuroendokrinen System. Dieses ist integriert in einer Reihe von Reflexen, die sich in Rückenmark und unterem Hirnstamm befinden. Daran beteiligte Verhaltenskomponenten, der Drang zur Vereinigung, die koordinierte Ereigniskette beim weiblichen und männlichen Geschlecht mit dem Ergebnis der Schwangerschaft, sind in hohem Maß durch das limbische System und den Hypothalamus regulatorisch abgesichert.

Wenngleich es sehr problematisch ist, Ergebnisse von Amygdala-Läsionen bei männlichen Tieren auf den Menschen zu übertragen, so wurde doch Hypersexualität bei Menschen mit bilateralen Läsionen im Bereich der Nuclei amygdalae beschrieben. Einiges weitere hier Bedenkenswerte ist in Teil I, Kapitel 6, ausgeführt.

Solche Erscheinungen, wie vom Menschen steuerbarer Furcht und Wut, aber auch Gelassenheit, stehen in enger Beziehung bzw. sind auslösbar durch Hypothalamusreizung. Dabei müssen die äußeren Manifestationen der Furcht- und Wutreaktion bei Tieren als autonome Reaktionen angesehen werden, vergleichbar Schweißausbruch, Pupillenerweiterung, Zusammenkauern sowie Drehen des Kopfes von Seite zu Seite im Suchen nach einem Ausweg. Wird ein Tier bedroht, versucht es gewöhnlich zu fliehen. Wird ihm der Weg abgeschnitten, kämpft es, so daß Furcht- und Wutreaktion vermutlich Schutzinstinktmechanismen sind.

Zum endokrinen System bestehen schon wiederholt erwähnte enge Wechselwirkungen seitens des Zentralnervensystems sowie nach neueren Erkenntnissen auch zum Immunsystem (vgl. Kapitel 1). Hier zu bedenken sind sehr unterschiedliche Regelkreise für die Bildung und Speicherung von Hormonen und die synchrone Beeinflussung des hormonalen Gleichgewichts (Homöostase); überdies sind zusätzliche Änderungen als Ergebnis von Anpassung und Ausscheidung zu bedenken. Wesentliches dazu wurde bereits auch in Teil II, Kapitel 2 ausgeführt. Auch im nächsten Abschnitt sowie in Kapitel 5 werden wir noch auch für unser Thema wichtige Aspekte zu sprechen kommen.

Ungeachtet dessen bedürfen die sehr engen Korrelationen zwischen Motivation und hormonellem System noch einiger verhaltensrelevanter Bemerkungen. Von den bereits wiederholt genannten Glukokortikoiden, den Wirkstoffen der Nebennierenrinde und deren wiederum engen Beziehungen zu sportlicher Belastung, wie z.B. auch zu regelmäßigem Saunabaden, haben wir bereits gehört (vgl. Teil II Kapitel 2 und 3). So erinnern wir uns, daß das Glukokortikoid bzw. Kortikosteroid Kortisol sowie auch Dihydrokortisol eine spezifische Wirkung auf den Kohlenhydrat-, Fett- und Proteinstoffwechsel ausüben. Noch nicht genannt wurden die hier ebenfalls wirksamen Mineralokortikoide mit ihren Hauptvertretern Desoxykortikosteron und Aldosteron. Durch Einwirkung auf den Mineralhaushalt in Form der Förderung der Natriumrückresorption in den distalen Nierentubuli im Austausch gegen Kalium, insbesondere durch das letztgenannte Hormon der Nebennierenrinde, wird die Isoionie und damit der sehr leistungsadaptive Prozeß einer Gleichartigkeit im Mischungsverhältnis von Körperzellen und -säften gewährleistet. Antagonistisch wirken die Androgene.

Der Angriffspunkt dieser Steroidhormone liegt im Zellkern. Die Steroidhormone bewirken primär die Bildung der Kern- bzw. Ribonukleinsäure (RNS) über eine Transkription der Desoxyribonkleinsäuren (DNS) als ersten Schritt in der Eiweißbildung (Proteinsynthese), vgl. Teil I, Kapitel 1. Die Androgene bewirken umgekehrt einen Einbau von Proteinen in die Zelle, wobei mehr DNA-Matritzen für die Biosynthese freigegeebn oder die Transkription geschädigt wird, so daß die Aktivität des Enzyms ansteigt. In den Erfolgsorganen ist daher im Ruhezustand die Hormonkonzentration höher als im Blut (Mitwirkung zytoplasmatischer Rezeptoren mit Hormonbindungs- und Akkumulationseffekt). So erleben wir nach starken körperlichen Belastungen einen Anstieg der Kortikosteronwerte im Blut auf das etwa zwei- bis dreifache des Ruhezustandes. Dabei sind die Veränderungen von der Intensität und Dauer, aber auch von der Leistungsfähigkeit bzw. Trainingszustand des Sportlers abhängig. Somit wirkt die Belastung nicht als absoluter Reiz, sonder ihre Stärke führt erst im Verhältnis zur Kondition zu verstärkter Ausschüttung von Kortikosteron bzw. ACTH (Adrenocortikotropes Hormon) in der Phase des maximalen Leistungsbereiches.

Die Glukokortikoide greifen auch hemmend in den Vorgang entzündlicher Reaktionen verschiedenster Ursache ein und sind gegenwärtig noch die bedeutendsten Helfer, z.B. auch für einen asthmakranken Sportler, richtige, d.h. Zustand und Alter angepaßte Dosierung vorausgesetzt. Ihre Gegenspieler sind die Mineralokortikoide, denen eine eher entzündungsfördernde (prophlogistische) Wirkung zukommt.

Eine Unterfunktion der Nebennierenrinde hat mannigfaltige Ausfallserscheinungen zur Folge, an deren Spitze Störungen des Wasser- und Mineralhaushalts rangieren. Durch Einschränkung des Stoffwechsels sinkt die Körpertemperatur und die Verschiebungen im Mineralhaushalt führen zu hochgradiger Muskelschwäche und Kraftlosigkeit (Adynamie). Gerade ein reaktionsstarkes und dynamisch regierendes Vegetatives Nervensystem (vgl. nächsten Abschnitt) ist eine Grundbedingung für gute sportliche Leistungsfähigkeit und beglückende Erfolgserlebnisse und dies nicht allein im Hochleistungssport. Gute sportliche Motivation, ggf. in Verbindung mit mentalem oder Autogenem Training, vermögen entscheidend zur nötigen Stabilisierung und adaptiven Erhöhung der zugrundeliegenden biologischen, stark vegetativ-somatisch und psychisch-emotional verflochtenen Prozesse beizutragen.

Gerade in sportlicher Hinsicht ist hier besonders zu betonen, daß die hormonellen Überträgerstoffe aus dem Nebennierenmark für den Sympathikus-„Leistungs"-Nerven, nämlich Adrenalin und Noradrenalin, etwa bei sportlichen Höhepunkten, die entsprechenden Hirnzellen geradezu befeuern. Demgegenüber verhalten sich die angst- und muskelentspannend wirkenden sogenannten Tranquilizer oder Anxiolytika vom Typ der Benzodiazepine, geradezu besänftigend. An der Spitze der generell die Stimmung regulierenden Stoffe – von ihnen soll es über eintausend geben, aber etwa nur hundert konnten bisher identifiziert werden – steht das Gewebehormon bzw. biogene Amin Serotonin, das vor allem in Gehirn, in Blutgefäßen, Bronchialgewebe sowie auch Blutzellen (Thrombozyten) über Rezeptoren verfügt.

Serotoninmangel geht einher mit negativer Beeinflussung des die Gefühle kontrollierenden limbischen Systems der Hirnrinde. So wurde z.B. bei Selbstmördern ein deutliches Serotonindefizit ermittelt. Depressive Menschen sollen vermehrt das in dem Hypothalamus genannten Teil des Zwischenhirns gebildete Corticotropin releasing hormone (CRF) produzieren, wogegen das CRF normalerweise nur bei lebensbedrohlichen Situationen, etwa jenen des „Kämpfens oder Fliehens" entsprechend dem Selyeschen „klassischen Streß-Katze-Mäuseversuch", verstärkt gebildet wird. Durch den Nervenüberträgerstoff Gamma-Aminobuttersäure (GABA) kommt es zur Einschränkung von zwischen den Nervenverbindungen bestehenden elektrischen Impulseen und damit zu beruhigenden Effekten von Stressoren ausgehender Erregungen.

Die hier nochmals zu erwähnende Angst befällt in bestimmten Situationen jeden Menschen. So wirkt sie besonders belästigend etwa als Asthmaauslöser (Anfalltrigger: „Angst-Enge-Asthma"), ist aber bei ärztlicher Ursachenanalyse und aktivierender Vermittlung an den Patienten (z.B. konsequente Kontaktmeidung bei Katzenhaar-, Hausstauballergie usw.) quasi rational vermeidbar, medikamentöse, nur symptomorientierte Behandlung überflüssig oder auf eiin Minimum reduzierbar (z.B. nur morgens Inhalation eines Sympathikus-Stimulators). Den bekannten österreichischen Psychologen und Psychoanalytiker V. E. Frankl, der durch seinen helfenden Einsatz Ausschwitz überlebte, ist voll zuzustimmen: Man könne grundsätzlich nur bei Orientierung auf eine sinnvolle Zukunft überleben, doch ein „Wesen, das zum Freisein und Verantwortlichsein begnadigt ist, zum Ängstlichwerden und Schuldigwerden verurteilt ist" (1975).

Zur Rolle des vegetativen Nervensystems

Wie schon im vorigenAbschnitt betont wurde, verdient das sympathische und parasympathsiche System besondere Beachtung, wobei das motivationsstabilisierende vegetative oder auch „autonome" Nervensystem, gleich dem somatischen, auf der Grundlage von Reflexbögen organisisert ist. Bei Impulsen, die in viszeralen Rezeptoren gebildet werden, findet über afferente Neurone eine Weiterleitung zum Zentralnervensystem statt. Hier erfolgt Integration und über efferente Neurone Beförderung zu den viszeralen Erfolgsorganen. Neben den efferenten Leitungen verdienen auch die afferenten Komponenten des vegetativen Nervensystems unsere – bislang oft noch vernachlässigte! – volle Beachtung, was sich u.a. für eine effektive Behandlung des Psychischen vom Somatischen aus gerade auch mit Hilfe gezielter sportlicher Belastung, stark anbietet, derzeit aber noch viel zu wenig praktiziert wird (vgl. auch Teil II, Kapitel 5).

Wir können auch hier nur eine für besonders sport- und gesundheitsrelevant erachtete Kenntnisauswahl vermitteln, verweisen daher hinsichtlich der anatomischen Grundlagen auf Tittel (1985).

Der Organismus verfügt somit außer den Zerebrospinalnerven, von denen die überwiegende Zahl der motorischen und sensiblen Erregungen vermittelt

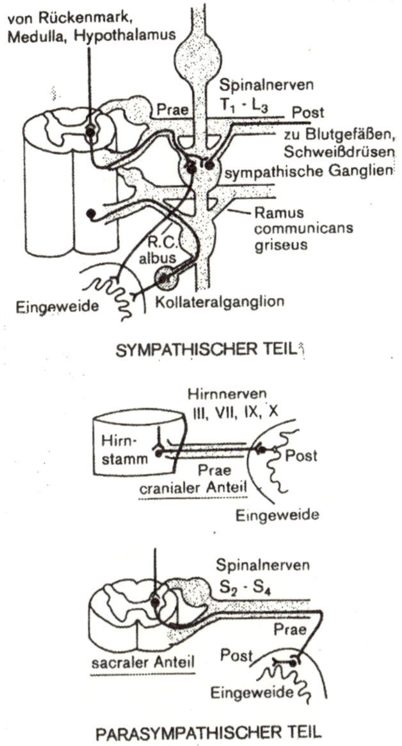

Abbildung 42. Vegetatives Nervensystem.
Prae: präganglionäres Neuron;
Post: postganglionäres Neuron.
R.C.: Ramus communicans.
nach W. F. Ganong. In D. Gemsa et al. (1991).

werden, über einen speziellen Anteil des Nervensystems, der vor allem die vegetativen Funktionen reguliert. Dementsprechend besteht der periphere motorische Anteil des vegetativen Nervensystems aus präganglionären und postganglionären Neuronen, vgl. Abbildung 43. Dabei sind die Zellkörper der präganglionären Neurone im Seitenhorn des Rükkenmarks und den entsprechenden Kernen der Zerebrospinalbzw. Hirnnerven lokalisiert. Die Axone sind gewöhnlich myelinisierte und relativ langsam leitende B-Fasern (vgl. Kapitel 1). Diese bilden an den Zellkörpern der postganglionären Neurone Synapsen, die immer außerhalb des ZNS gelegen sind. Bemerkenswert ist hiere auch, daß jedes präganglionäre Axon von 8 bis 9 postganglionären Neuronen wegstrebt (divergiert), woraus der diffuse Charakter der vegetativ-nervalen Effekte entsteht. Die Axone der postganglionären Neurone enden an den viszeralen Erfolgsorganen (vgl. Abbildung 43).

Das in Abbildung 44 dargestellte Organisationsschema zeigt u.a. die Gliederung der Funktion und pharmakologische Beeinflußbarkeit in die zwei Anteile Sympathikus und Parasympathikus (sympathikoparasympathikotones System).

Die Fasern des Sympathikus ziehen aus den Rückenmarksegmenten des Brust- und Lendenmarks zu den peripheren Organen (z.B. Herz- und Atemwege bzw. Verdauungsorgane). Die Bahnen des Parasympathikus (Vagus) können zu einem kraniobulbären (z.B. Auge, Speicheldrüsen, Herz usw.) und einem sakralen Abschnitt (z.B. Blase, Geschlechtsorgane) zusammengefaßt werden.

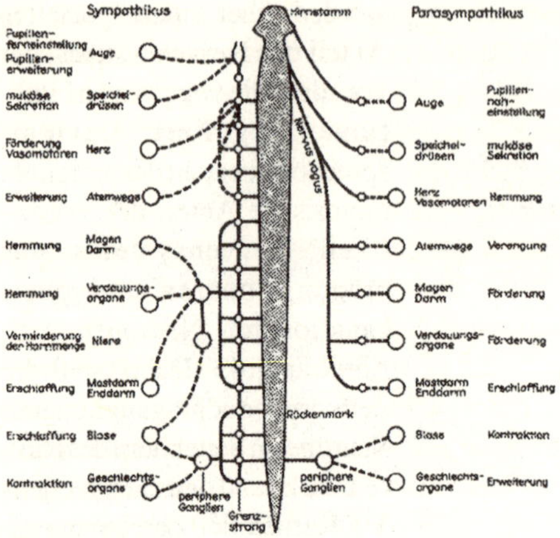

Abbildung 44: Das Vegetative Nervensystem (Organisationsschema).
Segmentale Gliederung des Sympathikus (li.) im Bereich des thorakalen und lumbalen Spinalsystems. Die parasympathischen Efferenzen sind vorwiegend im Nervus Vagus und im sakralen Parasympathikus konzentriert. Hier eingetragen sind die wichtigsten innervierten Organe und die Art der funktionellen Beeinflussung.

Die Seitenhornzellen des Rückenmarks bilden wichtige Durchgangsstationen für die vom Vasomotorenzentrum des verlängerten Marks auf effenrente Weise entsandten Impulse. Sie gewährleisten den Dauertonus der Gefäßwandmuskulatur und hier erfolgt auch eine Reflexumschaltung sowie die reflektorische Beeinflussung durch Schmerz- und Temperaturreize der Haut, des weiteren von Reizen von den Eingeweiden. Damit wird die gegenseitige reflektorische Beeinflußbarkeit zwischen Haut und Gastroenteron verständlich. Bei Reizzuständen im gastrointestinalen System können durch viszerokutane Reflexe Hautzonen mit gesteigerter Empfindlichkeit gegen Berührungsreize hervorgehen (Headsche Zonen) oder auch eine gestörte Durchblutung eintreten. Auf umgekehrtem Weg kommt es zur Beeinflussung der Durchblutung innerer Organe, z.B. durch unsere physiotherapeutischen Maßnahmen (vgl. unter 3.5).

Mit den Fasern des Sympathikus und Parasympathikus werden praktisch alle Organe erreicht, unterliegen dabei weitgehend einer doppelten, überwiegend gegensinnig wirkenden, also antagonistischen Innervation. Besonders gut erkennbar ist dies bei der vegetativen Steuerung der Herztätigkeit mit fördernden Effekten z.B. der Pulsfrequenz durch den Sympathikus und Gegenteiligem durch den Parasympathikus. Die Darmtätigkeit hemmt der Sympathikus und fördert der Parasympathikus. Letzterer verengt die Bronchialmuskulatur von den großen Bronchien bis hin zu den (kleinen) Bronchiolen, wogegen die Fasern des Sympathikus erweiternd wirken, was bei krankhafter parasympathischer Dominanz durch eine den Sympathikus stimulierende Medikation mittels sogenannter Sympathikomimetika (z.B. bei Asthma durch Noradrenalinpräparate bzw. Isoprenalin u. dgl.) zu beheben versucht wird.

Systematisches Training, besonders von Ausdauersportarten, vermag daher auch bei entsprechender (genetischer) parasympathischer Disposition (z.B. von Allergikern bzw. Asthmatikern) über eine „vegetative Umschaltung" in Richtung auf ein Sympathikusüberwiegen (zu Beginn gewöhnlich mit Hilfe von vorübergehenden Zusatzmedikationen) geradezu (sport-)therapeutische Effizienz zu entfalten.

Bereits besprochen (Teil I, Kapitel 4) wurde auch, daß durch Erregung des Sympathikus es zur Entleerung der Blutspeicher und Mobilisierung von Depotglukose (Gegenspieler: Bauchspeicheldrüsenhormon Insulin) kommt. Auch bei der Darmentleerung (Defäkation) beobachten wir auf zuweilen eindrucksvolle Weise (z.B. in Form völliger Unmöglichkeit oder auch starkem Drang mit Durchfallneigung vor wichtigem Wettkampfereignis, bzw. im Vorstartzustand) die gegensinnige Innervation. Vom Gehirn aus kann das reflektorische Geschehen willkürlich verstärkt oder gehemmet werden.

Insgesamt führen Organ- und Funktionsverhänderungen bei Erregung des Sympathikus zu einer Leistungserhöhung (Ergotropie), während vom Parasympathikus die Erholungsprozesse gefördert (Trophotropie) werden und dadurch die Leistungsfähigkeit und -bereitschaft erhöht wird. Wie beim altchinesischen Yin und Yang bedingt das eine das andere. Durch starke psychische Vorgänge (Emotionen) wie Schreck, Angst, Aufregung und Ärger findet Aktivierung beider Systeme statt, wobei in der Regel die überwiegende Aktivierung das sympathische System betrifft. Je höher das Niveau der sympathikoparasympathikotonen Regulation als Ergebnis körperlicher Aktivität bis ins hohe Alter, desto geringer sind die Gefahren vor allem für Ältere, z.B. in Form eines akuten Herz- und Kreislaufversagens (Infarkt o. dgl.).

Die Rindenfelder des vegetativen Systems

An verschiedener Stelle wurde bereits erwähnt, daß die vegetativen Funktionen und auch so sportphysiologisch relevante Prozesse, wie Atmung und Kreislauf, z.B. bei der Vorbereitung auf hohe Leistungen während der kortikal eingeleiteten Willkürmotorik in Gefäßweite, Herztätigkeit, Schweißsekretion, Verdauungssekretion, Tonus und Peristaltik des Verdauungs- und Urogenitalsystems, verändert werden. Dafür sind zwei Hauptgebiete verantwortlich: 1. die motorischen Felder der Großhirnrinde und 2. das limbische System. Durch ersteres werden gerichtete und verhältnismäßig gut lokalisierbare Effekte bewirkt; letzteres ist für mehr generalisierte

Reaktionen mit synchronen Veränderungen im Gesamtverhalten verantwortlich (vgl. Teil III, Kapitel 1).

Bekannt sind hier z.B. Gefäßerweiterungen in beiden Beinen, besonders kontralateral, bei Reizung des Beinfeldes der motorischen Bezirke. Zugleich ist eine Gefäßverengung im gesamten Splanchnikusgebiet, also Magen-Darmbereich feststellbar. Diese Wirkungen erfolgen auch dann, wenn die synaptische Übertragung auf die Muskulatur durch das muskellähmende Gift Kurare aufgehoben ist. Es erfolgt demanch ein Zusammenschluß mehrerer Funktionen zu einem Funktionskomplex, bei welchem neben der für die motorische Aktion wichtigen lokalen Durchblutungssteigerung zugleich eine kollaterale Vasokonstriktion im Dienst der Stabilisierung des Kreislaufs erfolgt.

Die Empfindlichkeit der vegetativen Zentren wird überdies in der Medulla oblongata (verlängertes Mark) und im Hypothalamus verstellt. So steigt der mittlere arterielle Druck bei größerer Muskelarbeit an, und auch das Atemzentrum erhält vermehrt Antriebe mit dem Effekt einer Zunahme des Atemzeitvolumens vor dem Wirksamwerden der über die Chemorezeptoren eintreffenden metabolischen Stimuli.

Bekanntlich gehören beim Menschen Anteile des Großhirns zur limbischen Rinde. Sie wurden früher dem Riechhirn zugeordnet, obwohl nur ein kleiner Teil am Riechvorgang teilnimmt. wir wissen auch bereits einiges von den motorischen Reaktionen bei Reizung des limbischen Systems, die mit entsprechender Änderung der Körperstellung hervorgerufen werden (z.B. Schlucken, Lecken u.a.). Gleichzeitig erfolgt eine Beeinflussung aller vegetativ versorgten Organe (Herz, Blutgefäße, Binnenmuskulatur des Auges u.a.) sowie über den Hypothalamus auch Hormonausschüttung der Hypophyse. Dabei bringt der letztgenannte Vorgang wichtige, langsam verlaufende, aber dafür lange währende Umstellungen des Kreislaufs und Stoffwechsels über eine sekundäre Beeinflussung der Schilddrüse, des Nebennierenmarks sowie der Nebennierenrinde in Gang. Wichtig ist hier besonders, daß diese Prozesse vegetativer Umstellung synchron mit dem affektiven Verhalten, also z.B. Leistungsmotivation, Arbeitsfreude usw. vonstattengehen.

Je nach Reizort finden typische Weckreaktionen statt mit ergotroper oder aber Dämpfungsreaktionen mit trophotroper (sympathikus- oder parasympathikusbetonter) vegetativer Einstellung. Tierexperimentelle Untersuchungen sprechen dafür, daß bestimmte Teile dieses limbischen Feldes entscheidenden Anteil an der Einstellung im Gesamtverhalten haben, also an Gelassenheit, Sicherheitsgefühl oder auch Wut, Angst u. dgl. Beteiligung besteht fraglos auch an der affektiven Verareitung von Sinneseindrücken (Hell-Dunkel, Farben u. dgl.).

Somit verdient dieses Gebiet für alle mit der Merkfähigkeit und dem Gedächtnis interferierenden Vorgänge unsere besondere Beachtung, zumal auch die sogenannte motorische Begabung und der Lerneffekt bestimmter Übungen maßgeblich mit der Funktion dieses Systems in Zusammenhang zu bringen ist.

Zur nötigen „Ordnung“ der Vegetativen Grundfunktionen

Schließlich zum Ende dieses Kapitels noch einige besonders praxisbezogene, für die Vegetativen Grundfunktionen als eine der Hauptvoraussetzungen zur Erlangung von Fitneß und Gesundheit – und dies vom Kindesalter bis ins hohe Lebensalter! – aktiv zu ordnende Maßnahmen.

Grundfunktionen sind solche Körperfunktionen, wie Atmung, Wärmehashalt, Schlaf, Stuhlgang, Haut- und Schleimhautfunktion, bei der Sportlerin zudem die Menstruation. Sie spielen sich beim biopsychosozialen Menschen an den Aufnahme- und Abgabeorganen seines Körpers ab, durch die er mit der Umwelt in direkter Verbindng steht, oder – wie bei Schlaf und Wärmehaushalt – die entwicklungsgeschichtlich gewachsene Grundbefindlichkeiten darstellen. Erkrankungen des Herz-Kreislaufsystems, des Bewegungsapparates, des Atem- und Verdauungssystems – sie belasten in noch immer zunehmendem Maß sowohl den Einzelnen, als auch die Allgemeinheit! – haben sehr oft ihre Hauptursache in Störungen der vegetativen Grundfunktionen. Aktive und freundvolle Gestaltung von Fitneß und Gesundheit bezieht zusammen mit regelmäßig betriebenen (Ausdauer-) Sport in geradezu unverzichtbarer Weise ein

a) die natürlichen Reize der Luft und der Sonne,
b) des Wassers,
c) einer gesunden Ernährung,

und dies in jedem Fall anstelle noch oft „ersatzmäßig“ zu beobachtender massiver künstlicher Anwendungen, voran massiver Medikamentenkonsum. Es sei nochmals an das „Einfachheit ist Siegel der Weisheit“ des Leonardo da Vinci (1452–1519) erinnert!

Wer also sich mit ständig kalten Füßen abfindet, statt sich warm zu trampeln bzw. laufen, Wechselfußbädern oder/und regelmäßigen Saunabädern sich selbst etwas Gutes tut, oder sich statt dessen mit Kreislauftropfen und Kopfschmerztabletten füttert (oder bequemerweise füttern läßt), leistet einer Organkrankheit oft geradezu Vorschub. Fraglos ist in vielen Fällen Krankheit die Folge mangelhaften Fleißes an der eigenen Gesundheit (Findeisen 1966; 1974; 1986; 1992).

Keineswegs unerheblich, nicht nur für die Ordnung der vegativen Grundfunktionen, sondern auch für Art und Umfang sportlichen Trainings mit dem Ziel von Fitneß, Gesundheit und körperlich-geistigem Glücksgefühl, ist das Leben am rechten Ort. Wer auch nur die geringste Aussicht hat, hier noch zu wählen, sollte sich unbedingt bemühen – ungeachtet noch so perfekter Einrichtungen an Schulen und Sportclubs – der Großstadt eine Kleinstadt vorzuziehen. Gemeinsamkeit, das Gefühl, gebraucht zu werden, bis hin zur Gemeinsamkeit mit einem Hund oder einer Katze, wird in der Kleinstadtumgebung das nötige Miteinander nicht auf das Plauschen zwischen den „Happen in Restaurant oder Bistro" und auf „Blickkontakte beim Einkaufen" sowie dem Austausch der Sorgen ständig weiter wachsender Mietpreise begrenzt.

Es ist somit kein Geheimnis:

Ein mehr an Produktion und an Geld ist noch kein Mehr an Lebensqualität. Daß die Reichen besonders glücklich sind, dürfte auf Aberglauben beruhen. Viel bedeutsamer beim Streben nach Fitneß und Gesundheit sind die im Kleinstadtmilieu reicheren zwischenmenschlichen Beziehungen. Leider wirkt großstädtische, wie auch apparativ-medikamentöse „Spracharmut" oft geradezu fördernd in Richtung solcher irrational-verarmenden Gefühle wie der Nutzlosigkeit, des Alleinseins und der Angst.

Besonders die bei Introvertierten anzutreffende Angst ist ein unübersehbarer Ausdruck der Nachtseite des Lebens. Integration ist ein soziales Netzwerk, wobei weniger die Vielzahl von Beziehungen, als die Särke der Bindungen zu bedenken sind, geleiten zur Sonnenseite des Lebens, fördernd und belohnend zugleich, wie dies bei der Natur der Fitneß erlebbar ist. Das Streben nach Glück, sicherlich eines der mächtigsten Stimulantien menschlichen Daseins, ist nicht nur legitim, sondern zugleich in hohem Maß fitneß- und gesundheitsfördernd. So ist dem Oxforder Psychologieprofessor M. Argyle voll beizupflichten, und dies gerade auch aus sportimmunologischer Sicht, wenn er schreibt: „Selbstverständlich ist es möglich, das eigene Glück und das anderer zu steigern, wenn man nur richtig vorgeht."

In diesem Zusammenhang erinnern wir nochmals an die Umstände der Freisetzung und Biochemie der körpereigenen Opiate bei Ausdauersport mittelstarker Belastung („runners high" des Joggenden), also an die Belohnung des Ausdauersportlers durch die Natur. Die Endorphine überbrücken die winzigen Spalten zwischen den Endigungen des Zentralnervensystems und Immunsystems, sind demnach über die physiologische Streßregulierung hinaus in allen Bereichen des hormonellen Geschehens mitbeteiligt, einbezogen Sex, Reproduktion und Empfängnis. Übrigens soll bei Drogenabhängigen und Alkoholkranken ein ständiger Endorphinmangel und ein Übermaß an Rezeptoren bestehen; bislang nicht geklärt ist hier, was Ursache ist und was Folge, also ob Rauschmittel hier als „Therapieersatz" fungieren, oder ob die Anomalie eine Folge von Mißbrauch ist.

In der Kleinstadtumgebung ist das regelmäßige Treffen nicht nur im Sportclub, sondern darüber hinaus nicht selten mit der ganzen Familie in einem Chor, Kulturverein und bei anderen Gelegenheiten beglückender Gemeinsamkeit, bei vielen geradezu noch ein Lebensbedürfnis. Auch abgesehen von der meistens unvergleichlich stärkeren Lärmentwicklung und Luftverschmutzung in den Großstädten, ist derzeit das Kleinstadtmilieu tatsächlich noch so erlebbar und „bewußt zu nutzen", wie J. W. von Goethe (1742–1832) uns in einem Brief aus seinem Weimar wissen ließ, „angenehm intrigant und abwechslungsreich ... bei dem die Akteure zueinander verurteilt sind".

Kapitel 3

Immunantwort und Psyche, Allergie und sportliches Training

Die körpereigene Abwehr beim Menschen in Gestalt des Immunsystems wirkt durch das Erkennen von „selbst" und das Unschädlichmachen körperfremder „nichts-selbst"-Substanzen, mit Einschluß im Organismus „fremd" gewordener Zellen. Dabei beruht die „Immunantwort" nicht allein auf Struktur und Funktion der große Ähnlichkeit mit dem ZNS besitzenden Strukturen des Immunsystems (Is) mit Einschluß des Hormonsystems. Das Is entfaltet seinen körperumfassenden Einfluß auch durch eine sehr enge Verbindung zu den Kontaktstellen und spezifischen Absonderungen des jeweiligen Oransystems (z.B. Hormone). Wenn wir bedenken, daß unser Körper jede Minute von Milliarden Krankheitserregern, also Bakterien, Viren, Pilzen und weiteren körperfremden und auch körpereigenen Zellen (z.B. Allergenen, Autoantigenen u. dgl.) bedroht wird, verstehen wir den „evolutionären" Sinn und die praktische Bedeutung des menschlichen Immunsystems und der bestehenden Kooperationen, insbesondere mit den erwähnten weiteren Organsystemen.

Immunsystem, Nervensystem und „Neuroimmunomodulation“

Volle Gültigkeit besitzt noch heute der treffende Hinweis des Nobelpreisträgers (1960) Sir M. F. Macfarlana Burnet, daß die Vorgänge der Immunabwehr, sowie auch der Allergie als ihrer speziellen Variante, uns erstmals voll bewußt geworden sind, als nämlich der englische Landarzt E. Jenner (1749–1823) die Prinzipien der Immunisierung entdeckte.

Jenner hatte im Bestreben, die Kuhpockenkrankheit wirksam zu bekämpfen, einen bedeutenden Schritt bei der gezielten Beherrschung von Infektionskrankheiten getan. Er hatte bei einer Bauersfrau seiner englischen Heimat beobachtet, wie sie diese seinerzeit noch unheilbare Erkrankung überstand, und er schrieb eine Arbeit mit dem Titel „Untersuchungen über Ursachen und Wirkungen der Variolae Vacciniae“ (1798). Obwohl seine Schlußfolgerungen in die Einführung des „Impfens“ mündeten und damit eine sehr segensreiche Entwicklung für die Zehntausende, ja Millionen Menschen begann, indem die Pockenbekämpfung und insbesondere -verhütung in ein erfolgreiches Stadium trat, stieß der Autor anfänglich auf starken Widerstand seiner englischen Kollegen. Wenige Jahre später beeilten sich die wissenschaftlichen Gesellschaften ganz Europas, den praktischen Arzt zu ihrem Ehrenmitglied zu wählen, mit Ausnahme des Londoner „College of Physicians“, das von Jenner zuvor eine Prüfung im Griechisch und Latein verlangte ...

Den Jennerschen Erkenntnisstand und Erfahrungen einer gezielten Bekämpfung von Infektionskrankheiten und damit der Prinzipien der Immunisierung – eine der Grundfunktionen des Immunsystems – war 1721 die „Variolation“ genannte Behandlung ihres pockengefährdeten Söhnleins durch die Lady Montague vorausgegangen: Sie hatte bei ihm Pockenschorf Erkrankter in geringen Mengen in kleine Wunden eingerieben. Dies wurde 1733 von Voltaire (1694–1778) berichtet. Zu dessen Zeit waren in England 60 Prozent der Bevölkerung von dieser schweren Infektionskrankheit befallen, ein Drittel ging in der Blüte der Jahre zugrunde und ein weiteres blieb durch Narben entstellt. Der Brauch, eine abgeschwächte Pockeninfektion herbeizuführen, stammt nach Voltaire von den Türken, die ihn von den Tscherkessen übernommen haben sollen. Diese seien arm gewesen, doch ihre Töchter sehr schön, so daß die Tscherkessen darauf bedacht waren, ihre Schönheit zu erhalten. Mit ihren Schönheiten versorgen sie die Serails des türkischen Sultans, des persichen Hofes und all jene, welche wohlhabend genug sind, solche kostbare Handelsware zu erwerben und zu bewahren.“

Wenn somit die Jennersche Praxis als vielleicht die Wiege der immunologischen Forschung anzusehen ist, so wissen wir erst seit wenigen

Jahrzehnten, was unseren Körper befähigt, das „Nicht-selbst" zu erkennen und unschädlich zu machen. Dabei sind nicht weniger als 100 Millionen verschiedener „Erfahrungsmoleküle" des Immunsystems beteiligt, die man Antikörper nennt. Für die hier besonders zu nennenden T-Zell-Rezeptoren ist nicht etwa nur ein einzelnes Gen verantwortlich.

Vielmehr verfügt unsere menschliche Erbmasse ingesamt über 105 bis 196 Gene. Die genetische Information für diese sehr hohe Zahl von Molekülen entsteht durch die Kombination von Genelementen. Von S. Tonegawa, Nobelpreisträger für Medizin von 1987, wurde entdeckt, daß die Erkennungsmoleküle jeweils aus zwei verschiedenen Polypeptidketten, d.h. chemischen Verbindungen aus zu Ketten verknüpften Aminosäuren, bestehen. Diese sind ihrerseits wieder aus zwei oder drei Genteilstücken zusammengesetzt, so daß heute mit der geradezu unerschöpflichen Vielfalt von schätzungsweise bis 10 Milliarden möglicher Kombinationen für Antikörpermoleküle und T-Zell-Rezeptoren zu rechnen ist. Dabei erfolgt die zusammenhängende Information für eine funktionsfähige Immunglobulinkette, also der Zusammenbau eines Antikörper-Gens, in zwei Schritten. Die hier ablaufendem Vorgänge begründen weitgehend die Antikörpervielfalt.

Die Immunantwort besteht in ihrem zellulären Anteil neben anderem aus drei Typen von T-Lymphozyten, die mit den erwähnten T-Zell-Rezeptoren versehen sind. Die erste von ihnen wirkt direkt zelltötend (zytotoxisch), wird natürliche Killerzelle genannt und spielt eine maßgebliche Rolle beim sogenannten Einsamkeitsstreß mit möglicher baldiger Todesfolge (vgl. Kapitel 6). Der zweite Typ besteht aus den gleichfalls sehr bedeutenden Helferzellen, die bei Erkennung eines Antigens, d.h. des antikörperbildenden, inner- oder außerhalb des Körpers befindlichen Stoffs (z.B. Gräserpollen), andere Teile des Immunsystems stimulieren, z.B. die B-Zellen. Als dritten Typ kennen wir die sogenannten Suppressorzellen, die aktivitätsabschwächend gegenüber den T-Zellaktivitäten („unterdrückend") wirken und sich auch bei der Beseitigung gegen körpereigene Strukturen gerichtete B- und T-Zell-Rezeptoren beteiligen.

Das Erkennen von „Selbst“ und „Nichtselbst“

Es kann somit festgestellt werden, daß ein wesentliches Element der Immunantwort einmal die Toleranz von „Selbst“ ist, zum anderen die Unterscheidung von „Selbst“ und „Nichtselbst“ sowie die Vernichtung des letzteren. Demnach haben die Erkennungsmoleküle (Antikörper und T-Zell-Rezeptoren) zwischen körpereigenen Substanzen bzw. Zellen und solchen zu unterscheiden, die von außen eingedrungen oder auch durch bestimmte Vorgänge im „Inneren“ auffällig wurden (Autoantikörperbildung), somit potentiell schädlich sind. Dementsprechend werden fremde Zellen und Viren an bestimmten Oberflächenmolekülen, d.h. den Antigenen, erkannt.

Früher wurde angenommen, daß Antigene in die antikörperbildenden Zellen eindringen und den gerade entstehenden Immunglobulinen bzw. Antikörpern zu einer ihnen gemäßen (komplementären) Struktur verhelfen. Neuerdings hat sich die „konale Selektionstheorie“ von Burnet durchgesetzt. Diese bezieht sich auf Ch. Darwins (1809–1882) epochales Werk „Über die Entstehung der Arten durch natürliche Zuchtwahl“ (1859). Burnet zufolge werden Antikörper synthetisiert gleich anderen Proteinen, d.h. entsprechend der genetischen Information, die im Kern der produzierenden Zelle gespeichert ist. Für jedes der tausende von möglichen Fremdantigenen besitzt der Körper eine oder mehrere Zellen, welche die genetische Information für den entsprechenden Antikörper tragen.

Die auch als Immunglobulin bezeichneten Antikörper sind y-förmig und streifen wie Spürhunde durch Blut und Lymphe. Mit seinen beiden „Armen“ kann jeder Antikörper gleichzeitig zwei Antigenmoleküle festhalten. Das y-förmige Antikörper-Molekül hat zwei „leichte“ und zwei „schwere“ Ketten (Protein). Im Jahre 1969 gelang Edelman und Porter die Bestimmung der molekularen Antikörperstruktur bis auf die letzte Aminosäure, wofür der US-amerikanische und der englische Forscher 1972 den Nobelpreis erhielten.

Für das weitere Verständnis bestehender sportimmunologischer Zusammenhänge ist im Hinblick auf von einer Allergie Betroffene noch festzustellen, daß nach Struktur und Funktion fünf Antikörper- bzw. Immunglobulin-Klassen zu unterscheiden sind:

1. G-Immunglobuline (IgG), die drei Viertel aller Antikörper repräsentieren und für langdauernde Immunität nach einer Infektion oder nach einer Impfung sorgen. IgG sind als einzige Antikörper im mütterlichen Blut enthalten, das von der Plazenta in den Kreislauf des noch Ungeborenen übertritt. Nach der Geburt wird dadurch der Neugeborene für zehn bis zwölf Wochen vor Infektionen geschützt, ihm kommt dabei die mütterliche Leih-

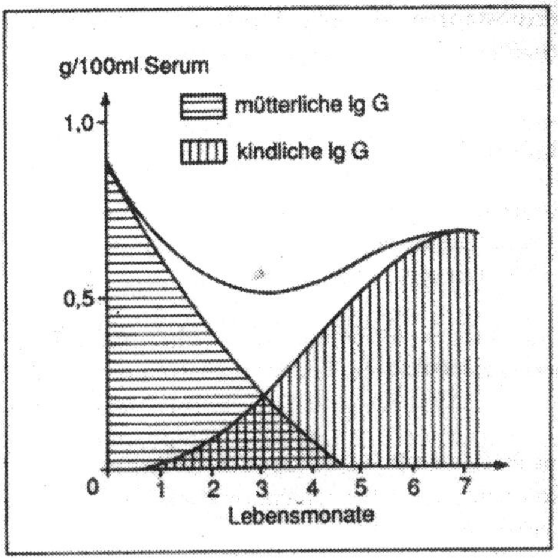

Abbildung 45: Leihimmunität des jungen Säuglings. Diese beruht auf der Abgabe von G-Immunglobulien (IgG) an den Feten.
Nach H. W. Ocklitz u. Mitarb. In D. G. R. Findeisen (1987).

immunität (vgl. Abbildung 45) zugute, und Säuglinge, die sich „vernünftige Eltern anzuschaffen" vermöchten, kommt ein volles (sechsmonatelanges) Stillen der Mutter außerdem in der Hinsicht zugute, daß damit ein wirksames Prophylaktikum gegen die (vorzeitige) Entwicklung allergischer (atopischer) Manifestationen, namentlich bei entsprechender elterlicher Disposition gegeben ist (Findeisen und Pickenhain 1990). Damit ist durchaus keine wesentliche Behinderung mütterlicher sportlicher Betätigung verbunden, wie schon Teil II, Kapitel 3, zu entnehmen ist.

2. A-Immunglobuline (IgA) bilden 15 bis 20 % der Antikörpermenge und befinden sich in Körperflüssigkeiten (Tränen, Schweiß, Speichel, Schleimhautsekret der Atem-, Verdauungs- und Geschlechtsorgane), wo sie das Eindringen von Krankheitserregern in den Organismus verhindern.

3. M-Immunglobulien (IgM) sind die größten Antikörper, deren Mengenanteile bei 10 % liegt. Ihre Molekülstruktur gesattet die „Verklebung" von Bakterien, so daß bei Infektionen zuerst IgM gebildet werden. Die IgM aktivieren das bei der Immunantwort führend beteiligte Komplement, also das System, welches die Fähigkeit hat, mit Antigen-Antikörperkomplexen in Verbindung zu treten.

4. D-Immunglobuline (IgD) bilden kaum 1 % der IgD und sitzen auf der Oberfläche von B-Zellen, an deren Bildung sie vermutlich mitbeteiligt sind; ihre eigentliche Funktion ist derzeit noch unbekannt. Anders verhält es sich mit den

5. E-Immunglobuline (IgE). Diese sitzen an der Oberfläche basophiler Granulozyten, also weißen Blutkörperchen mit baosphilen Kernen (im Blut) sowie von Mastzellen (in Schleimhäuten mit aktiver Beteiligung an Antigen-Antikörper-Reaktionen). Bei den erbgenetisch verankerten Atopien, d.h.

allergischen Reaktionen vom sogenannten Soforttyp (gegenüber abakteriellen Substanzen; bakterielle Stimuli provozieren dagegen gewöhnlich die sogenannte Spätreaktion) sowie übrigens auch bei Wurminfektionen, besteht in der Regel ein hoher IgE-Titer im Serum, der diagnostisch gut verwertbar ist (z.B. Diagnose eines Schnupfens bzw. Abgrenzung allergischer gegenüber infektiöser Genese).

Ein hoher IgE-Titer findet sich nahezu ausnahmslos bei Neugeborenen, denen Mutter und Vater als Allergiker die Atopieanlage vererbt haben. In diesem Fall kann das Kind mit 80%iger Wahrscheinlichkeit mit atopischer Erkrankung (Ekzem, Heuschnupfen, Asthma) rechnen.

Der früher oft erteilte Rat, ein „Erbopfer" zu bringen, d.h. hier auf das Kind zu verzichten, war selten erfolgreich, ist indessen heute nicht mehr aktuell angesichts unserer jetzigen therapeutischen Möglichkeiten.

Die Besonderheiten der schon wiederholt erwähnten T- und B-Zellen, der zuverlässigen „Wächter unseres Körpers", sind mit ihrer Wirkweise auf Zellen (T-Lymphozyten zelluläre Immunität) oder auf Körperflüssigkeit (B-Zellen: humorale Immunität von humor = Feuchtigkeit, zum Unterschied von „zellulär") begründet. Treffen sie auf „ihr" Antigen, so reagieren sie zwar grundverschieden, am Ende aber gewährleisten sie nur gemeinsam eine zuverlässige Immunabwehr. Diese ist zudem Ergebnis des Mitwirkens der I-Gene (I = Immunantwort). Die I-Gene regeln die Immunantwort einmal gegenüber Antigenen, überwachen zudem die Reaktionen zwischen Makrophagen (große, zu Zellaufnahme bzw. Phagozytose sowie -abbau fähige einkernige Zellen) sowie den T- und B-Zellen. Letztlich begegnet uns auch hier da altchinesische Yin-Yang-Paradigma: Es kommt zu einer überaus effizienten Kooperation, weil „komplementäre", wie Schloß und Schlüssel zusammenpassende Strukturen – hier auf der Außenseite beider Zellarten – vorliegen.

Das immunologische Gedächtnis beruht darauf, daß antikörperbildende Zellen, die nach der Antigeninformation zu Zellteilungen und erhöhter Immunglobulinsynthese stimuliert werden, dies zumeist lebenslang vollziehen. Der Umstand, daß der menschliche Organismus nach einem zweiten Zusammentreffen mit dem gleichen Antigen (Allergen: bei Atopie) erheblich schneller und mit bedeutend höherer Antikörpermenge reagiert, ist zugleich Ausdruck solcher Vermehrung „spezifischer" Zellen.

Wenngleich das Immunsystem das immunologische Gedächtnis sowie auch das „Allergie" genannte Andersreagieren in der evolutionären Entwickln̦g verhältnismäßig spät aufgetreten sind, ist doch schon seit Jahrtausenden bekannt, daß ein Mensch, der eine Infektionskrankheit, wie die Pest oder die eingangs erwähnten Pocken überlebte, vor einer zweiten

Infektion mit demselben Erreger geschützt ist. Versagen des immunologischen Gedächtnisses ist oft gleichbedeutend mit Tod durch Infektion.

Gegenüber kaum einer Krankheitsgruppe bestehen stärkere Vorurteile, ja völlige Abneigung gegenüber jeglicher sportlicher Betätigung, als gegenüber Asthma bzw. Allergien. Daher dies: Asthma ist eine entzündliche Erkrankung der tieferen Atemwege (Bronchiolen), deren schützende Epthelschicht geschädigt ist. Diese Schädigung der zarten Schleimhautoberfläche wird als „Sensibilisierung" (auch „Allergisierung") bezeichnet und beruht auf verstärkter Bildung allergischer Antikörper vom Typ der E-Immunglobuline; sie betrifft insbesondere Jüngere mit genetischer Veranlagung (Allergiker bzw. Asthmatiker fast immer in der Familie nachweisbar). Nach erfolgter Sensibilisierung muß bei erneutem Kontakt mit dem ursächlichen Allergien – sehr häufig Gräser- und Baumpollen sowie Hausstaubmilben – mit chronischen Entzündungsreaktiionen gerechnet werden, die verhältnismäßig oft sich durch – unter Umständen dem Asthma mehrere Jahre vorausgehende – Niesanfälle, ankündigen („Asthma beginnt oft in der Nase").

Die chronische Atemwegsentzündung (bronchiale Hyperreaktivität) ist durch ein Zerreißen der zarten Auskleidung auch gegenüber nichtallergenen Umweltreizen (Luftverschmutzung u. dgl.) bedingt. Bei Kindern ist das Passivrauchen ein besonders starker Wegbahner sowie auch Anfallauslöser. Sport, insbesondere eine Ausdauersportart (zu jeder Jahreszeit: Schwimmen) wirkt besonders hier positiv in Richtung schützender Antikörper (IgG) auf sportimmunologischem Weg.

Bei erst im vierten oder fünften Lebensjahrzehnt erstmals auftretendem Asthma liegen zumeist Virusinfektionen der Atemwege vor, bei denen erneute Infektionen, aber auch Allergene sowie „unspezifische" Auslöser (Kälte, Luftschadstoffe), aber häufig auch Allergene, iinsbesondere die Hausstaubmilbe Dermat. pteronyssinus, bzw. „Trigger" von Asthmaanfällen sind. Immerhin leben nach neuesten Kenntnissen bis zu sechs Millionen Hausstaubmilben in den Daunenkissen unserer Schlafzimmer und nähren sich gut von den Schuppen der menschlichen Haut.

Eine langfristig sich positiv auswirkende Behandlung muß alle individuellen Krankheitsfaktoren berücksichtigen; solche wirklich „maßgeschneiderte" Therapie läuft derzeit in Richtung einer Blockade der auslösenden E-Immunglobuline sowie Stimulierung schützender Immunfaktoren, einbezogen die regelmäßige sportliche Betätigung bis ins hohe Lebensalter.

Sport bei Allergie und Asthma

Im Hinblick auf bereits wiederholte Äußerungen in die positive Richtung grundsätzlicher Bejahung dieser Frage, können wir uns hier auf eine zusammenfassende Beantwortung beschränken und auf ausführliche Darstellungen verweisen (Findeisen 1983; 1986; 1992):

1. Aus umfangreicher Fachliteratur und fast fünfjahrzehntelangen eigenen Erfahrungen mit Einschluß entsprechender Untersuchungen, gilt als erwiesen, daß „Allergien", genauer: allergische Krankheiten („Atopien": Heuschnupfen-Asthma-Ekzemgruppe) durch das Überreagieren („überschießenden Immunreaktionen") eines zumeist besonders gut funktionierenden Immunsystems zustandekommen. Hier nur dieser Hinweis: An Allergien Leidende (= Allergiker) sind eindeutig seltener von der Krebskrankheit betroffen, gegenüber der sogenannten Normalbevölkerung.

2. Bei fachgerechter ärztlicher Behandlung, z.B. durch einen klinischen Immunologen bzw. Allergologen, lassen sich die schuldigen Auslöser (= Allergene) mit Hilfe einer ausführlichen Anamnese bzw. Krankheitsvorgeschichte, Haut- sowie Schleimhauttests, mit Sicherheit erfassen. Wenn Allergenmeidung mittels konsequenten „Tuns" oder „Lassens" der Betroffenen sowie deren Angehöriger (z.B. bei Kindern) nicht effektiv ist, wie in der Regel bei nichtmeidbaren („ubiquitären") Allergenen vom Typ der Baum- und Gräserpollen während der Blühzeitmonate, wird mit zwei- bis dreijahrelanger Injektionsbehandlung („spezifische Hyposensibilisierung") plus anfänglicher Protektivbehandlung (DNCG- oder Ketotifenpräparate, z.B. Intal® bzw. Zaditen®) sowie einem Antihistaminmittel, in der Regel Beschwerdefreiheit erlangt.

3. Etwa ab 12.–14. Lebensjahr mit dem häufigen Einsetzen eines sogenannten Anstrengungsasthma bei Allergikern, sollte zielstrebige Ordnung der Vegetativen Grundfunktionen – vgl. vorangehenden Abschnitt ! – sowie vor sportlicher Ausdauerbelastung und unmittelbar danach die Inhalationi eines Bronchiolytikums (Betadrenergikum vom Typ des Fenoterol, z.B. Berotec®) erfolgen.

4. Hauptvoraussetzung für erfolgreiches Bemühen zur Erhaltung und Förderung von Fitneß und Gesundheit, ist auch bzw. gerade hier der hygienisch gebildete und ein sinnerfülltes Leben führende Mensch. Dies bezieht konsequent das ganze jahr überdauerndes Sporttreiben vom Charakter einer Ausdauersportart – hier ausgesprochen ungeeignet: Kraftsport! – ebenso ein, wie den völligen Verzicht „legaler" (z.B. Rauchen, Alkoholmißbrauch) und erst recht illegaler Drogen einschließlich Dopingmittel, aber auch den regelmäßigen Konsum von Ersatzmedikationen, wie „Stärkungs-

mittel“, Schlaf- und Abführtabletten, Schlankheitstees u. dgl.

5. Da jede Krankheit mehrere Ursachen, einbezogen die „Bedingungen“ (jeweilige Umweltsituation, Jahreszeit u. dgl.) aufweist – gerade bei Allergie bzw. „Sensibilisierung“ unverzichtbar zu beachten! – steht und fällt der Erfolg mit der richtigen, möglichst frühzeitigen Diagnose durch die gewissenhafte Analyse des Einzelfalles. Da auch Fitneß und Gesundheit „im Kopf“ beginnen, ergibt sich Art und Umfang vom Kindes- bis ins hohe Lebensalter zu befürwortender sportlicher Betätigung immer in erster aus dem persönlichen Wissen, der vom Erzieher, Schule, Sportverband und (Sport-)Arzt zu fördernder Motivation, mit dem Ziel richtigen Tuns!

Wie sagte doch Albert Schweitzer (1875–1965)?

„Auf das eine allein kommt es an, daß jeder das, was er besitzt, als etwas betrachtet, mit dem er wirken will.“

Kapitel 4

Ziele und Methoden sportärztlicher Betreuung

Was die Formen des Sports methodisch und mit Blick auf die Leistungssteigerung verbundene Aufgaben und Probleme unterscheidet, wurde bereits unter mehreren Gesichtspunkten erörtert, so daß wir hier auf das Gemeinsame abheben können. Es besteht dies in erster Linie in der umfassenden medizinischen Betreuung jedes Sporttreibenden in alters- und sportartgerechter Weise.

An erster Stelle muß hier die ärztliche Untersuchung vor Aufnahme eines auch im Gesundheitssport ratsamen Trainings angesprochen werden, die sich keineswegs auf die Ermittlung physischer Defekte und überstandener Krankheiten sowie auch ggf. latenter Störungen, z.B. bislang unerkannter Diabetes mellitus oder (Sub-)Asthma (das in Hustenform nur zur Zeit der Gräserblüte in Form von Hustenanfällen auftritt). Es geht dabei auch um die angemessene Sportart, was z.B. die Erfassung zumindest der Körperhöhe und Körpermasse erfordert, also sehr entscheidend ist bei Sportarten wie Turnen, Ringen, Eiskunstlaufen sowie auch Ringen und Boxen. In Zweifelsfällen empfiehlt sich hier sogar die Anthropometrie (vgl. übernächster Abschnitt), z.B. bei Jugendlichen, die sich gern in Richtung des Spitzen- bzw. Hochleistungssport qualifizieren möchten.

So wenig Arzt und Sportler gewöhnlich Zeit zu haben glauben, so wichtig ist es gerade hier, sich gemeinsam ausreichend Zeit zu nehmen („einzuplanen“), damit der Sportler tatsächlich zu einer festen Anlaufstelle kommt, nicht allein bei akuten körperlichen Verletzungen, sondern auch bei sonstigen Belastungen („Streß“), Partner- oder Berufsproblemen hat, die sich möglicherweise erheblich auf seine Gesundheit und Leistungsfähigkeit auswirken können, namentlich bei der Gefahr der „Verdrängung“ u. dgl.

Keineswegs sollte sich daher die in bestimmten Abständen vorzusehende Beratung und Untersuchung auf kurz zu Erledigendes bzw. Formales begrenzen.

Die Verantwortung für eine angemessene ärztliche Betreuung liegt grundsätzlich bei der betreffenden Sportorganisation, welcher der sportlich Interessierte angehört, d.h. bei der Schule, Universität, Sportclub o. dgl. Bei Fehlen eines Sportarztes empfiehlt sich Aufgabendelegierung an den zuständigen Hausart, Hochschularzt u. dgl. und einer engen Zusammenarbeit der „Sportträger“ mit diesem. Dies beginnt mit der Erstellung eines ausführlichen Fragebogens, der am zuverlässigsten vom sportlich Interessierten zusammen mit dem Arzt ausgefüllt wird, worauf dann die Festlegung für nötig gehaltener spezieller Untersuchungen bzw. Tests sowie der zeitlichen Abfolge weiterer Untersuchungen erfolgt.

Regelmäßige Untersuchungen sind besonderes dann unverzichtbar, wenn in der Anamnese und bei der Erstuntersuchung Auffälligkeiten erfaßt wurden, z.B. im Bereich der Sinnesorgane (Seh- oder Hörfehler u.a.), Schwächen im Bereich des Muskel- und Skelettsystems sowie Unfallfolgen, bestimmte Krankheitsdispositionen (z.B. allergischer bzw. atopischer Genese). Selbstverständlich besteht die Nützlichkeit regelmäßiger Untersuchungen auch darin, daß frühzeitig Überlastungsschäden entdeckt, Auffälligkeiten im emotionalen Verhalten (z.B. Medikamentenabusus, Genußmittelmißbrauch u. dgl.) identifiziert und ihnen angemessen begegnet werden kann. Das Ziel muß immer eine gute Vertrauensbasis sein, die dem Sportler nützt und den Arzt beruflich befriedigt.

Vor Wettkämpfen ist es geboten, daß der (Mannschafts-)Arzt von sich aus aktiv wird, um individuell gut angepaßte Ratschläge zu erteilen, z.B. bei Schwierigkeiten im Vorstartzustand. Dafür kommt ihm der Fragebogen des Sportlers neben seinen weiteren Untersuchungen bzw. Erhebungen zugute. Auch Fragen der Ernährung und der persönlichen Hygiene sollten fortlaufend bedacht und ggf. erzieherisch beeinflußt werden, insbesondere bei jüngeren Sportlern (z.B. Genußmittelverhalten). Aber auch Auffälligkeiten, etwa bemerkt bei größeren Reisen (Zirkadianrhythmus) können dann ggf. bei Delegierungen zur Wettbewerben auf anderen Kontinenten präventiv mitangegangen werden. Analog verhält es sich mit nötigen Impfungen, z.B.

Grippeschutzimpfung mit deren Schutz vor der Virusgruppe, auf die unbedingt gedrängt und dabei gleichzeitig aufklärend der oft zu begegnenden Verwechselung gegenüber Erkältngskrankheiten durch deren Prophylaxe durch Abhärtung einschließlich regelmäßigem Saunabaden, entgegengetreten werden sollte.

Zur häufig erörterten Frage, ob bei Sportlern eine erhöhte Infektanfälligkeit besteht, kann grundsätzlich gesagt werden, daß diese bei richtiger Trainingsgestaltung zu verneinen ist. Ausnahmen bestätigen auch hier die Regel (vgl. u.a. Teil III, Kapitel 1). Nach eigenen nicht geringen Erfahrungen bestehen günstige Auswirkungen namentlich bei Ausdauersport auf das Immunsystem über Stimulierung der sogenannten natürlichen Killerzellen auf psychoimmunologischem Weg, was sich in geringerer Morbidität bezüglich schwerer und leichter Infektionskrankheiten sowie auch Geschwulstbildung („Krebs“) äußert.

Erst kürzlich wurde seitens des Instituts für experimentelle Morphologie der Deutschen Sporthochschule Köln darauf verwiesen (Bericht Neue Ärztliche vom 7.11.1990), daß Infekte, wie Sport, über die als Gewebshormone fungierenden Zytokine das Immunsystem beeinflussen. „In diesem Sinne wirkt Training wie eine Infektion.“ Somit kann es nicht verwundern, daß bei einem Übertraining auch Überforderung des Immunsystems mit Infektneigung als Folge eintreten kann, wie andererseits regelmäßige, wohldosierte sportliche Betätigung bzw. Training als zuverlässiger Stimulator des Immunsystems und demnach als Krebsprophylaxe anzusehen ist.“ Somit sollte der Sportler, bei dem dennoch eine Krebsdiagnose gestellt wurde, weiter trainieren.

Immer sollte aber auch darauf geachtet werden, daß Kontaktinfektionen möglichst vermieden werden, z.B. nicht aus der gleichen Tasse trinken, nicht dasselbe Handtuch benutzen u. dgl. Nach einer überstandenen Krankheit sollte das Training, erst recht die Teilnahme an Wettkämpfen, erst dann wieder aufgenommen werden, wenn sich Symptome, wie Fieber, Husten, Müdigkeit u. dgl. bereits mehrere Tage zurückgebildet haben. Infolge des Dekonditionierungseffektes seitens der krankheitsbedingten Inaktivität ist dann die Trainingsintensität und -folge nur allmählich zu steigern.

An diesere Stelle sei auch noch einiges zur Frage des Flüssigkeitsgleichgewichts im Interesse optimaler Leistungen geagt, zumal dazu an anderer Stelle noch nicht Stellung genommen wurde. Gerade in letzter Zeit veröffentlichte Untersuchungsergebnisse haben gezeigt, daß dehydrierte Menschen, also nach stärkerem Schweißverlust, Trainingsbelastungen, namentlich bei Hitze („Hitzestreß“), kaum zu ertragen vermögen. Langstrekkenläufer werden z.B. gezwungen, ihr Lauftempo als Folge der „Entwässerung“ um 2 Prozent je Prozent Körpermasseverlust zu reduzieren. Liegt die Dehydration höher, steigt sowohl die Herzschlagfrequenz, als auch die Körpertemperatur belastungsbedingt an. Es wächst hier die Gefahr der Kollapsneigung und des „Hitzeschlages“.

Bei Ausdauersportarten enthalten die hohen Schweißmengen relativ hohe Anteile an Natrium und Chlor, aber wenig Kalium, Kalzium und Magnesium. So bewirkt ein Schweißverlust von fast 4 kg mit Verringerung der Körpermasse um 5,8 % Verluste an Natrium, Kalium, Chlor und Magnesium von 155, 16, 137 und 13 nmol. Die normale Urinproduktion liegt bei etwa 50 ml Wasserausscheidung durch die Nieren pro Stunde; bei hoher Belastung sinkt aber die Blutzufuhr zu den Nieren auf nahezu Null, so daß die Elektrolytverluste dann stark verringert sind. Weitere ausführlichere Hinweise zur belastungsbedingten Ernährung einschließlich benötigten Mineralien und Vitamine finden sich in Teil I, Kapitel 4. Hier wird zudem empfohlen, daß von den zahlreichen im Handel angebotenen „Sportgetränken“ getrost Abstand genommen werden kann, zumal hier gewöhnlich fehlerhafte oder ungenaue Informationen gegeben werden und gewöhnlich eine einzige Mahlzeit ausreicht, im Training bez. Wettkampf verlorene Elektrolyte zu ersetzen. Selbst Marathonläufer, die 2,5 bis 4,0 kg Schweiß verlieren und fast 2 Liter Wasser trinken, erhalten ihre normalen Plasmakonzentrationen an Natrium, Chlor und Kalzium aufrecht, entwickeln somit keine Elektrolytmangelsymptome.

Wegen des geringen Verlangens des Menschen, Körperflüssigkeitsverlust auszugleichen – sein Durst ist ein sehr unsicheres Zeichen für das Körperwasser- und Elektrolytgleichgewicht! – sollte er während des Trainings und bei starkem Schwitzen angehalten werden, mehr zu trinken, als der Durst verlangt. Beim Esel ist so etwas nicht nötig: Er ersetzt einen Verlust von 18 kg Körperwasser, indem er 5 bis 6 Minuten lang kontinuierlich säuft. Der Mensch, der 2,5 bis 3,5 kg seiner Körpermasse durch Schweiß verlor, ist schon bei Aufnahme von 0,5 Liter Flüssigkeit zufrieden.

Rehabilitations- und Versehrtensport

Unter Rehabilitation verstehen wir einen Komplex planmäßiger Bemühungen, um die Leistungsfähigkeit einen vorübergehend oder dauernd geschädigten Menschen soweit wiederherzustellen, daß er voll in das soziale Leben eingegliedert ist. Für einen Sportler bedeutet dies nach etwa erlittenem Sportunfall, seine Leistungsfähigkeit mit zumeist physio- und sporttherapeutischer Methodik so rasch und so vollkommen wie möglich wiederherzustellen.

Somit ist der Rehabilitationssport ein Mittel solcher komplexer Bestrebungen, den Geschädigten durch eine individuell fein abgestimmtes therapeutisches Programm wieder voll in den Leistungs- und Arbeitsprozeß einzugliedern. Im Rahmen des individuellen Rehabilitationsprogramms dient der Rehabilitationssport auch dazu, durch eine spezielle Schulung des Rehabilitanden diesen auf eine ggf. neue, seinem Unfall- oder auch Sportschaden entsprechende Arbeitsfähigkeit und/oder Sportart vorzubereiten.

Für Kinder und Jugendliche dient der Rehabilitationssport bei angeborenem odere früherworbenem Körperschaden als ein Mittel zur Entwicklung der motorischen Funktionen, zur Erhöhung ihrer allgemeinen Resistenz und Lebensfreude und entspricht damit weitgehend dem Gesundheitstraining bzw. Gesundheitssport (vgl. Teil II, Kapitel 2).

Neben sportlichen Übungen mit Einschluß der Sauna sowie ggf. auch psychotherapeutischen Maßnahmen (vgl. Teil II, Kapitel 4 und 5) dient sich der Rehabilitationssport auch geeigneter krankengymnastischer Methoden, z.B. in Form des Klappschen Kriechens, von Fußübungen, der Unterwassergymnastik, der Wochenbettgymnastik nach Entbindungen u. dgl. (vgl. Teil II, Kapitel 6), dies grundsätzlich auf ärztliche Verordnung in Zusammenarbeit mit speziell dafür ausgebildeten Physiotherapeuten. Für das Erhalten der Kondition, des Reaktionsvermögens, von erlernten Bewegungsabläufen u. dgl. sowie für die Verhütung eines Entlastungssyndroms (psychophysiologische Beschwerden nach plötzlichem Leistungsentzug bei Hochtrainierten) sollten die rehabilitativen sportärztlichen Bemühungen so früh wie möglich eingesetzt werden. Die enge Verbindung klinischer und rehabilitativer Maßnahmen hat sich in der Sportmedizin gerade hier gut bewährt (Findeisen 1963).

Als Ziele des Rehabilitationssports sind somit anzusehen 1. die Entwicklung und Vervollkommung der Bewegungseigenschaften Kraft, Schnelligkeit, Ausdauer und Gewandtheit; 2. Entwicklung und Verbesserung der Bewegungsfertigkeiten; 3. Bewußtmachen der eigenen Leistungspotenzen bei selbständiger Kontrolle der physischen sowie psychischen Belastung; 4. freudvolle Erholung als Ausgleich zur beruflichen Tagesbelastung; 5. Festigung der Überzeugung vom leistungsstärkenden und gesundheitsfördernden Wert sportlichen Übens. Ziel ist des weiteren eine solche leistungs- und gesundheitsrelevante Förderung, daß der Geschädigte entsprechend seinem Körperschaden am Versehrtensport teilzunehmen vermag.

Der Versehrtensport wird nach abgeschlossener Rehabilitation angesetzt und besitzt für den Körpergeschädigten die Funktion von Gesundheitstraining und -sport. Entsprechend international geltenden Richtlinien wird hier davon ausgegangen, daß 1. nicht ausschlaggebend ist, was der Körpergeschädigte verloren hat, sondern was ihm erhalten blieb und wiedergewonnen wurde; 2. volle Aufmerksamkeit ist somit, statt auf den Restschaden, auf die bestehende Leistungsfähigkeit und deren weitere Erhöhung zu richten; 3. dem Geschädigten ist immer wieder zu verdeutlichen, daß es mehr gibt an Gemeinsamem gegenüber dem Nichtgeschädigten, denn an Trennendem.

Aus den Begingungen des verbliebenen Körperschadens resultieren unterschiedliche Übungsformen und -inhalte.

Demnach bedürfen z.B. Amputierte besonderer orthopädischer Maßnahmen in Verbindung mit Sonderformen von Spielen, wie Sitzball, Rollball u. dgl. Sehgeschädigte wenden z.B. im Kegeln besondere Techniken an und bedürfen auch bei leichtathletischem Training besonderer Hilfen. Die Gehörgeschädigten weisen gegenüber den Geunden den geringsten Leistungsabstand auf.

Auch im Versehrtensport ist grundsätzlich hohes Leistungsstreben zu entwickeln. Zu diesem Zweck erfolgt die Zusammenfassung der Geschädigten in speziellen Vereinsformen, von denen regelmäßig nationale und internationale Vergleichswettkämpfe organisiert werden. Besonderen Anreiz bildet das Versehrtensportabzeichen. Gerade für den Versehrten bedeutet das Erfolgserlebnis mit seiner emotional günstigen Wirkung nicht nur eine bedeutende Förderung des Selbstvertrauens, sondern ist zugleich von hohem Wert für ein weiteres lebenswertes Leben (psychoimmunologisch positiver Effekt, vgl. Kapitel 3).

Körperbau, Anthropometrie und entwicklungsgemäße Belastung

Angesichts der großen Vielfalt im Bau und den Funktionen des menschlichen Körpers sind bestimmte Tätigkeiten und erst recht Sportarten für den einen Menschen geeigneter, als für den anderen. Das ist eine Binsenweisheit, weist aber zugleich daraufhin, daß Untersuchungen des Zusammenhanges zwischen Struktur und Funktion eine bedeutende Grundlage sind für den gut motivierten Freizeit- und Erholungssport, für das motivationsstabilisierende sportliche Erefolgserlebnis und natürlich auch als Mittel zur Identifikation des sportlichen Potentials (Tittel 1978) im Hochleistungssport.

Ross und Mitarbeiter (1989) muß voll zugestimmt werden, daß unabhängig vom Niveau der Beteiligung sowie der Art bevorstehender Trainingsaufgaben o. dgl., der Sportarzt imstande sein muß, Wachstum und Entwicklung einigermaßen verläßlich einzuschätzen. Die hierfür nötigen Untersuchungen

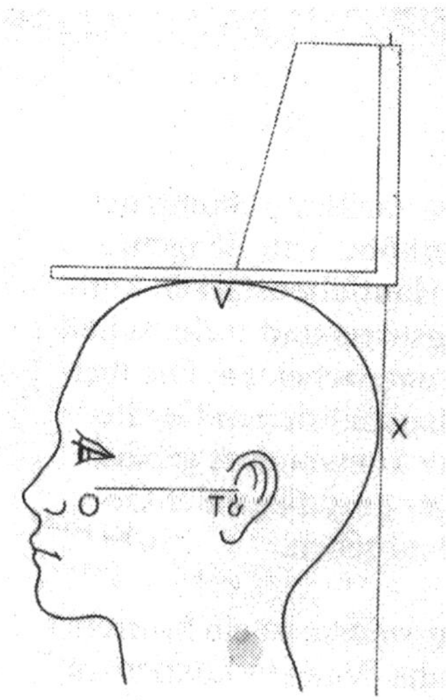

Abbildung 46: Neuroimmunomodulation (NIM). Schematisch dargestellter Überblick über die Wechselwirkungen zwischen dem Zentralnervensystem (ZNS) und dem Immunsystem. RES = retikuloendotheliales System. Nach Spector. In U. Kropiunigg (1990).

sind von der Entwicklung theoretischer und methodologischer Verfahrensweisen von Daten abhängig, die auf der Grundlage 1. technischer Kompetenz in den Meßverfahren, 2. umfassender Meßprotokolle, 3. effektiver Datensammlungs-, Verteilungs- und Aufzeichnungssysteme sowie 4. einer praktikablen konzeptionellen und theoretischen Bewertung des Einsatzes und der Grenzen unterschiedlicher analytischer Strategien, gewonnen wurden.

Bereits im Altertum wurden Bemühungen zum Studium des menschlichen Körperbaues zum Zwecke der Leistungsermittlung und -voraussage unternommen. So formulierte bereits um 400 v.u.Z. Hippokrates (460–372) eines der ersten uns überlieferten biologischen Klassifizierungssysteme. Bei seinen Versuchen, die Zusammensetzung des menschlichen Körpers zu bestimmen, bediente er sich vor allem des Blutes, der gelben und schwarzen Galle sowie des Schleims.

Die bereits genannten Forschungsbedingungen und Ergebnisauswertungen verlangen gute kooperative Beziehungen zwischen Wissenschaftlern, Sportarzt und Trainern, wenn die Zielstellung der praxisgerechten Einschätzung der spezifischen Bedürfnisse jeder Sportart erreicht werden soll.

An dieser Stelle können nur einige grundsätzliche Ausführungen zu diesem Aufgabenbereich gegeben werden. Sie erfolgen in Anlehnung an die Darlegungen von Hassenstein (1972) sowie Ross und Mitarbeiter (1989). Eine gut verwertbare Einführung für den Trainer und interessierten Sportler findet sich bei Badtke (1987), weitergehendes insbesondere bei Tittel und Wutscherk (1973).

Als erstes seien hier die anthropometrischen Geräte zur Ermittlung von Körpermasse (Gewicht), Körperhöhe, von Längen, Breiten, Umfängen und Hautfaltenstärken genannt.

Schon die Körpermasse gilt als kritischer Meßwert, bei dessen Ermittlung einfache Waagen mit einer im Idealfall bestehenden Genauigkeit von 0,1 kg

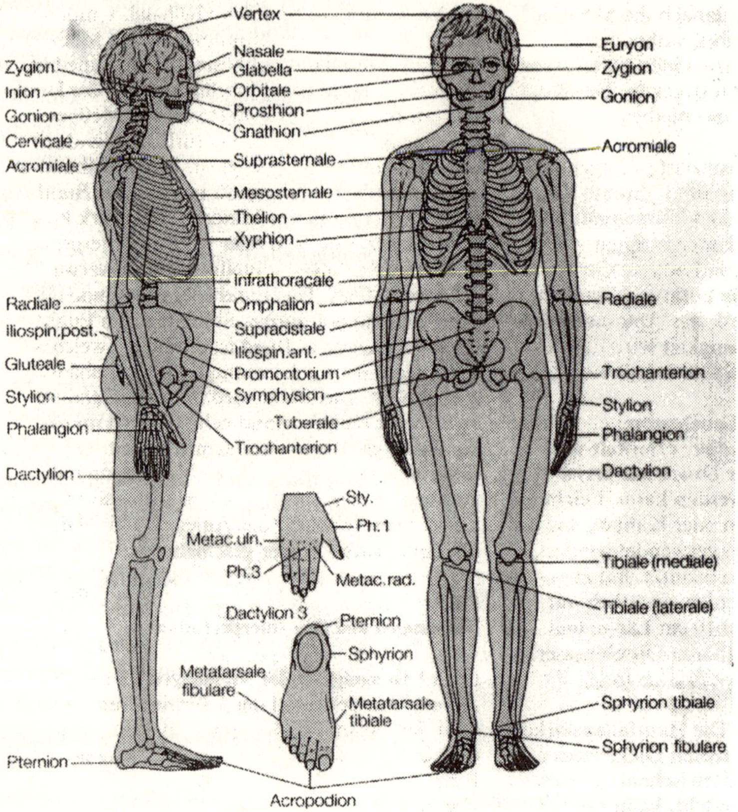

Abbildung 48: Antrhopometrische Meßpunkte.

gewöhnlich ausreichend sind.

Mithilfe von Meßlatten wird die Körperhöhe und Sitzhöhe ermittelt. Dabei besteht das einfachste Gerät aus einem Dreieck, mit dem rechtwinklig eine Markierung auf Papier, das an einer Wand befestigt ist, erlangt wird. Mit einiger Sorgfalt kann durchaus eine einzelne Meßperson eine hinreichend objektive Messung der eine rigorose Technik verlangenden zuverlässigen Ermittlung der Körperhöhe vornehmen: Der Kopf des zu Untersuchenden muß dann in das sogenannte Frankfurter Meßschema gebracht und sodann die Messung vorgenommen werden, wobei man den zu Untersuchenden auffordert, einen tiefen Atemzug zu machen und sich bei korrekter Orientierung des Kopfes zu strecken, vgl. Abbildung 47.

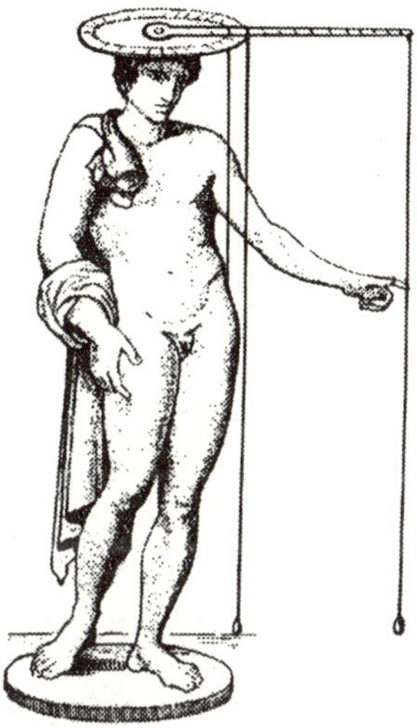

Abbildung 49: Gerät („Definierer" oder „Kennzeichner") zur Festlegung der Charakteristika der menschlichen Proportionalität von Leone Battista Alberti (1404–1472).

Da physikalisch gesehen die Körperhöhe die vertikale Entfernung vom Fußboden bis zum Vertex des Kopfes, also dem höchsten Punkt des Schädels ist, muß der Kopf so gehalten werden, daß die Verbindungslinie zwischen Obitate (Augenhöhle) und Tragion (vorderer Rand des äußeren Gehörganges) horizontal bzw. rechtwinklig zur Längsachse des Körpers verläuft, wie in Abbildung 49 gezeigt wird. Dabei steht die zu messende Person barfuß aufrecht mit geschlossenen Fersen und seitlich herabhängenden Armen. Fersen, Gesäß sowie oberer Teil des Rükkens, und nach Möglichkeit auch der Hinterkopf, haben Kontakt zur Wand.

Mit handelsüblichem oder speziell angefertigtem Anthropometer können direkte Längen (vom Boden bis zu einer Markierung) und verschiedene Weiten gemessen werden. Die Geräte sind skaliert, indem ein anthropometrisches Meßband angebracht ist, das Ablesungen bis zu 0,1 cm gestattet, wobei die Genauigkeit durch einen sogenannten parallaxenkorrigierten Schieber nach Ross (1985) gewährleistet wird, vgl. Abbildung 48.

Ein Knochenkaliper vermag Knochenbreiten zu ermitteln; dies kann nur mit Hilfe eines solchen Gerätes mittels kräftigen Druckes auf breite Druckplatten vorgenommen werden. Hierfür sind leicht beschaffbare Nonius-Skalen oder Kaliper, wie sie Elektrotechniker verwenden, bei entsprechender Anpassung gut verwertbar (längere Schenkel von etwa 10 cm Länge und runde Druckplatten von 15 mm Durchmesser).

Die Hautfaltenstärke, die aus der zusammengepreßten Dicke zweiter Hautteile und aus dem dazwischenliegenden subkutanten Fettgewebe besteht, ist mit dem Harpenden-Hautfaltenkaliper mit einem Druck von 10 g/mm≤ sowie auch mit einfacheren Kaliper zumeist ausreichend bestimmbar.

Mit einem anthropometrischen Meßband werden Umfänge ermittelt, wobei es das Ziel ist, eine Hautverformung zu vermeiden. Dazu bedarf es einer leichten Hand seitens der messenden Person. Das brauchbarste Band ist flexibel, etwa 7 mm breit, 2 m lang und aus Stahl bzw. nicht dehnbarem

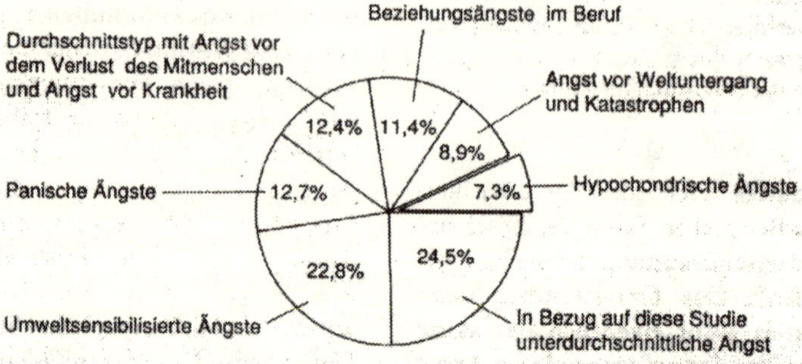

Abbildung 57: Prozentuale Häufung von Angsttypen (schweizerische Bevölkerung, ausgenommen Tessin).
Es wird offensichtlich, daß Angst von unterschiedlicher Entstehungsweise und Intensität ist. Zugleich wird bestätigt, daß ein beachtlicher Teil der Bevölkerung an dringend ärztlicher Behandlung bedürfenden Ängsten leidet. Nach WHO-Angaben sind etwa 5 Prozent der Weltbevölkerung davon betroffen.
Nach Pöldinger. In D. G. R. Findeisen u. Mitarb. (1990).

Material beschaffen, dabei mit einem stark kontrastierenden Untergrund (weiß oder gelb), deutlicher Millimetereinteilung und nicht verwechselbaren Ziffern versehen. Das Band sollte am Ende ein etwa 7 cm langes, starres Stück bis zum Punkt 0 haben und ist dann gut geeignet, wenn es nach Gebrauch automatisch ins Gehäuse zurückläuft. Die Meßperson hält das Band mit der rechten Hand zwischen Daumen und Zeigefinger und zieht es mit den linken Hand aus. Ablesung erfolgt mit einer Genauigkeit von 0,1 cm.

Präzision der Messungen wird durch entsprechendes technisches Vorgehen (Meßprotokolle mit der Ermöglichung von Re-Test-Vergleichen) und Übung erreicht, wobei die Genauigkeit einer Messung ausdrückt, wie dicht ihr Ergebnis an den realen Wert herankommt. Bei richtiger Eichung der Geräte kann die Genauigkeit durch Vergleich mit den Meßergebnissen einer zweiten Meßperson ermittelt werden, die über große Erfahrungen mit den spezifischen Verfahren besitzt. Zur weiteren Kurzinformatioin soll noch Abbildung 57 dienen, die sich auf die Markierungen bzw. Meßpunkte entsprechend dem klassischen Verfahren, u.a. für die Olympischen Spiele 1968 in Mexico-City (Martin 1928), bezieht.

Neben der Ermittlung des Somatotyps als Primärquellenwert mit Hilfe von Körperhöhe und -masse, Reziprokwert des Körpermassesindexes und bei anthropometrischer (oder auch photographsicher) Ableitung Grundlage für eine Klassifizierung des menschlichen Körperbaus, spielt in der hier verwendeten 3-Komponenten-Bewertung (Endomorphie, Mesomorphie und

Ektomorphie) auch heute die Proportionalität eine wesentliche Rolle.

So ist es kein Zufall, daß sich Kinathropologen noch heute zu Künstlern, wie Leone Battista Alberti (1407–1471), besonders hingezogen fühlen. Er lebte noch vor den geistigen und künstlerischen Genies der Renaissance wie Leonardo da Vinci (1452–1519), Albrecht Dürer (1471–1547 oder nach Andreas Vesalius (1514–1564), die gleichfalls die menschliche Form und ihre Proportionen zu einer Grundlage ihres Schaffens gemacht hatten. Der berühmte Künstler, Architekt, Maler und Dichter der Frührenaissance. Leone Battista Alberti benutzte bereits ein Gerät, das „Definierer" oder auch „Kennzeichner" genannt wurde, um damit Charakteristika der Proportionalität zu quantifizieren, wie Abbildung 49 veranschaulicht. Mit dem Hinweis, daß gegenwärtig in beinahe gleicher Weise von Ross und Mitarbeiter (1974) ein „eingeschlechtlicher Mustermensch" als metaphorisches Modell in Form einer Rechenhilfe (nicht als Norm) vorgeschlagen wurde, sollen diese – lediglich ein wenig dem Wecken von Interesse für ein sportmedizinisch wie auch künstlerisch sehr relevantes Gebiet dienenden – Ausführungen, ihr Bewenden haben.

Allerdings kann es keinem Zweifel unterliegen, daß der seiner Aufgabe voll gerecht werdende Sportarzt sich, außer seinen Grundkenntnissen in der Inneren Medizin, unbedingt auch mit solchen mit sportlicher Leistungsfähigkeit eng korrelierenden Gebieten vertraut machen muß. Zu ihnen zählt außer der angewandten Physiologie, Sportimmunologie und der Sportpsychologie sowie Biomechanik, in gleicher Weise die angewandte Anthropometrie. Gute Kenntnis und zielstrebige Nutzung der vielfältigen Wechselbeziehungen zwischen den zahlreichen körperbaulichen, funktionellen sowie auch biosozialen Faktoren ist eine conditio sine qua non für die angemessene Beurteilung sportlicher Leistungen, wie auch für den individuell-adäquaten Einsatz der anvertrauten Sportler vom Kindes- bis ins Greisenalter.

Bedeutung und Praxis des organisierten Kinder- und Jugendsports

Im Gegensatz zur Pädiatrie, die sich vorzugsweise für Indikationen und Auswirkungen eines Trainings auf kranke Kinder zu interessieren pflegt, geht es un hier in erster Linie, wenngleich nicht ausschließlich, um Inhalte und Formen sportlicher Belastungen primär Gesunder. Mit Blick auf die Literatur sowie aufgrund eigener Erfahrungen, konnte auf dessen hohen Wert bereits in Teil II, Kapitel 2 verwiesen werden. An dieser Stelle geht es in erster Linie um Inhalte und Methodisches zum gemeinschaftlich betriebenen Sport. Mit Sicherheit kann mit dessen Hilfe am zuverlässigsten sowohl der Entwicklung von „Risikopersönlichkeiten“ (Findeisen und Pickenhain 1990) und anderen entwicklungsbedingten Gefährdungen (Rauchen, Alkohol- und Arzneimittelmißbrauch u. dgl.) sowie auch Entgleisungen nach Art einer narzistischen Ersatzbefriedigung entgegengewirkt werden. Angesichts der bereits erörterten Wechselwirkung von sportlicher Tätigkeit und Bewußtsein bzw. Zentralnervensystem (u.a. Teil III, Kapitel 1) dient sportliche Aktivität weit mehr, als der physischen Kräftigung.

Im gemeinschaftlich betriebenen bzw. organisierten Sport von Kindern und Jugendlichen können wir ohne Frage am sichersten erreichen, daß seelische Verkrüppelungen verhindert werden und sich der Mensch „sich als Mensch“ erfährt. Die hier in umfassender Weise mögliche psychosoziale Hilfe ist vor allem ein fruchtbares, längst noch nicht in Tiefe und Breite ausreichend genutztes Gebiet der Sporpsychologie sowie Sportimmunologie.

An dieser Stelle soll unsere Aufmerksamkeit solchen Fragen gelten, wie Methodik der Trainierbarkeit gesunder Kinder und Jugendlicher. Dabei soll es uns gehen 1. um die Muskelkraft, 2. Muskelkraft und muskuläre Ausdauer, 3. um die maximale aerobe Fähigkeit, 4. um die Laufökonomie und schließlich 5. um die Trainierbarkeit erkrankter Kinder und Jugendlicher.

Betont sei hier besonders, daß sich im Gruppensport, und wohl nur hier, die erstrebenswerte Kommunikation im Sinne sozialer Bezogenheit zu den anderen Gruppenmitgliedern herbeiführen läßt. In guter Zusammenarbeit des Lehrers und Trainers mit dem Sportarzt, nach Möglichkeit auch einem Sportpsychologen sowie auch einem anthropometrisch Versierten (vgl. voriger Abschnitt) sind damit Distanz und Nähe, die eigenen Bedürfnisse und die Bedürfnisse anderer, Anlehnung und Mittragen anderer, Fühlen und Gefühltwerden in gemeinsamer Verantwortung für ein schönes, lebenswertes Ziel, erlebbar zu machen. Über ein sehr konkretes Handeln werden in der Gruppe (Schulsport, Vereinssport, Hochschulsportgruppe, Sportschule) in einem gleichermaßen somatischen, wie psychodynamischen Feld Prozesse der Identifikation, des sozialen Lernens, der Realitätsprüfung bei Einbeziehung somatopsychischer wie zugleich psychosomatischer Effizienz (vgl. 4.4.5), in Gang gesetzt, dabei sowohl präventiv wie auch therapeutisch bearbbeitbar gemacht.

Auf die Schwierigkeiten wie zugleich Chancen der Trainierbarkeit von Kindern und Jugendlichen wurde kürzlich von Bar-Or (1989) in gut nachvollziehbarer Weise aufmerksam gemacht, so daß wir dem Autor hier weitgehend folgen können.

Bei der Trainierbarkeit der Muskelmaximalkraft in den verschiedenen

Altersbereichen bestehen bisher keine ausreichend abgesicherten Ergebnisse. Präpubeszente, pubeszente Mädchen sowie auch Jungen dürften aber auf ein bestimmtes Widerstandstraining mit deutlicher Zunahme ihrer Muskelmaximalkraft reagieren. Entgegen früherer anderer Auffassung scheint bei Präpubeszenten im Vergleich zu älteren Altersgruppen eine größere Krafttrainierbarkeit vorzuliegen.

Demgegenüber versucht Pfeiffer und Mitarbeiter (1986) zu belegen, daß kein entwicklungsrelevanter Unterschied in der Krafttrainierbarkeit bestehe. Dagegen ist unbestritten, daß die normale Entwicklung der muskulären Kraft einschließlich Maximalkraft bei Mädchen während des Längenwachstumschubes und bei Jungens erst ein jahr danach erreicht. In der Gruppe kann auch in ausreichender Form bei Planung und Durchführung eines solchen Trainings gewissen Gefahren Rechnung getragen werden: Präpubeszente sollen bei mehrwochenlangen Widerstandstraining im allgemeinen nicht bezüglich Muskulatur und Knochenskelett gefährdet sein; dennoch wird zu Vorsicht insofern geraten, als zwischen einem Gewichtstraining (wiederholtes Üben eines Kindes gegen einen submaximalen Widerstand) und Gewichtheben (Überwindung maximalen Widerstandes) zu unterscheiden ist. Gegenüber der letztgenannten Form wird wegen der Gefahr einer Schädigung des heranwachsenden Kindes gewarnt. Bei geringstem Zweifel sollte auch hier dem gesundheitlich inisgesamt am stärksten förderlich Ausdauersport der Vorzuggegeben werden.

Sportpädagogisch ist allgemein bekannt, daß ein Training, das ein hohes Maß an muskulärer Kraft, etwa für Springen und Werfen, erfordert, insbesondere das Üben muskulärer Ausdauer, z.B. für 200- bis 400-m-Läufe, im allgemeinen mit gutem Erfolg für die Leistungsfähigkeit der Kinder eingesetzt wird. Objektivierungsversuche von über mehrere Wochen erfolgtem leichtathletischem Sprint oder kurzzeitiger starker Belstung mit Radfahren ergaben zwar eine Zunahme der Maximalkraft sowie muskulären Ausdauer der Beine; die Zunahme betrug jedoch weniger als 10 % gegenüber den Ausgangswerten.

Geltende Vorstellungen, daß anaerobe Eigenschaften von Kindern trainierbar sind, wurden durch ein kombiniertes aerob-anaerobes Trainingsprogramm 11–15jähriger Jungen bestätigt, indem deutlicher Anstieg der Muskelsubstrate (Kreatinphosphat, Adenosintriphosphat bzw. ATP und Glykogen sowie Erhöhung der Aktivität der glykolytischen Phosphofruktokinase-Enzyms) ermittelt wurden.

Bezüglich der maximalen aeroben Fähigkeit wird bei jüngeren Erwachsenen allgemein eine größere Zunahme als bei älteren Personen angenommen. Analoge Relationen wurden bei Kindern nicht nachgewiesen. Viel-

Kinderkrankheiten, bei denen nachweislich die körperliche Fitneß durch ein gezieltes Training verbessert werden kann

Krankheit	Verbesserter Fitneß-Anteil	Ausgewählte Literaturhinweise
Asthma bronchiale	Max. aerobe Fähigkeit, Kraft	Findeisen (1974) Fitch (1976)
Zerebrale Lähmung	Max. aerobe Fähigkeit, Kraft, muskuläre Ausdauer	Lundberg und Mitarbeiter (1967)
Zystische Fibrose	Max. aerobe Fähigkeit	Orenstein und Mitarbeiter (1981)
Diabetes mellitus	Max. aerobe Fähigkeit all - gemeine Leistungsfähigkeit	Larsson und Mitarbeiter (1962)
Muskeldystrophie	Muskelkraft und muskuläre Ausdauer	Vignos und Mitarbeiter (1966)
Fettsucht	Max. aerobe Fähigkeit Gangökonomisierung	Parizkova und Mitarbeiter (1962)
Skoliose	Max. aerobe Fähigkeit	Bjure und Mitarbeiter (1969)
Unterernährung	Muskuläre Ausdauer	Raju (1977)

Tabelle 25

mehr zeigte sich, daß Präpubeszente in geringerem Maß als Jugendliche oder Erwachsene diesbezüglich trainierbar sind. Aerobe Trainierbarkeit nimmt offensichtlich vor allem in der Zeit nach Erreichen des Höchstwertes ini der Entwicklung des Körperhöhenwachstums zu (Kobayashi und Mitarbeiter 1978), wofür aber noch weitere Untersuchungen für erforderlich erachtet werden.

Zur Laufökonomie wird festgestellt, daß selbst bei Ausbleiben einer Steigerung der maximalen Sauerstoffaufnahme durch kindliches aerobes Training, dennoch die Laufleistung deutlich steigerungsfähig ist. Es wird dies mit Abnahme der O_2-Aufnahme bei festgelegter submaximaler Laufgeschwindigkeit (Erhöhung der „metabolischen Reserve– des Kindes) gedeutet. Durch Training ist solche Verbesserung der während des Wachstums und der sexuellen Reife anzutreffenden Laufökonomie noch weiter steigerungsfähig.

Schließlich wollen wir uns erneut der Frage stellen ob und in welchem Maß auch das kranke Kind durch ein angemessenes Trainingsprogramm in seinem Gesundheitszustand verbessert werden kann. Grundsätzlich kann hier gesagt werden, daß die Vereinbarkeit mit Training bei einer Reihe von Kinderkrankheiten offensichtlich und damit auch die Trainierbarkeit junger, von einer der genannten Krankheiten betroffener (wesentlich weniger „lei-

Häufigkeiten nachgewiesener zum Doping verwendeter Substanzen, gruppiert nach definierten Dopingmittel-Klassen

Dopingmittel-Klassen	Zahl der positiven Befunde
Stimulanzien	177
Narkotika	23
Anabole Steroide	439
ß-Blocker	31
Diuretika	2
Sedativa	15
Gesamt	687

Tabelle 30:
Nach Donicke. In A. Dirix und Mitarbeiter (1989)

denden"!) Sportler gegeben ist. Es gibt eine Reihe von Athleten mit einem insulinabhängigen Diabetes mellitus oder Asthma bronchiale, die dennoch Weltrekorde aufzustellen vermochten oder olympische Medaillen errungen haben (Bar-Or 1989), vgl. auch Tabelle 25. Dennoch sollten derart kranke Kinder prinzipiell nicht am Wettkampfsport teilnehmen; dieser sollte gesunden Kindern vorbehalten sein. Doch auch gilt das Gesetz: Keinie Regel ohne Ausnahme. Die genannte Einschränkung sollte sich mit Konsequenz vo allem auf Entwicklungsmängel im Bereich des Skelettsystems erstrecken.

Es hat sich gezeigt, daß ein Trainingsprogramm für Kinder unter 10 Jahren in erster Linie auf eine Verbesserung der neuromuskulären Koordination zielen sollte, des weiteren auf einen allmählichen Anstieg der aeroben und aneroben Kapazität. Im Alter von 12 bis 14 Jahren sollte dann bei Mädchen, wie bei Jungen eine allmähliche Zunahme des Ausdaueranteils angestrebt werden. Bei Krafttraining ist besonderrs kritisches Herangehen am Platze und setzt neben der erforderlichen sexuellen Reife vor allem auch eine Zunahme der Muskelmasse voraus, so daß bei dieser Trainingsform dem Skelettsystem und seiner Belastbarkeit besondere Beachtung zukommt. Tabelle 30 gibt eine Übersicht über das optimale Alter, in welchem mit einem gut organisierten leistungssportlichen Training und mit Wettkampfteilnahme in den verschiedenen Sportarten begonnen werden kann.

Aus individuell-kindlicher Sicht ist hier noch anzufügen, daß einmal Kinder mit guten sportlichen Leistungen in ihrer körperlichen Entwicklung zumeist akzeleriert sind; sie sind durch ein höheres biologisches Alter gekennzeichnet, verglichen mit ihren chronologisch gleichaltrigen partnern bzw. Rivalen. Hier sollten durchgehend die VO_2max-Werte in ihrer Beziehung zur Körpermasse (stärkere Übereinstimmung mit dem biologischen Alter!) Beachtung finden. Andererseits können motorische Tests die individuelle Eignung für eine bestimmte Sportart signalisieren.

Von Komadel (1989) werden auf Grund umfangreicher Erfahrungen 6

Tests empfohlen: 50-m-Lauf; 12-min-Lauf; Pendellauf; Weitsprung aus dem Stand; Medizinalballwurf; motorische Reaktionszeit. Methoden und Testdurchführung sind hier standardisiert (Havlicek 1982). Besonders empfohlen wird hier eine Unterteilung der Anfangswerte in „hoch", „mittel" oder „niedrig", um die auf das entsprechende Trainingsprogramm zu beziehenden Veränderungen eindeutiger kennzeichnen zu können.

Daß auch die psychische Kondition eine Hauptvoraussetzung für im Gruppentraining und bei Einzelwettkämpfen zu erzielende hohe sportliche Leistungsfähigkeit ist, wurde bereits wiederholt (vgl. u.a. Teil III, Kapitel 1) herausgestellt. Auch im Kindersport spielt bei Gesunden, wie bei Kranken die emotionale Stabilität, ein gutes Vertrauen auf die eigene Leistungsfähigkeit, teilweise fundiert auf dem Erfolgserlebnis – wozu die richtige Auswahl durch Trainer, Lehrer und Sportarzt in bedeutendem Maß mitverhelfen, nicht zuletzt auch die Gruppenatmosphäre! – eine nicht zu unterschätzende Rolle. Unumgänglich ist eine gute Motivation für eine spezielle Sportart, die durch ein inneres Bedürfnis, subjektives Interesse in Verbindung mit der richtigen körperbauadäquaten Auswahl begründet ist. Auch die intellektuellen Fähigkeiten (rasche und exakte Interpretation von Informationen, eigene Initiativen innerhalb der Mannschaft bzw. Sportlergruppe zur Entwicklung origineller Lösungen in neuen Situationen u. dgl.) sind für die Einschätzng potentieller Talente und Führungseigenschaften in jedem Fall beachtenswert.

Das oberste Gebot für den Arzt ist gerade hier die Sicherung der Gesundheit des kindlichen Sportlers. Nur in einem guten, bei jeder passenden Gelegenheit zu überprüfenden, und wenn nötig zu verbessernden koordinativen Zusammenarbeit zwischen ihm und dem zuständigen Trainer bzw. Sportlehrer, sind große sportliche Erfolge bei guter Gesundheit, einbezogen voll befriedigende kurative Effekte beim kranken sporttreibenden Kind, erreichbar und auch stabilisierbar.

Wie nach Untersuchungen der Klinik und Poliklinik für Orthopädie und Rehabilitation an der Universität Münster kurz mitgeteilt wurde (Neue Ärztliche v. 7.8.1990), können sogar Jugendliche mit angeborenen Gliedmaßenfehlbildungen, z.B. mit Beinprothesen sowie auch Contergan-Geschädigte mit Armstümpfen, das ein hohes Koordinationsvermögen verlangende Windsurfen verhältnismäßig leicht erlernen und mit großem persönlichem Gewinn durchführen. „Der psychologische Effekt dieser Sportart ist enorm."

Mit Recht wird in letzter Zeit seitens der Medien auf die besorgniserregende Zunahme von Drogenabhängigkeit Jugendlicher verwiesen. Nach unseren Erfahrungen beginnt wirklich effektive Prävention hier spätestens in den ersten Schuljahren (vgl. das über die Wurzeln einer sogenannten Risikopersönlichkeit unter 4.4.3 Gesagte!) in Form der systematischen, wie auch geduldigen Erziehung zu hoher körperlicher Leistungsfähigkeit, mit beginnendem Refealter (etwa 10. Lebensjahr) in Form des Trainings einer individuell sorgfältig ermittelten Sportart mit größter persönlicher Neigung und somit guten Aussichten auf Erfolgserlebnisse. Solcher Leistungssport in Verbindung mit dem Vorbildverhalten der Lehrer (und möglichst aller weiteren Erzieher) lassen schon eher „Wunderwirkungen“ erwarten, weniger aber das Fixieren auf „Say-non-Parolen“ oder analoge Antidrogenkampagnen (vgl. Spiegel 21/1991 „Endlich bewegt sich was“).

In solchen Leistungssportgruppen, in denen sich die Jugendlichen geborgen fühlen und die mit den nötigen inhaltlichen Differenzierungen der Trainingsprogramme auch geschädigte Kinder (z.B. am Bewegungsapparat oder durch innere Krankheiten) aufzunehmen sind, gehört es geradezu zur Selbstverständlichkeit, daß man sich nicht mittels Medikamenten (für oder gegen den Schlaf u. dgl.) auf unfaire Weise Vorteile zu verschaffen sucht. Hier wird über alles zwanglos gesprochen, einbezogen etwaige frühere Erfahrungen mit Tabak- oder Haschrauchen, so daß die meisten tatsächlich-oft ergänzt durch offenes, zuweilen auch eher zurückhaltend-vorsichtiges Mitreden des Lehrers sowie natürlich auch des bei Leistungssport regelmäßig konsultierten (Sport-) Arztes die Lösung ihrer persönlichen Probleme finden. Jeglichem Verdrängen (Teilursache für in Drogenabhängigkeit mündende Unsicherheit sowie auch Aggressivität), Vereinsamung u. dgl. ist hier förmlich der Boden entzogen (vgl. Kapitel 5). Solche trainingsmethodische Prophylaxe ist tatsächlich sehr aussichtsreich. Überdies bedarf analoges Vorgehen hier als Therapie des Psychischen vom Körperlichen aus unverzichtbar bei schon bestehender Abhängigkeit eines ebenso diffizilen, wie sehr geduldigen Vorgehens vor allem mit Einbeziehung aller relevanten sozialen Bezugspersonen (Eltern, Lehrer, Freunde bzw. Partner, Sportkameraden, Sportarzt, klinischer Psychologen). Rückfälle sind hier eher die Regel, Zuversicht und Geduld unverzichtbar, Erfolge dann aber eben absehbar.

Die wichtigsten Methoden der Funktions- und Leistungsprüfung

Wir haben hier die Untersuchungen vor großen Wettkämpfen nationalen oder auch internationalen Charakters (z.B. Olympische Spiele) von den regelmäßigen, in bestimmten Abständen erfolgenden und in den Trainingsablauf integrierten Untersuchungen zu unterscheiden.

Der erfolgreiche Sportler, der es zu einen renommierten Wettkampfteilnahme gebracht hat, dürfte keine nennenswerten medizinischen Probleme haben. Dennoch sollte er ein Untersuchungsformular mit kurzer Krankengeschichte ausfertigen, das vom Mannschaftsarzt überprüft wird. Auf jeden Fall sollten hier erst in letzter Zeit aufgetretene Verletzungen oder Erkrankungen besondere Beachtung finden. Selbst eine kleine Verletzung kann möglicherweise eine fortgesetzte Behandlung erfordern und damit Voraussetzung für eine Genehmigung zur Wettkampfteilnahme sein. Am wichtigsten ist hier, daß der Wettkampfsportler auf seine medizinischen Betreuer trifft, an die er sich vertrauensvoll im Wettkampf wenden kann.

Anders ist die Situation bei dem Sportler-„Neuling" bei der Aufnahme in eine Sportmannschaft oder Schule. Hier wird am Anfang einer Übungs- bzw. Trainingsperiode eine gründliche Untersuchung stattfinden, der die Aufnahme einer ausführlichen Anamnese vorangeht. Nötigenfalls laufen dann nötige Behandlungen parallel zum Training und wird der Verlauf, z.B. älterer Verletzungen bzw. bestehender Sportschäden (vgl. unter 5.4.1), anläßlich in regelmäßigen Abständen erfolgter Wiederholungsuntersuchungen, zu weiteren sport- bzw. physiotherapeutischen Maßnahmen Anlaß sein.

Von der jetzt durchgeführten komplexen Leistungsdiagnostik, die mit sportartspezifischen Testmethoden (z.B. Laufband, Fahradergometer) ergänzt werden, können hier nur einige der wichtigsten namentlich 1. des Herz- und Gefäßsystems, 2. des Atemsystems sowie 3. des Nervensystems (Reaktionszeit) und 4. der im Freizeit- und Erholungssport bzw. Gesundheitssport übliche „Komplextest" (10 Einzeltests) Erwähnung finden.

zu 1. Wie bereits wiederholt betont wurde, bestehen zwischen der körperlichen Leistungsfähigkeit und der Funktion des Herz- und Gefäßsystem bzw. Verhalten der Herzfrequenz enge gesetzmäßige Beziehungen.

Die Herzfrequenz (Hf) ist die Anzahl der Herzschläge in der Minute. Beurteilung der Leistungsfähigkeit bedarf als erstes der Messung der Herzschläge bzw. Pulsfrequenz. Diese erfolgt durch Tasten (Palpation) der Pulswelle mit dem 2. bis 5. Finger an der Speichenarterie (Arteria radialis) etwa 2 cm oberhalb des linken Handgelenks oder an der Halsschlagader (Arteria carotis).

Mit dem Stetoskop werden die Geräusche der Herzaktion ermittelt. Auch das Elektrokardiogramm (EKG) sowie der Kardiotachometer dient über Berechnung der R-Zacken-Intervalle der Hf-Ermittlung. Grundsätzlich informiert die Höhe der Hf über die Wirkung sportartspezifischer Belastungen, was Kenntnis der individuellen Hf-Regulation sowie der vielfältigen, das Hf-Verhalten beeinflussenden Faktoren voraussetzt. Kommt es z.B. zu Hf-Anstieg über 180±10/min, liegt gewöhnlich Überschreitung der aeroben

Kapazität und Beanspruchung anaerober Stoffwechselmechanismen vor. Durch Ausdauertraining kommt es als Folge von Anpassungserscheinungen am Herz- und Gefäßsystem (Herzschlagvolumen, Herzminutenvolumen, höhere Durchblutungsökonomie) zu Erniedrigung der Hf in Ruhe, auch bei submaximalen Belastungen. Auch kehrt die Erholungsfrequenz nach submaximaler Belastung dann schon nach 3 bus 5 min zum Ausgangswert zurück.

Ein weiterer wichtiger Parameter ist der Blutdruck, der in der Maßeinheit Torr (1 mm Hg = 1 Torr) angegeben wird. Messung des arteriellen Blutdrucks (unblutige Messung nach Riva-Rocci am zumeist linken Oberarm) ist der Einfluß definierter Belastung (neben weiteren biosozialen Einflüssen auf das Herz-Kreislaufsystem) erfaßtbar.

Blutdruckwerte in Ruhe sind als normal anzusehen, wenn sie systolisch 120 Torr, diastolisch 90 Torr (= RR 120/90) nicht überschreiten. Bei Beginn einer Belastung steigen Blutdruck- und Hf-Werte schnell an und befinden sich in annähernd linearer Beziehung zum Belastungsausmaß. Gleich starke Belastung bewirkt bei Trainierten und Untrainierten keine eindeutigen Blutdruckdifferenzen; bei Sportlern kann jedoch bei starken kurzdauernden Belastungen der systolische Druck auf über 250 Torr ansteigen, vgl. Abbildung 50.

Hier sei noch erwähnt, daß bei Trainierten sich die Blutdruckamplitude (Differenz zwischen systolischem und diastolischem Druck) nach Belastung schneller als bei Untrainierten verkleinert (positiver Anpassungseffekt). Dagegen zeigen Hochdruckkranke bei Belastung eine stärkere Blutdruckzunahme als Gesunde mit normalem Blutdruck.

Des weiteren werden das Herzschlagvolumen und Herzminutenvolumen, die Herzgröße und das Elektrokardiogramm bei solchen Untersuchungen herangezogen. Von besonderer Bedeutung für die Prüfung der Leistungsfähigkeit des Herz-Kreislaufsystems namentlich im Gesundheits- bzw. Freizeit- und Erholungssport – mit nötiger unkomplizierter Belastungsform, Verzicht auf großen apparativen und personellen Aufwand, submaximaler Belastungsintensität (sogenannter steady state) sowie Erfassung maßgeblicher Organsysteme mittels aussagekräftiger Meßwerte –, ist ein sogenannter Leistungsindex.

Dieser wird aus der festgelegten wiederholten Messung der Hf sowie des Blutdrucks ermittelt mit Hilfe der Formel Leistungsindex = P1–P3, wobei hier bedeutet

P1 = Hf/min (Ruhe)
P2 = Hf/min (sofort nach Beendigung der Belastung)
P3 = Hf/min (1 min nach Belastungsende).

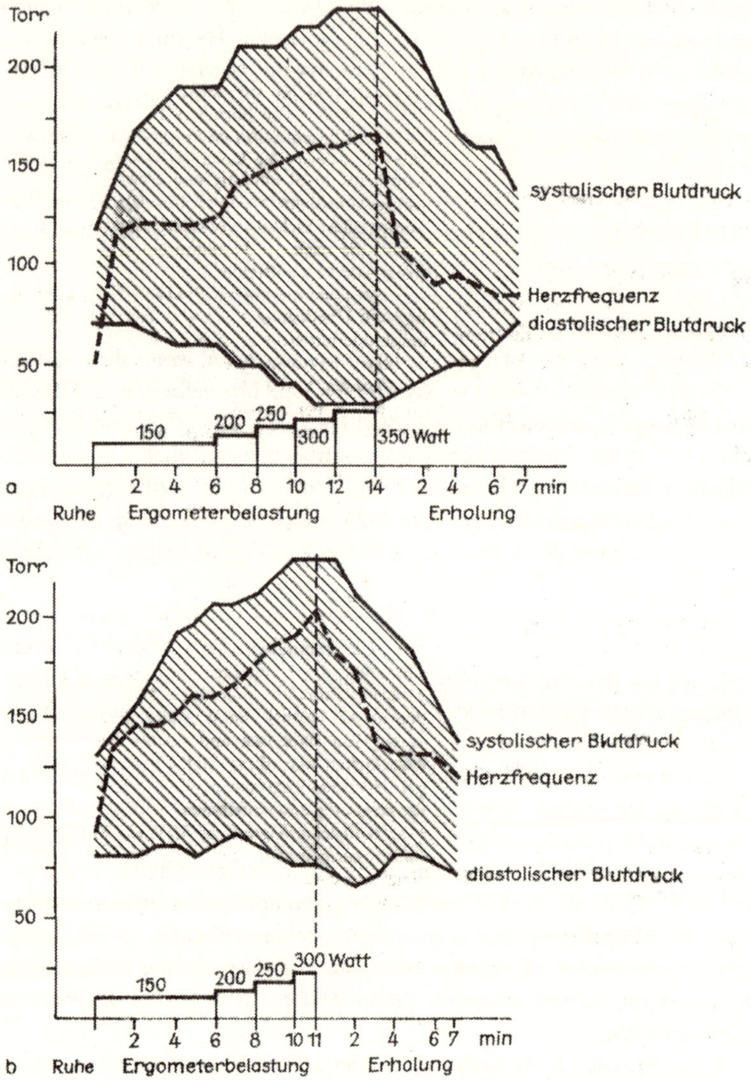

Abbildung 50: Typisches Verhalten von Herzfrequenz und Blutdruck beim ergometrischen Stufenversuch eines gut trainierten (a) und (b) eines ungenügend trainierten Ausdauersportlers. Der Guttrainierte hat auf vergleichbaren Belastungsstufen eine niedrigere Herzfrequenz und eine größere Blutdruckamplitude, als der Schlechttrainierte. Die Fahrradergometer-Leistung ist gleichfalls höher als beim Schlechttrainierten. Nach G. Neumann. In D. G. R. Findeisen u. Mitarb. (1980).

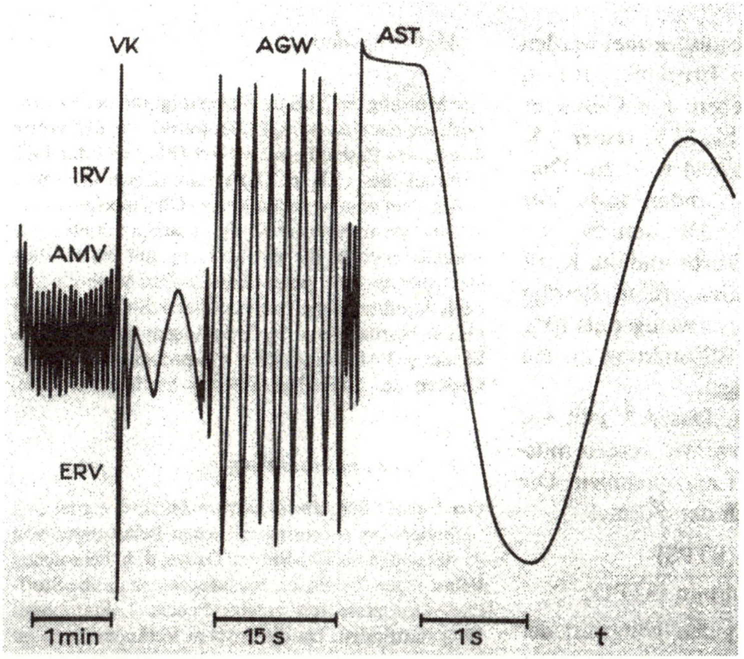

Abbildung 51: Registrierkurve des Atemminutenvolumens (AMV), der Vitalkapazität (VK) mit inspiratorischen und exspiratorischem Reservevolumen (IRV und ERV), des Atemgrenzwertes (AGW) sowie des Atemstoßtests (AST) eines Untrainierten.

Bei einem Index unter 2,9 besteht ausgezeichnete Leistungsfähigkeit
bei 3 bis 5,9: sehr gute
bei 6 bis 9,9: gute
bei 10 bis 14: normale
über 14: unzureichende Leistungsfähigkeit.

Auch läßt sich mit Hilfe der Spiroergometrie (Ergometrie mit Hilfe des Fahrradergometers = Laufbandbelastung, Gasanalysen) die Grundlagenausdauer und Leistungsfähigkeit des Herz-Kreislaufsystems beurteilen, wobei nurLängsschnittuntersuchungen (d.h. 3 bis 5 Untersuchungen im Jahr) aussagekräftig sind.

Dabei gilt die Größe der maximalen Sauerstoffaufnahme als objektives Kriterium für die aerobe Kapazität (nur erreichbar bei maximaler Muskelarbeit über Versuchsdauer von 2 bis 10 Minuten).

Aus dem Verhältnis von O_2-Aufnahme zu Hf ist der O_2-Pulswert errechenbar:

$$O_2\text{-Puls} = \frac{O_2\text{-Aufnahme (ml/min)}}{\text{Hf/min}}$$

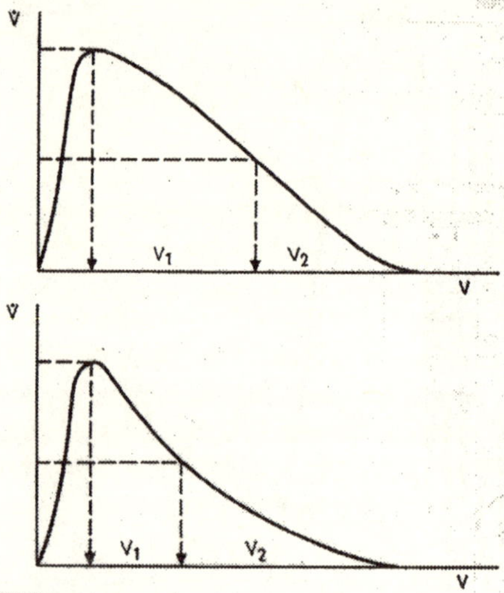

Abbildung 52: Bestimmung der ventilatorischen Inhomogenität aus dem Volumenströmungsgeschwindigkeits-Diagramm. V1 = Volumen zwischen maximaler und 50 % der maximalen Strömungsgeschwindigkeit Vo/V1 = 1,0–1,3. Nach D. G. R. Findeisen (1987).

Hier besteht direkte Abhängigkeit des Sauerstoffpulses von der ermittelten Hf und O_2-Aufnahme, indirekt von der Größe des Schlagvolumens, der O_2-Bindungsfähigkeit des Blutes sowie der arteriovenösen Sauerstoffdifferenz in der beanspruchten Muskulatur. Der maximale Sauerstoffpuls beträgt im Durchschnitt bei Untrainierten 15 ml, bei Trainierten 21 ml (Radrennfahrer zeigten Werte um 30 ml). Frauen haben bei Ergometerbelastung höhere Hf-Werte und demnach einen kleineren maximalem O_2-Puls als Männer.

Eine Reihe von Parametern geben Auskunft über den Funktionszustand des Atemsystems. Hier wissen wir ebenfalls bereits, daß Körpertraining die Leistungsfähigkeit zu erhöhen vermag. Gemessen werden zumeist mit Hilfe von Spirometern und Spirographen die Vitalkapazität, die für sich genommen keine Aussagefähigkeit für den Trainingszustand gibt, sondern nur im Zusammenhang mit solchen Meßgrößen wie Atemminutenvolumen, Atemgrenzwert sowie Atemstoßtest verwertbare Hinweise vermittelt, vgl. auch Abbildung 51.

Das Atemäquivalent (AÄ) vermittelt den Nutzwert der Atmung. Es gibt an, wieviel Milliliter Atemluft benötigt werden, um 1 l Sauerstoff aufzunehmen, was mit der Formel

$$\text{AÄ} = \frac{\text{AMV ml (BTPS)}}{O_2\text{-Aufnahme ml/min (STPD)}}$$

berechnet wird. Auch hier sind Verlaufskontrollen entscheidend für den Aussagewert des Atemäquivalents, wobei eine Streubreite des AÄ von ± 20 % dessen Aussagewert einschränkt.

Für die Erfassung krankheitsbedingter Ventilationswiderstände (z.B. bei Asthmakranken) haben sich Verfahren bewährt, die den Vorteil der Unabhängigkeit von der Mitarbeit des Patienten bieten. Zu nennen ist hier die

Ganzkörperplethysmographie zur Ermittlung der Resistance (Beziehung zwischen Alveolardruck und Strömungsgeschwindigkeit der Atemluft), vgl. Abbildung 52.

Zur Prüfung der Leistungsfähigkeit des Nervensystems dienen Meßmethoden zur Bestimmung der Rekationszeit, die zwischen der Gabe optischer, akustischer, taktiler und anderer Reize und der Reaktion des Sportlers vergeht. Dabei wird zumeist die sogenannte Fallstabmethode verwendet. (Messung der Falldistanz an einem Gymnastikstab vom Loslassen des Untersuchungen bis zum Zugreifen des Sportlers bei Angabe der Reaktionszeit in Zentimetern). Werteangaben von Reaktionszeitmessungen auf Grund gestellter Reaktionsaufgaben nach optischen, akustischen und taktilen Reizen erfolgen in Sekunden. Besonders beim Training in den Sportarten Fechten, Volleyball, Boxen u.a. wird ein gutes optisches und akustisches Reaktionsvermögen benötigt. Von kombinierten Reaktionszeitmessungen können Aussagen über die Intelligenz und Kombinationsfähigkeit des Untersuchten erwartet werden.

Zur Ermittlung der Kennzeit eines Gewebes dient die Chronaximetrie. Die Rhebobase ist die Stromstärke, die bei andauernder Gleichstromreizung eines Nerves oder Muskels im betreffenden Gewebe Auslösung einer minimalen Erregung hervorruft. Diejenige Zeit, die ein Strom der doppelten Rheobase benötigt, um eine Nerv- bzw. Muskelerregung zu provozieren, ist die Chronaxie. Für die Bewertung gilt, daß je kürzer die Chronaxie ist, desto größer ist die Erregbarkeit des Nerven oder Muskels, der untersucht wurde. So haben Sprinter gewöhnlich eine kürzere Chronaxie, als Ausdauersportler. Verlängerung der Chronaxie ergibt sich auch bei ermüdetem oder abgekühltem Muskel.

Für den Freizeit- und Erholungs- bzw. Gesundheitssport wird gewöhnlich mit guter Informationskraft ein aus 10 Einzeltests bestehender Komplextest herangezogen. Insgesamt gestatten die sportmedizinischen Parameter (Körpergewicht und -höhe, Hautfaltenmessungen, VK-Atemstoßtest und Stufentest) sowie sportmethodischen Untersuchungen (Beinanheben, Rumpftiefbeugen, Sprungtest, Fallstabtest u.a.) des Komplextests das Erfassen der allgemeinen körperlichen Leistungsfähigkeit, verbunden mit einer Einschätzung von motorischen Fähigkeiten, wobei folgende Aussagen möglich sind nach Neumann (1980) 1. Stufentest (Herz-Kreislauf-Leistungsfähigkeit); 2. Atemstoßtest (Ermittlung der Lungenelastizität, Beweglichkeit des Brustkorbs und der Atemmuskelkraft); 3. Hautfaltenmessung (Feststellung des Ausmaßes des Unterhatfettgewebes); 4. Fallstabtest (Einschätzung der Bewegungsschnelligkeit); 5. Beinanheben (Kraftausdauer- und Unterkörpermuskulatur-Beurteilung); 6. Liegestütze (Kraftausdauerermittlung in der

Oberarm- und Schultergürtelmuskulatur); 7. Sprungtest (Feststellung der Schnellkraft in der Beinmuskulatur; 8. Ausschultern (Ermittlung der Beweglichkeit in den Schultergelenken); 9. dynamische Beweglichkeit (synchrone Einschätzung der Beweglichkeit und Bewegungsschnelligkeit; 10. Rumpfriefbeugen (Objektivierung der Körperelastizität).

Das Vorteilhafte des Komplextestes liegt in der Möglichkeit, den Trainings- bzw. Entwicklungstand mehrerer verschiedenartiger Körperfähigkeiten erfassen zu können (z.B. Leistungsfähigkeit der Schultermuskulatur verglichen mit der Beinmuskulatur u.a.), des weiteren dessen Anwendbarkeit sowohl auf Einzelpersonen, wie auch auf Schul-,Vereinsgruppen u. dgl. Außerdem können die Ergebnisse als Grundlage für gezielte Übungsprogramme und die Beurteilbarkeit ihrer Ergebnisse dienen. Je nach Anzahl der Übungs- bzw. Kontrollteile kann sodann eine Komplextest-Modifizierung (z.B. Sechsertest) vorgenommen werden.

Die hier gegebenen diagnostischen Hinweise können naturgemäß nur informatorischen Wert besitzen. Die im Einzelfall zu wählende Methode ist ausnahmslos von einem erfahrenen und entsprechend versierten Arzt vorzunehmen.

Erkennung und Verhütung von Sportunfällen und Sportschäden

Die frühzeitige und die richtige Diagnose ist für den Sportler von besonderer Bedeutung. Nur die sichere Identifizierung einer akuten Verletzung sowie auch eines bereits chronischen (Weichteil- usw.)Schadens sichert ihm die Wiederaufnahme seines Trainings bei gutem Gesundheitszustand und mit der Aussicht auf sportliche Erfolge. Für den Arzt bedeutet dies, zugleich auch alle Begleitverletzungen, z.B. gedeckte Gewebsläsionen, zum Zwecke gezielter Therapie mitzuerfassen.

Ein Sportunfall ist die Folge eines akut aufgetretenen Mißverhältnisses zwischen Belastbarkeit und Belastung, das während einer sportlichen Tätigkeit auftritt. Der Sportschaden stellt dagegen eine zumeist nicht mehr voll rückbildungsfähige (irreversible) Veränderung zumeist im Muskel- und Skelettsystem als Folge längere Zeit bestehenden Mißverhältnisses von geweblicher Belastbarkeit und Belastung dar.

Bei dem akuten Ereignis eines Sportunfalls zielt die sofortige ärztliche Untersuchung auf dem Sportplatz o. dgl. (Commandré und Mitarbeiter 1989)

1. auf eine Blutung, die so schnell wie möglich zu beheben ist;
2. auf offene Wunden zur Vermeidung von Infektionen (Tetanus u.a.);

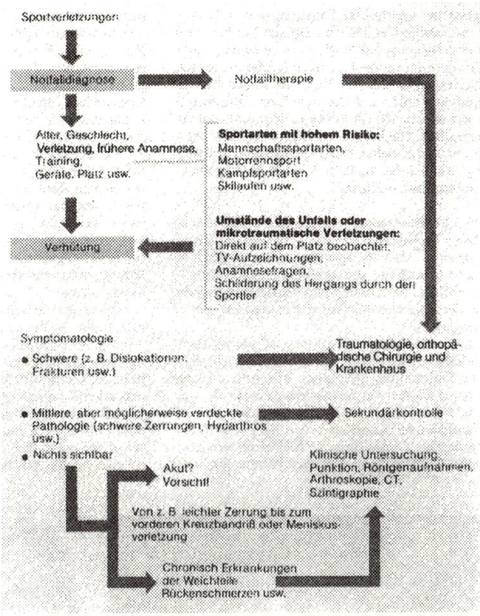

Abbildung 53: Bewährtes Vorgehen bei Diagnose und Therapie Sportverletzter.
Nach F. Commandré u. Mitarb. in A. Dirix et al. (1989).

3. auf einen etwaigen Schockzustand, dessen Behandlung Voraussetzung für einen Transport ist;

4. auf die Lage der verletzten Teile (Zerrungen, Frakturen, Dislokationen, Wirbelfrakturen u.a.). Näheres hierzu vgl. Abbildung 53.

Sportunfälle sind in der Regel subjektiv bedingt und liegen somit gewöhnlich in der Person des Sportlers begründet; eine führende Rolle spielen hierbei nach den Erfahrungen von Scheibe (1980)

1. Unvorsichtigkeit, z.B. Nichtbeachtung der nötigen Schutzausrüstung;

2. Fehleinschätzung eigenen Leistungsvermögens, z.B. Start bei ungenügender Trainingsvorbereitung oder Krankheit;

3. unzureichende Beherrschung der Technik der entsprechenden Sportart;

4. nicht sportgerechte Lebensweise, z.B. vorangegangener Alkoholkonsum;

5. Nichtbeachten von Hinweisen des Trainers, z.B. ungenügenden Vorwärmen bei Training oder Wettkampf;

6. Disziplinlosigkeit und Regelverstöße.

Immer wieder zeigt sich hier, daß sportgerechte Lebensweise, bewußt eingeschaltene sportliche Disziplin in Verbindung mit besonnenem Handeln zumal im Wettkampf sowie Achtung des sportlichen Gegners, als Hauptvoraussetzungen zur Sportunfall-Vermeidung zu gelten haben.

Als ein oft zu registrierendes Musterbeispiel sollen hier die Verletzungen beim Fußball genannt werden, die hauptsächlich als auf unzureichender Kondition und zu kurzer Aufwärmphase erkannt wurden (Hess 1990). Bekanntlich belastet Fußball am stärksten die Gelenke der Fußwurzel, des Mittelfußes sowie des Knies. Bei Freistößen sieht man, „wie der Fuß im

Häufige Knochenbrüche im Sport

Art des Bruches	Besonderheiten	Sportart
Knöchelbruch	Ohne Röntgenbild oft schwer von der Verstauchung zu trennen	Fußball, Schifahren, Sprungübungen
Unterschenkel - Querbruch - Drehbruch - Stückbruch	 schlechte Heilungstendenz	 Fußball (bes. bei gestrecktem Bein), Schifahren (bes. bei Temposchwung und straffer Bindung), beim Aufsprung (wenn der Körper auf den im Knie gebeugten Unterschenkel fällt)
Mittelfuß	häufig Ermüdungsfraktur, mäßige Schmerzen	Geher, Langläufer, Turner, beim Aufsprung
Finger		Handballer (durch schlechte Fangtechnik) Schifahrer (beim Sturz auf den abgespreizten Daumen)
Handwurzel, bes. Kahnbein	wird oft zunächst nicht erkannt, typischer Druckschmerz im Handgelenk auf der Daumenseite	beim Sturz auf die auswärtsgedrehte Hand (Torwart, Turner) oder durch direkten Schlag (Boxer)
Unterarm	meist Speiche, seltener Elle, oft auch Bruch beider Knochen	beim Sturz auf den gestreckten Arm (Turnen) oder als sog. Papierfraktur (Fechten, Judo)

Tabelle 26:
Nach J. Scheibe. In D. G. R. Findeisen u. Mitarb. (1980)

Moment des Abstoßes um bis zu zehn Zentimeter in den Ball eintaucht. Dabei wird der Ball erheblich verformt und der Fuß maximal plantar flektiert“. Demnach wird als die beste Verhütung von Verletzungen ein sauber aufgebautes Trainingsprogramm mit stufenweiser Adaptation, stets gutem Aufwärmen mit ausreichenden Dehnungsübungen vor jedem Spiel sowie entsprechende Kondition angesehen. Bewährt hat sich das Aufwärmen der Muskulatur ein sportphysiotherapeutisch angeleitetes Muskelvorwärmen mit lockerem Schwingen der der Beine im Stand und nachfolgendem Einibeziehen der Arme. Die Dehnung der Achillessehne verdient hierbei besondere Beachtung, weil deren Belastung beim Spurt das bis zum 14fachen des Normalen reicht. Die aktive Aufwärmphase ist grundsätzlich nicht durch lokal überwärmende Mittel ersetzbar.

Ultraschallbefunde bei innerer Muskelzerrung

Grad der Zerrung	Ultraschall-Befund
0 Histologische Ruptur von Nahrungs- oder Kollagenfasern, Krämpfe, Spasmen	0
1 Muskeldehnung	Schuppiger Reflex (40 %)
2 Partieller Muskelriß	Trias lappig lockenförmiger Reflex rundlich glockenförmiger Reflex
3 Vollständiger Muskelriß	Große Trias oder anechogener Hohlraum

Tabelle 27: Nach F. Commandré u. Mitarb. In A. Dirix et al. (1989).

Weil der Muskel eine Überdehnung „nicht vergißt", kommt es durch eine Summation nicht ausgeheilter Bagatellverletzungen häufig zu Sportschäden. Daher sollte bei Überdehnung umgehend mit kaltfeuchten Umschlägen sowie Kompressionsverband (Abnahme nach etwa 30 Minuten bis zur Beinerwärmung, dann ggf. neue Kühlung) behandelt werden.

Über Ursachen und Besonderheiten häufiger Knochenbrüche informiert Tabelle 26.

Sportschäden, sehr häufig in Form z.B. des „Tennisellenbogens" (Epikondylitis), Entzündung der Achillessehne, immer wieder auftretenden Schmerzen im Lendenbereich (Lumbalgie), Muskelfaser- und Sehnenrisse sowie Gelenkleiden (Arthropathie) als Folgen übermäßig und/oder zu lange bestehender Belastung bedürfen der Erfassung von

1. anatomischen Schäden (Hyperpression der Patella, Genu varum oder valgum, Spondylose u.a.);
2. chronischer Überbelastung infolge unangemessener Trainingsintensität und -extensität;
3. vorzeitiger Belastung nicht völlig ausgeheilter Sportverletzungen (Mikrotraumen) infolge ungenügender Beachtung auch seitens des Sportarztes.

Unter den häufigen Muskelzerrungen (Myopathie) sind die äußeren Verletzungen (z.B. durch Aufprall: Kontusion) von den inneren Verletzungen und häufigen Spätfolgen, z.B. als Folge mangelhafter neuromuskulärer Koordination bei fehlerhaftem Training sowie Ermüdung (vgl. unter 2.5), zu trennen. Von der insgesamt sehr umfangreichen, hier nicht zu berücksichtigenden Diagnostik sei exemplarisch das Ultraschall-Scanning erwähnt, vgl. Tabelle 27.

Oft beobachtet man außer dem schon erwähnten Tennisellenbogen auch Knochenhautreizungen (Periostitis) im Bereich des Schienbeins, am Griffelfortsatz der Speiche (Styloiditis), des weiteren aseptischen Knochennekrosen

(Gewebstod), ausschließlich infolge von Überlastung. Dauerschäden sind, außer serienmäßigen physiotherapeutischen Anwendungen, hier gewöhnlich nur durch monatelange Sportabstinenz vermeidbar.

Kaum weniger belastend sind Erkrankungen der Wirbelkörper (Schermannsche Krankheit) sowie Veränderungen der Schienbeinrauhigkeit (Schlattersche Krankheit). Erwähnt seien auch die Gelenkprellungen (Kontusionen), Ausrenkungen (Luxationen), Kreuzbein- und Meniskusverletzungen sowie die gleichfalls Spätschäden verursachenden Muskelverletzungen mit Muskel-Hilfseinrichtungen. Dazu besonders disponierend wirkt und sollte im Interesse der Prävention sowohl sportmedizinisch als auch sportpädagogisch immer im Auge behalten werden

1. Mangelhafter Trainingszustand mit unzureichender Koordination zwischen synergistischen und antagonistischen Muskelgruppen;

2. Ungenügende Muskeldurchblutung, z.B. infolge unzureichender Vorwärmung, aber auch infolge altersbedingter Gefäßveränderungen (Arteriosklerose);

3. Allgemeine Resistenzschwäche durch Übertraining und Übermüdung (Auftreten eines Muskelrisses stets am Wettkampf- oder Trainingsende!) sowie auch beginnende oder nicht völlig abgeklungene Erkältungskrankheiten;

4. Muskelhypertrophie, weil Muskeln mit starkem Umfang infolge Kraftsporttraining eher zu Rissen neigen, als bei Ausdauerleistungen trainierte Muskeln;

5. Sehnenveränderungen degenerativer Art durch wiederholte Mikrotraumen, lokale Ernährungsstörungen sowie physiologische Abnutzungsvorgänge (bereits ab 25. Lebensjahr Gefäßrückbildungen in den Sehnen);

6. Unterbrechung bzw. Herabsetzung der Funktion von Schutzreflexen bei Einnahme von Dopingmitteln.

Sicherste Verhütung der meisten Sportschäden und -Verletzungen ist ohne Frage durch regelmäßiges Training einer auf wissenschaftlichen Grundlage empfohlenen Sportart und durch gewissenhafte Beachtung der methodischen Hinweise seitens des Trainers sowie auch Sportarztes möglich, einbezogen eine trainings-physiologisch gekräftigte Muskulatur und in regelmäßigem Abstand erfolgende sportärztliche Beratung und Untersuchung. Letzteres dient nicht zuletzt der Gewinnung des Sportlers für die ggf. nötige Einleitung von Frühmaßnahmen schon bei ersten diskreten Anzeichen für eine Funktionsstörung.

Zur Bedeutung von Haltungsfehlern

Unter letztgenanntem Aspekt verdient die Haltung des Sportlers und ganz allgemein des jungen Menschen besondere Beachtung. Gute Haltung wird einmal funktionell-anatomisch durch einen straffen Bandapparat und eine gut entwickelte Rückenmuskulatur erreicht. Sie ist somit vom Tun oder Lassen des Menschen in entscheidendem Maß abhängig, zumindest in den ersten beiden Dezennien.

Bei einer unbewußt entspannten Rückenmuskulatur kommt die Ruhehaltung zustande, die eine Verstärkung der physiologischen Krümmung der Wirbelsäule hervorruft. Damit verbundene „Lässigkeit“ kann unter bestimmten Bedingungen, etwa denen einer alkohol- oder drogenabhängigen „Risikopersönlichkeit“, durchaus zum Haltungsfehler in seiner ganzen biopsychosozialen Bedeutung werden. Daß hier gerade das Gewinnen zu einer den anatomischen Gegebenheiten und (oft erst zu weckenden) sportlichen Interessen entsprechenden, in nicht allzuferner Zeit Erfolgserlebnisse versprechenden Sportart von herausragender Bedeutung ist, wurde wiederholt unter dem Stichwort „Behandlung des Psychischen über das Physische“ erörtert.

Sportanatomisch entsteht der Haltungsfehler entweder durch Überbetonung oder Abflachung der physiologischen Krümmungen der Wirbelsäule.

Die Betroffenen vermögen dann nur mit großer Anstrengung für eine kurze Zeit durch Anspannung der aufrichtenden Muskulatur eine Normalhaltung herzustellen. Ausgesprochene Haltungsfehler in diesem anatomischen Sinn sind Rundrücken, hohlrunder Rücken bzw Hohlkreuz sowie der Flachrücken.

Als deren Ursachen im letztgenannten Sinn spielen eine Schwäche des passiven Halteapparates (Bänder) und der eigentlichen Haltekräfte (Muskeln) eine dominierende Rolle. Nicht zufällig nehmen die Haltefehler daher in der Wachstumsphase stark zu, so daß in manchen Berichten bei mehr als der Hälfte der Kinder von schlechter Haltung, und dann häufig in Haltungsfehler übergehenden Erscheinungen, gesprochen wird.

Durch das Vermeiden einseitiger Belastungen, ein gut abgewogenes Verhältnis von Belastung und Erholung und durch ein freudbetontes Programm des schulischen und dringend ratsamen außerschulischen Sports, am sichersten durch Aufnahme eines gut durchdachten sportlichen Trainings, kan sowohl anatomisch als auch psychobiosozial der Haltungsfehler erfolgreich behandelt und verhütet werden. Besonders haben sich hier die Sportarten Schwimmen und Gymnastik, namentlich zu Beginn systematischer sportlicher Tätigkeit, bewährt.

Erste Hilfe bei Sportverletzungen

Vor Sportverletzungen und sonstigen akuten Ereignissen sind weder Anfänger, noch erfahrene Hochleistungssportler völlig gefeit. Weil nicht immer sogleich ein Arzt verfügbar ist, muß jeder Sportler die Regeln der Ersten Hilfe sicher beherrschen, im Interesse seiner Kameraden und letztlich zum eigenen Nutzen. In erster Linie gilt es zu prüfen, ob lebensbedrohliche Veränderungen vorliegen, was am besten durch sofortiges Herbeiholen des Übungsleiters, Trainers o. dgl. erfolgt. So sollte vorrangig auf

1. starke Blutungen,
2. Atemstörungen,
3. Kreislaufstörungen und
4. Bewußtseinsstörungen

geachtet werden.

Bemerkenswert sind hier Untersuchungen, denen zu folge in der Bundesrepublik jährlich etwa eine Million Schulunfälle seitens der Gemeindeunfallversicherungsverbände erfaßt werden. Davon waren 1988 nicht weniger als 40,3 % Sportunfälle, von denen sich 50 % in Grund- und Hauptschulen, 16 % an Gymnasien, 11 % an Realschulen und 10 % in berufsbildenden Schulen abspielten (Kunz u. Mitarb., zit. Bönig und Mitarbeiter 1989). Bei 80 % der Verletzungen handelte es sich um solche leichter Art (Hautabschürfungen, Quetschungen o. dgl.). Die restlichen 20 % setzten sich aus Knochenbrücken (9 %) sowie schwerne Sehnen- und Bänderrissen, stumpfe Bauchtraumen sowie Schädelverletzungen, zusammen.

Bei der Rangfolge betroffener Sportarten rangiert das Turnen (24 %) an erster Stelle und wird gefolgt von Volleyballspiel (21 %), Basketball (14 %), Leichtathletik (12 %) und Fußball mit erstaunlicherweise nur 9 %. Beim Turnen wurde ein bemerkenswert hoher Anteil von Wirbelsäulenverletzungen, an der Spitze Prellungen und Distorsionen der Halswirbelsäule, ermittelt. Es folgten Verletzungen des Kniegelenks (15 %), wobei Wachstumsfugenluxationen im Bereich der distalen Oberschenkelrolle und vordere Kreuzbandrisse die größte Sorge bereiteten. In 20 % der verletzten Turner mußten Distorsionen des oberen Sprunggelenks, zumeist fibulare Bandrupturen, in einigen Fällen auch Frakturen der Wachstumsfugen diagnostiziert werden.

Beim Volleyball dominierten Finger- und Sprunggelenkverletzungen in Form von Strecksehnenverletzungen sowie Kapselrisse (Fingermittelgelenke, Daumen), in der Leichtathletik Knieverletzungen. Auch hier dürfte es für die Sportlehrer, Übungsleiter sowie auh Sportärzte von Interesse sein, daß sich jährlich ein bis zwei vordere Kreuzbandrupturen sowie Meniskusverletzungen

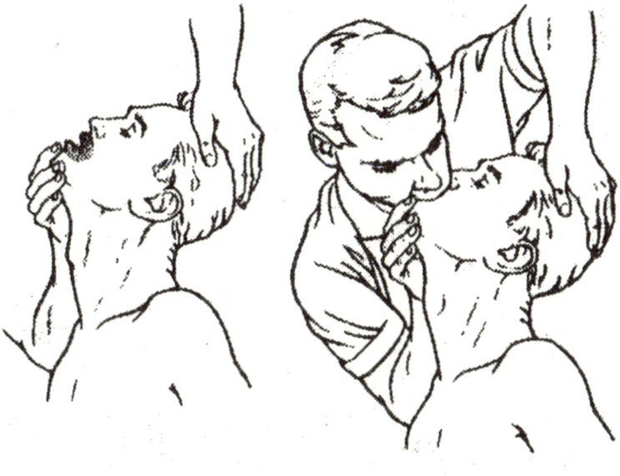

Abbildung 54: Mund-zu-Mund-Beatmung.
Oben: die schraffierte Fläche zeigt die Umgebung des Mundes, die von den Lippen des Beatmers verschlossen wird.
Unten: Einblasen der Atemluft in den geöffneten Mund. Verschluß der Nasenlöcher durch die Wange des Beatmers.
Nach Köhnlein u. Mitarb. In W. Heipertz (1985).

bei Jugendlichen und Kindern offenbar nicht verhüten ließen. Bei 20 bis 25 % aller Verletzungen fanden sich hier Rupturen der Sprunggelenkbänder und Knöchelfrakturen, an dritter Stelle standen Muskelverletzungen in Form von Zerrungen und Muskelfaserrissen. Als schwerste Gelenkverletzung mußte eine Hüftluxation mit Pfannenfraktur registriert werden.

Bei Schürfwunden mit Verletzung lediglich der Oberhaut, Platz- und Schnittwunden erfolgt gewöhnlich ein (steriler) Schutzverband und ist Vorstellung beim Arzt innerhalb von 6 Stunden (ggf. Wundnaht nach Revision) erforderlich. Stark blutende Wunden bedürfen der Kompression (Abschnürung möglichst nahe oberhalb der Wunde, z.B. bei stoßweiser arterieller Blutung) nötigenfalls auch der Blutstillung durch Abbinden, wobei Abschnürung wegen der Gefahr nektrotischer Komplikationen maximal 2 Stunden vertretbar ist.

Steht die Atmung im Vordergrund der Ersten Hilfe, muß auf Zeichen des Atemstillstands (graublaue Färbung der Haut, fehlende Atemgeräusche und Atembewegungen) geachtet werden. Bei freien Atemwegen sollte sofort mit der Beatmung begonnen werden, bei gleichzeitigem Verdacht auf Herzstillstand (fehlender Puls und Herzschlag) außerdem Herzmassage.

Durch Reiben des Ohrläppchens wird nach Empfehlungen von Heipertz (1985) zuverlässig Atmung und Kreislauffunktion ermittelt, indem beide bei Ohrläppchenrötung auf diesen mechanischen Reiz als intakt anzusehen sind. Muß Beatmung vorgenommen werden, wird in Rückenlage der Kopf des Verletzten im Nacken überstreckt und der Unterkieder nach vorn gezogen, wobei die Daumen im Kiefergelenk den Unterkiefer nach unten drücken. Oft ist die kritische Situation schon beherrscht, wenn es gelang, die untere Zahnreihe vor die obere zu schieben. Da im bewußtlosen Zustand Reflexe und Muskeltonus weitgehend erloschen sind, fällt der Unterkiefer gewöhnlich nach vorn und verlegt damit den Weg der Luft zur Luftröhre.

Nach Beseitigung von ggf. Erbrochenem (Schützen des Fingers durch Einbringen eines festen Gegenstandes zwischen die Zahnreihen!) muß nötige künstliche Belüftung der Lunge durch die Mund-zu-Mund oder die Mund-zu-Nase-Beatmung einsetzen, vgl. Abbildung 54. Zweckmäßigerweise wird dabei die Ausatemphase des Verletzten durch einen zweiten Helfer, der den Brustkorb mit flach aufgelegten Händen zusammendrückt, unterstützt. Der Erfolg der Beatmung, die in jedem Erste-Hilfe-Lehrgang geübt wird, ist am Heben des Thorax und am Ausatemgeräusch gut erkennbar. Bleibt trotz freier Atemwege und Beatmung die Haut bläulich und sind keine Herztöne (Auflegen des Ohres auf den Brustkorb) hörbar und ist der Puls nicht mehr zu fühlen, muß an einem Herzstillstand gedacht werden. Trotz damit erheblich gesunkener Wiederbelebungschancen ist dann schnellstens mit Herzmassage in Form von Druck auf das Brustbein (Richtung Wirbelsäule: Herzkomprimierung) zu beginnen. Bedingung dafür ist die Lagerung des (Oberkörpers des Verunglückten auf einer harten Unterlage (Brett o. dgl.), um ein Durchbiegen der Wirbelsäule unbedingt zu vermeiden. Die Herzmasage durch 3- bis 4maliges kräftiges Schlagen mit der Faust auf das Brustbein („Anspringen" des Herzens durch Brustkorberschütterung bei reflektorischem Herzstillstand) muß bei Erfolglosigkeit durch rhythmisches, 60mal in der Minute Niederdrücken des Brustbeins verlängert werden, bei zwei Helfern im Wechsel mit der Beatmung. Dies muß bis zum Eintreffen von Rettungswagen und Notarzt fortgesetzt; bei Einsetzen ausreichender Atmung (Hautrötung bei Reibung) ist der Verunglückte dann bei Kopftieflage auf die Seite zu legen.

Schockzustände, die man an blassem Gesicht, kaltem Schweiß und in fortgeschrittenem Zustand (z.B. innere Blutung) an einem schnellen, kleinen Puls (über 110/min) sowie oberflächlicher Atmung verhältnismäßig leicht erkennt, verlangen Tieflagerung des Kopfes bei gleichzeitiger Hochlagerung und Wickeln der Beine, um das in die Beine versackte Blut dem Gehirn und Herz wieder zuzuführen („Autotransfusion"). Zudecken ist angebracht zur Konstanterhaltung der Körperwärme angesichts mangelhafter Blutzirkulation, während vom Einflößen von Flüssigkeit (z.B. Kaffee) beim Bewußtlosen wegen der Aspirationsgefahr (Verstopfen der Luftröhre) unbedingt abzusehen ist. Durch Abreiben des Körpers mit Franzbranntwein kann die Erholung, die gewöhnlich nach Kopftieflagerung schnell einsetzt, noch beschleunigt werden. Bei Hitzschlag (innere Überhitzung mit Wärmestauung bei hoher Außentemperatur, hohem Luftfeuchtigkeitsgehalt, oft unzweckmäßige Kleidung), der auch bei Marathonläufen und Straßenradfahren verhältnismäßig oft zu beobachten ist, hat sofortige Lagerung im Schatten, Entfernung

Abbildung 55: Transport eines Ohnmächtigen mit dem Rautek-Griff.
Nach W. Heipertz (1985).

oder zumindest Lockerung beengender Kleidung zu erfolgen. Sodann sind kaltfeuchte Umschläge auf den flachgelagerten Kopf, Nacken und Extremitäten angezeigt.

Zu 4. Bewußtseinsstörungen können sich bei Brüchen der Schädelbasis (Blutaustritt aus dem Ohr, Blutungen in die Augenhöhle, Hirnflüssigkeit aus der Nase), Impressionsbrüchen (durch umschriebene Gewalteinwirkung am Schädeldach) sowie vor allem auch bei gedeckten Hirnverletzungen, einstellen. Vor allem bei letzteren ist der Grad der Bewußtseinseinschränkung für die weiteren Maßnahmen schriftlich festzuhalten.

So reagiert der Verletzte noch träge bei Somnolenz (Schläfrigkeit) mit voll erhaltenen Reflexen. Bei Bewußtlosigkeit fehlt Reaktionsmöglichkeit auf Anrufe, doch Reflexe wie Pupillenreflex und Reaktion bei Berührung sind erhalten. Tiefe Bewußtlosigkeit ist durch völlige Reaktionslosigkeit gekennzeichnet, auch ist die Atmung eingeschränkt. Zur Beurteilung des Schweregrades sollte unbedingt die Uhrzeit bei Eintritt notiert werden. Erste-Hilfe-Leistung besteht in sofortiger Seitenlage, Schutz vor Auskühlung, weder essen noch trinken lassen, Beobachtung durch einen Helfer, während ggf. ein zweiter bei Fortbestehen ärztliche Hilfe heranholt. Wenn beim Aufnehmen des Verletzten bei Anwesenheit nur eines Helfers Schwierigkeiten bestehen, eignet sich gut der Schleifgriff nach Rautek, vgl. Abbildung 55.

Beim Fußball sowie auch Skifahren, Rodeln und anderen Sportarten kommt es nicht selten zu Rissen des hinteren Kreuzbandes (HKB), das zusammen mit dem vorderen Kreuzband (VKB) den zentralen Stabilisationsfaktor des Kniegelenkes bildet. Dieses zieht von der seitlichen

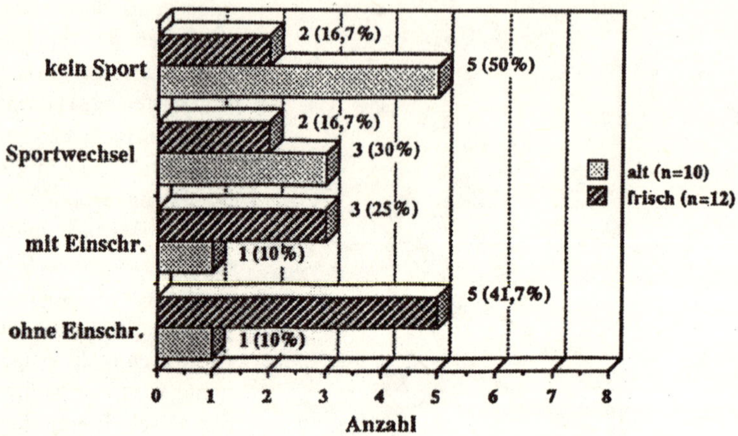

Abbildung 56: Sportfähigkeit bei hinteren Kreuzbandrupturen (n = 22). Nach M. J. Lippert u. Mitarb. In D. Böning u. Mitarb. (1989).

Innenfläche des mittleren Femurkondylus schräg nach hinten unten zur sogenannten Area intercondylaris posterior der Tibia, also zum Zwischengelenkfortsatz des Schienbeins. Zusammen mit dem Streckapparat verhindert das hintere Kreuzband ein Abgleiten des Wadenbeins gegenüber dem Schienbein nach vorn und gewährleistet damit im Zusammenspiel mit dem VKB eine Rotationssicherung.

Bemerkenswert sind Untersuchungen operativ versorgter hinterer Kreuzbandrupturen (HKB) im Anschluß an Erste-Hilfe-Leistungen bei 31 Verletzten (20 komplette und 11 Teilrupturen). Sodann wurden neben den HKB-Verletzungen bei 61 Unfällen Begleitverletzungen ermittelt, bei denen 31 % noch auf das VKB, 19,7 % auf das mittlere Kollateralband und 27,9 % auf den Innenmeniskus entfielen. Dennoch uneingeschränkt sportfähig wurden bei Berücksichtigung mechanischer und funktioneller Behandlungsergebnisse sowie der vorgenommenen Kraftanalysen über 40 % der primär versorgten HKB-Rupturen, wogegen immerhin 50 % der Verletzten mit chronischer Instabilität auch nach der Operation sich abfinden und auf die ausgeübten sportlichen Aktivitäten bzw. völlig auf Sport verzichten mußten, vgl. Abbildung 56. Lippert und Mitarbeiter (1989) folgern aus ihren Beobachtungen, daß im Hinblick auf die relative Verminderung der Kraft der Streckmuskulatur auch eine Beeinträchtigung der Stabilisierungsfähigkeit des Kniegelenks bei den nicht seltenen HKB-Rupturen eintreten kann. Neben der funktionellen Beurteilung stellt damit die Kraftanalyse eine besonders genaue Kontrollmöglichkeit für die nötigen Rehabilitationsmaßnahmen dar.

Kapitel 5

Motive und Methoden der unphysiologischen Leistungssteigerung (Doping)

Mancher wird sich noch an die Olympiade im südkoreanischen Seoul (1988) und an die Worte des Dopingarztes Dr. J. Astaphan erinnern: „Wenn irgendein Athlet nichts genommen hat, dann war er wahrscheinlich aus Sri Lanka oder Timbuktu" (1989). Gleich dem zwielichtigen Arzt Astaphan – er „betreute" seit 1983 die kanadischen Spitzensportler und somit auch den weltbekannten Dopingaktivisten Ben Johnson – schätzte der Brite D. Jenkins den Prozentsatz der in Seoul Gedopten auf 99,9. Der Leitende Arzt (Chief Medical Officer) des US-Olympiakomitess kam immerhin auf offizielle 50% (lt. New York Times). Als Opfer der Scheinheiligkeit fungierte bekanntlich der schon genannte Ben Johnson und trug seine Disqualifizierung stellvertretend für Hunderte von Seoul-Siegern und „synthetischen Champions". Kaum zufällig hörte man nach dieser Olympiade auch Stimmen, allen voran Dr. Astaphan, das Doping und ganz besonders die zwei bedeutendsten Hauptgruppen Amphetamine (Adrenalinabkömmlinge) sowie Anabolika (mit dem anabolen Steroid Stonozolol wurde Ben Johnson seit 1985 regelmäßig versorgt) völlig freizugeben. Vielleicht liegt tatsächlich manchem daran, die Chancen in Richtung vorläufig visionärer Züchtung gentechnischer Sportler weiter zu erhöhen. Oder es geht hier „nur" um eine weitere Absicherung der „Enttabuisierung der Korruption" (H.-E. Richter 1989)?

Warum Perversion des sportlichen Leistungsstrebens?

Mit besonderem Bezug auf die allgemeine gesellschaftliche Situation des postindustriellen Zeitalters soll uns hier interessieren, wer in erster Linie zu einer „Dopingkarriere" disponiert ist und damit zu einer Laufbahn betrogener Betrüger. Übrigens stammt das Wort „Dopinig" aus dem Sprachschatz der afrikanischen Kaffer, die ein einheimisches Getränk „Dop" als Anregungsmittel benutzten.

Ein nicht zu übersehender Gesichtspunkt ist hier selbstverständlich auch, daß die noch vor einigen Jahrzehnten bestandene ängstliche Einstellung der

Bevölkerung gegenüber dem Pharmakon seit den 50er Jahren entschieden zurückgegangen ist und jetzt einem oft zu beobachtenden Medikamentenmißbrauch Platz gemacht hat. Die hohen Zuwachsraten der Pharmaindustrie und oft überaus geschickten Werbemaßnahmen, denen nicht allein Nichtmediziner in die Fänge geraten, weisen unzweideutig in diese Richtung. Fraglos wäre es illusionär anzunehmen, daß diese Entwicklung um den Sport einen Bogen gemacht hätte, wenngleich hier noch andere Gesichtspunkte eine zumeist wohl dominierende Rolle spielen.

Das Wort Doping wird im modernen Sport erstmals um die Mitte des vorigen Jahrhunderts erwähnt. Doch mindestens seit den 50er Jahren dieses Jahrhunderts nahm das Doping ständig zu, so daß es 1964 zur Gründung einer Medizinischen Kommission des Olympischen Komitees, und bei den Olympischen Spielen 1968 in Mexiko und Grenoble es zu den erstmaligen offiziellen Dopingkontrollen kam. So liegt die Zahl der bei den Olympischen Spielen 1968 bis 1984 vorgenommenen Kontrollen bei insgesamt 9235, von denen sich 35 (!) als positiv erwiesen. Im belgischen Radsport – 1965 war in Belgien ein Gesetz gegen Doping im Sport verabschiedet worden – sind bei zwischen 1965 bis 1986 insgesamt 14364 vom Belgischen Radsportverband vorgenommenen Kontrollen, 489 positive Fälle ermittelt worden.

Mit Recht wird Doping in erster Linie mit dem Spitzen- bzw. Hochleistungssport in Verbindng gebracht. „Motivierend" wirken dabei „extremer persönlicher Ehrgeiz, finanzielle Belohnung, soziale Reputation, Rücksichten auf Mannschaftskameraden oder gar die „nationale Indikation", bei der der „Sport zum Ersatzkrieg deklariert wird". Geht man von der besonderen „Anfälligkeit" von Sportarten aus, so sind es nachweislich in erster Linie Ausdauersportarten wegen leichter medikamentöser Beeinflußbarkeit der Betroffenen. Genannt werden hier vor allem Berufssportarten mit langandauernder körperlicher Anstregung, z.B. 6-Tagerennen und Straßenrennen (Radrennsport), Fußball sowie auch Boxen und Pferdesport wegen der besonderen finanziellen Vorteile der sich über längere Zeit hinziehenden Wettbewerbe. In zunehmendem Maß zeigt sich auch der Amateursport betroffen, insbesondere dann, wenn Trainer und andere Betreuer auch bei Berufssportlern tätig sind (bzw. waren).

Nicht zu übersehen ist somit der persönliche Aspekt. Dieser muß sich immer nicht nur auf den dazu Motivierten, sondern ebenso, ja noch in stärkerem Maß, auf die Betreuer, also den Sportarzt, Trainer bzw. Sportleherer beziehen. Wer ignoriert somit die ethischen Grundsätze des Fairplay und des einzig vertretbaren fairen Kampfes zwischen Sportlern und darüber hinaus die gesundheitlichen Gefahren dieses „kurzen Weges" zum Erfolg, auch angesichts bereits wiederholter Todesfälle durch dieses Krebsgeschwür, das

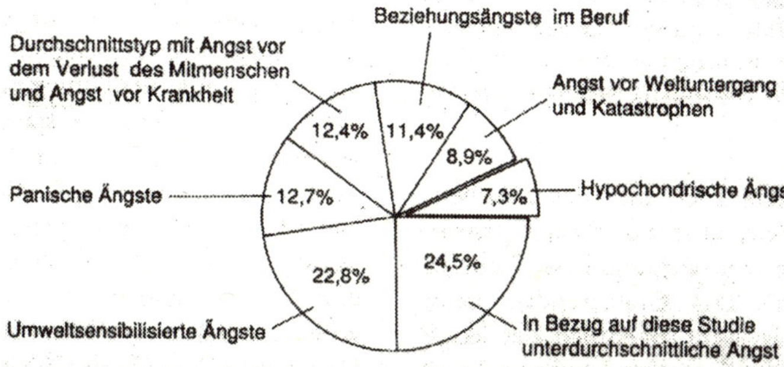

Abbildung 57: Prozentuale Häufung von Angsttypen (schweizerische Bevölkerung, ausgenommen Tessin).
Es wird offensichtlich, daß Angst von unterschiedlicher Entstehungsweise und Intensität ist. Zugleich wird bestätigt, daß ein beachtlicher Teil der Bevölkerung an dringend ärztlicher Behandlung bedürfenden Ängsten leidet. Nach WHO-Angaben sind etwa 5 Prozent der Weltbevölkerung davon betroffen.
Nach Pöldinger. In D. G. R. Findeisen u. L. Pickenhain (1990).

sich in den Sport einnistete?

Es sind dies immer mehrere Faktoren, die hier eine Rolle spielen, doch ungeachtet der Vielfalt hier beteiligter Haltungen und Konflikte subsummieren sie sich alle im Bedigungsgefüge unserer modernen Zivilisation. Für S. Freud (1856–1939) bestand unsere Kultur nicht in einem vielseitigen sozialen Prozeß, sondern war das Produkt biologischer Triebe, die unterdrückt oder sublimiert wurden. Der Grundiirtum liegt beim Doping in der falschen Annahme einer quantitativen, statt einer qualitativen Beziehung. Womit wir beim Dopingproblem konfrontiert werden, sind typische Schwierigkeiten, die zu unserem biosozialem Dasein gehören, besitzen die Qualität individueller Konflikte in Verbindung mit der Qualität kultureller Schwierigkeiten, entsprechend der Neurosedefinitiion von K. Horney.

So beruht unsere moderne Kultur bzw. Zivilisation ökonomisch auf dem Prinzip des individuellen Wettbewerbs. Der Vorteil des einen ist hier oft der Nachteil des anderen. Trotz gegenseitigen Bemühens, sich fair zu verhalten, ist der Wettbewerb einer der führenden Leitlinien, vielleicht der wesentlichste Faktor in den sozialen Beziehungen, sei der Anlaß Popularität, Kompetenz, Anziehungskraft oder irgendein anderer sozialer Wert. Die potentiell feindseilige Stimmung, die daraus resultiert und sich auch auf die Familiensituation erstreckt – wobei Freuds Theorie des Ödipuskomplexes als Ausdruck familiären Rivalentums nicht biologisch, sondern das Resultat gegebener sozialer Bedingungen ist – ist eine Quelle von Furcht, insbesondere aber von Angst (vgl. Abbildung 57). „Furcht ist auf etwas gerichtet, Angst ist gegenstandlos“ (Jaspers). Sehr realistisch ist hier die Furcht vor Mißerfolg, womit in der Regel nicht nur ökonomische Unsicherheit, sondern auch Prestigeverlust und andere emotionalen Einbußen entstehen.

Zum anderen ist Erfolg außerordentlich wirksam auf das Selbstbewußtsein, wobei nicht nur die anderen uns entsprechend dem Grad des Erfolges einzuschätzen; im gleichen Maßstab unterliegen wir gewöhnlich unserer Selbstbewertung. Doch verdanken wir unseren Erfolg wirklich nur den eigenen Verdiensten, oder hängt dieser nicht auch von einer Reihe von Faktoren ab, die außerhalb unseres Bemühens liegen, wie z.B. zufällige Umstände oder auch eine gewisse Skrupellosigkeit? Der Erfolg wird zuweilen zum Phantom und damit zur Illusion, die Lösung aller Probleme zu sein. Weitere hier nur stichwortartig zu nennenden Faktoren sind die Isolierung, die trotz äußeren Erfolges oder sogar wegen desselben einzutreten vermag (vgl. auch Kapitel 3) und auch zur hier zu nennenden Entwicklung einer Risikopersönlichkeit (vgl. nächsten Abschnitt) beizutragen vermag. Die eine solche oft kennzeichnenden Konflikte sind genau jene, die zu vereinen sich der Neurotiker abquält: Seine übertriebenen Anforderungen mit der ständigen Furcht, „es“ nicht zu schaffen, seine aggressiven Tendenzen mit seiner Nachgiebigkeit, sein Trieb zur Selbstverherrlichung mit seinem Gefühl persönlicher Hilflosigkeit.

Die hier nur in Gemeinschaft von Sportarzt, möglichst mit Hinzuziehung eines Sportpyschologen, Trainer und Sportler in jedem Einzelfall zu analysierenden Ursachen und Bedingungen bestechen im Regelfall durch ihre Vielfalt und konnten hier selbstverständlich nicht vollständig erörtert werden. Doch im Grunde ist auch jeder Gesunde damit konfrontiert. Maßgeblich für eine Entgleisung ist, in welchem Maß der einzelne durch seine Konflikte an einem erfüllten Leben gehindert, ob er sie erkennen und auf eine direkte Art mit ihnen fertig werden kann. Auch dabei vermag die erzieherisch immer wieder einmal zu wiederholende und konsequent zu verfolgende werteorientierende These hilfreich zu sein: Sport für hohe Leistungsfähigkeit, Gesundheit und Lebensfreude in Einem zu treiben, nie aber das Eine auf Kosten des Anderen!

Entwicklung zur Risikopersönlichkeit

Einiges hierzu wurde schon besonders in Kapitel 2 gesagt. Nicht selten beginnt eine solche negative Entwicklung schon vor der Geburt (z.B. unerwünschtes Kind). Insgesamt vollzieht sich hier die Selbstorganisation der Beziehungen Individuum/Umwelt gegenüber dem normalen, also physiologischem Niveau, auf einer verschobenen Regulationsebene (vgl. Abbildung 28 d). Die zentralen Instanzen des Anpassungs- und Abwehrsystems sind in ihrer Funktionsfähigkeit beeinträchtigt: Eine Kumulation von Fehlhaltungen und Fehlstellungen ist mit partieller Beeinträchtigung des Immunsystems verbunden. Subjektiv äußert sich ein solcher Zustand sehr oft in Störungen der individuellen Befindlichkeit. Objektiv ist oft Fehlverhalten, verstärkte Empfindlichkeit und überschießendes Reagieren erkennbar; zuweilen bleibt das Geschehen auch latent und (nahezu) unbemerkt. In jedem Fall ist eine derartige Entwicklung zur Risikopersönlichkeit eine Gefahr, zumal beim Auftreten plötzlich einwirkender Umweltnoxen, oder auch im Ergebnis einer Anhäufung von Beziehungsstörungen als Ergebnis negativ veränderter Umweltbeziehungen, der Zustand in eine Erkrankung umschlagen kann, vgl. Abbildung 58.

Das Verhalten einer derartigen Risikopersönlichkeit weist eine Reihe von Symptomen auf, die isoliert oder auch gehäuft auftreten können. Man muß sie kennen, um die nötige Hilfe seitens des Sportarztes in sehr enger Zusammenarbeit mit dem Sportlehrer bzw. Trainer, sowie Freunden des Betroffenen und Familienangehörigen, einleiten zu können (vgl. Kapitel 4). Es handelt sich dabei um den Versuch, die gestörten Umweltbeziehungen und die damit verbundene negative Befindlichkeit zu bewältigen, „damit fertig zu werden". Man bezeichnet ein solches Bemühen im Englischen als „coping". Zu Auffälligkeiten im Verhalten gehören Rauchen, Überernährung, ständiges Gehetztsein, Zeitnot, verstärkte Alkoholzufuhr und Drogenmißbrauch. Auch gegenüber dem Doping sind solche Personen sehr anfällig. Bei Nichtsportlern kommt es zu ausgesprochener Bewegungsarmut mit weitgehender Isolierung von allgemeinen gesellschaften Leben („Man lehnt ab und wird abgelehnt").

Dem Kliniker und erfahrenen Sportarzt ist bekannt, daß hier Risikofaktoren für eine große Anzahl chronischer Erkrankungen bestehen, z.B. Hochdruckkrankheit, Magen- und Darmgeschwüre, Migräne, Asthma). Leider haben die bereits umfangreichen, statstisch abgesicherten Untersuchungen bisher keine ausreichenden klinischen Konsequenzen gefunden. Ohne Frage gilt als gesichert, daß die genannten Risikofaktoren infolge der bestehenden (Di-)streßbedingten Meachnismen über eine Beeinträchtigung von Funktio-

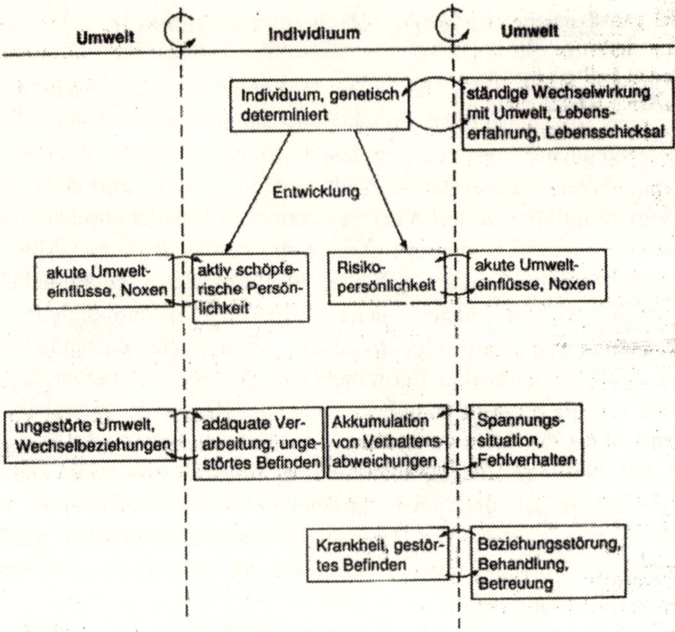

Abbildung 58: Individuum und Umwelt
Normale Entwicklung (links) = aktisch-schöpferische Persönlichkeit. Ihr steht die Entwicklung der Risikopersönlichkeit (rechts) als in der Regel langdauernder, nicht selten schon vor der Geburt einsetzender Prozeß bei verschobener Regulationsebene gegenüber. Nach D. G. R. Findeisen u. L. Pickenhain (1990).

nen des Immunsystems zur Entstehung schwerer chronischer Erkrankungen führen, zumindest dazu erheblich beitragen können.

Ausschlaggebend für die richtige Diagnose ist immer die gewissenhafte Analyse des Einzelfalles: Krankheit hat meistens mehrere Ursachen (hier einbezogen die „Bedingungen", z.B. das jeweilige Umweltgefüge): Bekanntlich bekommt nicht jeder Raucher Lungenkrebs, andererseits beruht dieser in mehr als 95 % auf jahrelangem Zigarettenrauchen. Zudem ist Rauchen nach neuesten WHO-Miteilungen derzeit die weltweit häufigste Todesursache (einbezogen Verkehrsunfälle, Mord und Krankheit jeder Art)!

Natürlich handelt es sich bei der Entstehung einer Risikopersönlichkeit nicht um ein nicht vermeidbares oder nicht anwendbares, „schicksalhaftes" Ereignis. Das Erkennen solcher Zusammenhänge – es beginnt dies mit der Kenntnisnahme solcher Möglichkeit – wird jeden vernunft- und willensbegabten Menschen Anlaß sein, seinen Lebensstil so zu gestalten oder ggf. zu verändern, daß eine solche Gefahr nicht entsteht. Arzt, Trainer, Lehrer und auch jeder verantwortlich lebende Sportler wird sich veranlaßt sehen, einem gefährdeten Mitmenschen in gut überlegter Weise aufklärend und durch aktiven Beistand zu helfen. Je frühzeitiger die nötige Veränderung des Lebensstils eintritt, desto sicherer ist eine Krankheitsverminderung oder -verhütung; auch im fortgeschrittenen Stadium ist dies möglich, wenngleich in der Regel schwieriger. Gerade hier zeigt sich, daß „alles erst durch den Kopf" muß. Daß dabei den Schulen und Hochschulen sowie Sportverbänden und -Instituten, vor allem aber auch den Trainern und Sportärzten, große Verantwortung beizumessen ist, wurde schon wiederholt betont. Doch jeder Sportinteressierte sollte sich hier angesprochen fühlen!

Vom „DDR-Sportwunder"

Eine möglichst realitätsbezogene Darstellung dieses noch immer hochaktuellen Themas erfordert einiges Zurückdenken, insbesondere in die Richtung „Was ist Sport", gibt es überhaupt „den" Sport (zumindest im auslaufenden 20. Jahrhundert), worauf zielen der Gesundheitssport bzw. Freizeit- und Erholungssport, was ist und wer betreibt Spitzen- bzw. Hochleistungssport und wieweit sind beide Kategorien voneinander trennbar?

Im Altertum sowie auch aus der Sicht einiger Philosophen, die sich um eine Lebenswerteklassifikation bemühten, war Sport im wesentlichen durch den spontanen Kraftaufwand determinierbar, als völlig zweck- und interessenfreier Energieüberschuß sowie als Disposition, mit überschwenglicher Bewegung zu reagieren. So ist für Ortega y Gasset (1954) Sport freie „Anstregung aus Lust an ihr selbst". Auch das Leben ist für ihn eine stets neu zu wählende „metaphysische Anstrengung"; er spricht geradezu vom „sportlichen Sinn des Lebens selbst". Die primäre, schöpferische Tätigkeit in Gestalt des Sports ist für Ortega y Gasset unabdingbar für das menschliche Leben, wodurch erst alle großen kulturellen Werte ermöglicht würden. „Kultur ist nicht Tochter der Arbeit, sondern des Spiels." Folgerichtig führe das sportliche Wirken archaischer Jugendbünde zum „sportlichen Ursprung des Staates".

Die sehr großzügig-eingewillige Betrachtungsweise dieses spanischen Philosophen in Form seiner „Ein-Faktor-Theorie" erhielt wohl in zu starkem Umfang wertbesetzte Begriffe, entsprang wohl auch einer anachronistischen ideologischen Rechtfertigung seiner Epoche, als daß sie sich größerer Beachtung versichern konnte.

Ähnlich erging es der Generalisierung des Spielerischen von Sport, z.B. in Form von Skisport und Bergsteigen, wo alles verköpert und variiert sei, was das Spiel als solches auszeichne, „das freie, vergnügungsgemäße, überflüssige Handeln“ (Moser 1960). Selbst im härtesten Training findet sie hier noch „spielerische Gesinnung“ (Huinzinga 1956). Moser sieht in der finalistischen Auffassung von Bewegung eine „Aktualität des Potentiellen“ sowie künftiger Stadien und Ziele, und im „Lernen“, „Glücken“, Beherrschen „sportlicher Bewegungsphänomene“, noch eine Variante spielerisch-sportlicher Bewegung.

Diesen Maximen, Sport als bloßes Spiel aufzufassen, widersetzten sich insbesondere französische Autoren. Bei Bouet finden wir Merkmale formuliert, mit denen der Sport vom Spiel unterschieden, weil mit bestimmten Techniken erlernt, Resultate, erreicht, Anstrengungen und Gefahren durchstanden. Objektivität erstrebt und Askese geübt werden. „Um sich der Vollkommenheit anzunähern, um die Leistung des Menschen zu verbessern, hat man nicht mehr das Recht, sich zu amüsieren“. Offensichtlich wird hier verallgemeinernd vom Leistungssport ausgegangen.

Auch Sport als überwiegend ästhetisches Phänomen fand unterschiedliche Interpretation. Dabei dominierte das Bild der sportlichen Bewegung und der Körper des Athleten, beispielsweise bei Coubertin (1949). Einen Schritt weiter vollzieht die Inerpretation von Sport als Analogie zu Kunst, indem die „gleichartige Resonanz im Erleben“, die Zweckfreiheit, der „Kulturwert“ sportlicher Höchstleistung als „schöpferische“ Tätigkeit verabsolutierend apostrophiert werden.

Ein Wandel des Sport-Kunst-Paradigmas wird namentlich von Fraysinet (1968) artikuliert. Einmal sei die „Nutzlosigkeit“ identisch mit der Kunst, die ebensowenig, wie der Sport ein „Bedürfnis befriedige“, so daß beidem ein unmittelbarer Zweck abgesprochen wird. Beide seien jedoch zu unterscheiden vom Spiel durch den Charakter des Ernsthaften, was sich bei Sport aus der Gegenwart der Zuschauer und ihrer „Verbindung“ mit den Athleten ergebe, womit wiederum einseitig der Spitzensport avisiert wird. Künstlerische und sportliche Tätigkeit seien auf ein Ziel gerichtet, beide würden auf ein Ergebnis zielen. Dabei entspräche dem künstlerischen Werk (franz. oeuvre) im Sport das Ergebnis der Athleten, z.B. der Lauf, der Sprung. In diesem „Ouevre“ wird die enge Verwandtschaft von Kunst und Sport gesehen: Beide, der Künstler, wie der Sportler seien in gleichem Maß um die Schaffung eines „Oeuvre“ bemüht. Auch Bouet (1948) argumentiert in ähnlicher Weise mit Bezug auf die „Ästhetik“ des Segelfliegens.

Sport als „Modell der Leistungsgesellschaft“ ist bereits eine Vokabel unserer Zeit, wobei Coubertin noch von einer „Aristokratie“ und „Elite der Leistung“ sprach, dann aber in „Gestalt einer Demoraktie des Könnens“ ergänzte. Fraglos hat sich Sport in der spätindustriellen Gesellschaft immer stärker zum Rang eines industriellen Leistungsindikators hin entwickelt, zumal die industrielle Berufsleistung zunehmend weniger persönlich identifizierbar wurde und für den einzelnen „zurechnungsfähig" war. Team bzw. Kollektiv, „Großapparatur, System bilden hierbei vorrangige Leistungsdeterminanten". So kann der Leistungssport in der Freizeit- und Konsumgesellschaft ein Gegengewicht zur „existentiellen Verarmung der Arbeitswelt" bilden: nicht mehr Ausgleich, sondern „Symbol und Artikulationszentrum der Konkurrenzgesellschaft selbst" (Lenk 1972).

Zunehmend wurde das Leistungsverhalten im Sport geradezu als „Modell" für „Leistungsverhalten überhaupt" erachtet. Die „Rangordnungsverbesserung" durch den „objektiven", als gerecht empfundenen Leistungsvergleich vereinige zunächst „antagonistisch" erscheinende Prinzipien der Gleichberechtigung und differenziertes Rangzuweisen. Für Adam (1972) wird in der „idealen Leistungsgesellschaft" in zentralen Zügen eine Erfolgsgesellschaft publizitär verkaufter Scheinleistungen und Karrieren. Die Quasigesetze des publicity-Erfolges, der Unterhaltungsindustrie und Leistungsdetermination durch Gesellschaftssysteme prägen sich zunehmend auch dem Spitzensport auf: dieser entspricht nicht mehr rein dem Ideal der Leistungsgesellschaft, obwohl der Leistungssport idealisiert ein Modell dafür bildet(e): „Sportliche Leistungen lassen sich nicht erschleichen".

Abgesehen von den wesentlichen Unterschieden sportwissenschaftlicher Wesensdeklarationen und den Realitäten im Bereich der ehemaligen DDR sowie im Hinblick auf unsere bisherigen sportmedizinischen Erörterungen aus dem Blickwinkel der biosozialen Bedürfnisse und berechtigten Ansprüche der Menschen unserer Zeit, wird man Jaspers (1883–1969) weitgehend zustimmen können, der im Sport „an sich" einen „Rest von Befriedigung unmittelbaren Daseins in Disziplin, Geschmeidigkeit, Geschicklichkeit", „Kampflust", „Heroismus", „Genuß an Gefahr" sowie „Ekstase für gefährliche Leistungen" sieht. Im „lockenden Anblick exzentrischer Möglichkeiten" bietet der menschenfeindliche Apparat dem anscheinend schicksalslosen Menschen Gelegenheiten, der Langeweile und Geheimnislosigkeit zu entfliehen, sich selber darzustellen. „Sport wird Weltanschauung als Ersatzprodukt".

Eine kürzere Formel wird von Plessner (1950) formuliert: „Er ist eine Ausgleichsreaktion", und dann ergänzend angefügt a) gegen das „gestörte Gleichgewicht zwischen geistigen Möglichkeiten und körperlichem Beanspruchen", gegen den „deformierenden Einfluß der industriellen Mechanisierung, Spezialisierung, Bürokratisierung" in Arbeit, Verkehr usw., b) gegen das mit der Spezialisierung und Arbeitsteilung einhergehende „Unsichtbarwerden" der „eigenen Person" im Arbeitsprozeß, gegen das

Anonymitätserleben; c) gegen die „Entfremdung aller für alle durch die Intellektualisierung des heutigen Lebens“ mit ihrer Unverständlichkeit und wechselseitigen Unvergleichlichkeit der differenzierten, abstrakten Teilleistungen; d) gegen die Langeweile des Arbeitsprozesse. Dabei biete Sport auch Chancen für leichten, sozialen Aufstieg Unterprivilegierter, für die „Erfüllung der Wünsche nach Überbietung des anderen, nach Selbstbestätigung und Ansehen, nach Höchstleistung und Heldenverehrung“ ... Sport somit als „idealer Ausgleich“, weil er „das Element der Nichtarbeit mit dem Prinzip der Leistung verbindet“, dem man sich in der Leistungsgesellschaft nicht mehr entziehen könne und wolle.

Bevor wir auf Ergebnisse des „Sports als Mittel zum Zweck“ zu sprechen kommen, hier nur noch der kurze Hinweis auf einen grundsätzlichen Wesensunterschied von Gesundheits- bzw. Freizeit- und Erholungssport und Hochleistungs- bzw. Spitzensport, auf den bewußt weder unter Werteaspekten, noch definitorisch-therminologisch bisher Bezug genommen wurde. Lediglich in Kapitel 4 wurde angedeutet, daß „beide Welten“ teilweise ineinander übergehen (können). Sie sind grundsätzlich voneinander trennbar durch ein unterschiedliches, dabei sehr gesundheitsrelevantes Erleben von Raum und Zeit. Dabei geht das neue Zeiterleben auf A. Einstein (1879–1955) zurück, doch auch der schon erwähnte Bouet (1962) unterscheidet zwei Zeitlichkeiten, die Dauer (dureé), die als Quantität der Zeit den Ablauf von Bewegungen ausfüllt, die „nach verschiedenen Momenten angeordnet sind“ – von einer „zeitlichen Konfiguration“ – oder der „zeitlichen Melodie“. Wir erinnern hier an unsere Betrachtung zum Zeitproblem und Streßreaktion mit Bezug auf die äußere (lineare bzw. physikalische) Zeit in Form der „Diktatur der Uhr“, die zu trennen ist von der inneren (physiologischen) Zeit eines werterfüllten Erlebens (vgl. Kapitel 2). Sport ist wirklich nicht gleich Sport! Wo hier der Spitzen- bzw. Hochleistungssport, und wo der Gesundheits- bzw. Freizeit- und Erholungssport einzuordnen ist, bedarf keines weiteren Hinweises.

Auch die Frage nach dem angeblichen „DDR-Sportwunder“ beantwortet sich nunmehr sehr leicht. Der Sport diente primär nicht der Gesundheit und einem natürlichen Leistungsstreben, sondern der Demonstration einer „überlegenen sozialistischen Ordnung“. Die oft bereits im Vorschulalter – unter Verwertung anthropometrischer Erkenntnisse im Hinblick auf die künftige Leistungsentwicklung – getroffene Auswahl für die Kinder- und Jugendsportschulen (KJS) bildete ein starkes Leistungsreservoir für den Spitzensport. Zu dessen Gunsten wurden jährlich Milliarden investiert unter grober Mißachtung des Prinzips der Verhältnismäßigkeit im Hinblick auf den Gesundheitssport sowie mit Blick auf die verfallenden Städte u. dgl.

Betrachtet man den Medaillen-„Segen“ bei Weltmeisterschaften und Olympischen Spielen, gelangen Experten immer wieder zu der Feststellung des „weniger wäre mehr gewesen“, insbesondere mit Blick durch staatlichen Betrug und staatliche Förderung erschlichene Auszeichnungen. Stichwort: Doping! Das kleine Land hätte sehr wahrscheinlich auch ohne diese Diskreditierung „des“ Sportes auf gute Ergebnisse stolz sein können. Mit Recht verweist W. Bringmann darauf, daß der – allerdings in erster Linie dem Spitzensport verfügbare Sportmedizinische Dienst! – für den „Breiten- und Gesundheitssport, unterschiedlich in den Regionen des Landes“, in einer „Betreuungskapazität zwischen 30 und 40 % zur Verfügung stand“.

Nicht ohne Grund tritt, ungeachtet unumgänglicher Spitzensport-„Abrüstung“, der Vizepräsident des Deutschen Sportbundes (DSB), von Richthofen, entschieden für die Erhaltung der KJS ein, selbstverständlich „mit demokratischer Erneuerung auf allen ihren Ebenen“ (1991). Zudem betonte der Präsident des DSV, H. Hansen, daß der Sport in der ehemaligen DDR allen Anlaß habe, „trotz aller kritischen Beleuchtung über Verfahrensweisen im Spitzensport zuversichtlich in die Zukunft zu gehen. Er bringt sehr, sehr viel mit in die Gemeinsamkeit (der DLV-Landesverbände der alten und neuen Bundesländer, Verf.), was auch bei uns von jedem Respekt abverlangt“.

Wie sagte doch Evi Simeoni angesichts der desilluionierenden Manipulationen des „Barrens“ bei seinen Springpferden durch P. Schockemöhle? „Nicht nur in den Instituten eines Apparates, der den Sport zur politischen Rechtfertigung nutzte und aus den Sportlern das letzte Tröpfchen Kraft gesaugt hat; auch in den noblen Etagen salonfähiger Verbände und Institutionen im Westen: Hinter allen verschlossenen Türen wurde Doping als Notwendigkeit toleriert und genutzt, so gut es ging. Draußen vor der Tür bemühte man Ehre und Moral, um auf die eigene weiße Weste hinzuweisen.“

Es existierte kein DDR-Sportwunder. Man hatte es lediglich besonders gut verstanden, mehr als vier Jahrzehnte sich auf das Wort C. F. v. Weizsäckers einzurichten, und dies nicht nur als Sportarzt, Trainer, Sportlehrer und Sportler: „Die subjektiv leichteste Form der Lüge ist, daß man sie selber glaubt.“

Und das deutsch-deutsche Fazit? Doping dürfte bleiben, solange es Hochleistungssport gibt, und derzeit etablierte es sich sogar schon als Breitensportproblem in Form des Bodybuildings. Der Sportmediziner muß in erster Linie Arzt bleiben und darf „nicht zum reinen Coach“ werden, erst dann hat die Sportmedizin eine Zukunft (Böning 1989). Daß bereits gegenwärtig bei der Mehrzahl der Sportärzte, die diese Bezeichnung zu Recht führen, weit über ein Anti-Doping-Engagement hinausgehende Tätigkeit ausgeübt wird, ist bereits ausführlich im vorigen Kapitel 4 zum Ausdruck gebracht worden.

Wesen und Wirkungen üblicher Dopingmittel

An erster Stelle sind hier die Stimulantien der Amphetamine (Psychostimulantien, Psychotonika, Psychoanaleptika, Psychoenergetika) zu nennen. Sie stammen – chemisch gesehen – von Phenylaethylamin ab. Auf diese „Muttersubstanz" aller sympathikomimetischen Amine, also den Sympathikus stimulierenden Stoffe, gehen auch die physiologischen Überträgersubstanzen Noradrenalin und Adrenalin zurück. Aus deren Freisetzung aus den Speichern resultieren periphere und zentralstimulierende Effekte.

Amphetamine werden von Sportlern eingenommen, weil sie damit ihre Ausdauer und Schnelligkeit glauben steigern zu können. Sie gerieten in den 60er und 70er Jahren besonders ins Gerede im Zusammenhang mit mißbräuchlicher Benutzung durch US-amerikanische Fußballspieler. So mußte geradezu von einer Amphetamin-Epidemie unter den Profi-Fußballmannschaften gesprochen werden. Erst nach Einführung des Drogenkontroll- und Überwachungssystems, das 1975 von der National Football League (USA) beschlossen wurde, konnte ein Absinken der Anwendung verzeichnet werden.

Das hier zu nennende Koffein ist wahrscheinlich die populärste stimulierende Droge der Welt und erfreut sich vor allem bei Läufern und Radsportlern besonderer Beliebtheit. Es scheint vor allem zur Steigerung der Skelettmuskelleistungen genommen zu werden, abgesehen von den vorwiegend auf den maximalen Sauerstoff und die Ausdauer wirkenden, nicht zuletzt psychischen Effekte. Seine Wirksamkeit ist stark von der Dosierung abhängig, so daß zu hoher Kaffeekonsum keine positiven Wirkungen zeigte. Wegen der oft zu beobachtenden stärkeren Koffeinzufuhr bei Sportlern, als therapeutisch vertretbar ist, wurde 1984 vom IOC ein Koffeinlimit von 15 g/ml im Urin in das Drogenprogramm der Olympischen Spiele 1984 aufgenommen und 1986 dieses Koffeinlimit auf 12 g/ml reduziert.

Amphetamine haben unterschiedliche Wirkungen, von denen sich die wichtigsten wie folgt beschreiben lassen (Scheerer und Mitarbeiter 1989):

- Sie erzeugen das Gefühl erhöhter Leistungs- und Konzentrationsfähigkeit, das gekoppelt ist mit einem allgemeinen Wohlgefühl, gelegentlich auch mit Euphorie;
- Sie unterdrücken Schlafbedürfnisse und Müdigkeitsgefühle;
- Sie verhindern Narkolepsie (anfallsweises Auftreten von Einschlafen von zumeist kurzer Dauer);
- Sie sollen Aufmerksamkeitsstörungen bei Kindern (Hyperkinetisches Syndrom) reduzieren;
- Sie unterdrücken Hungergefühle;

Abhängigkeitscharakteristika von Amphetaminen

	Amphetamin/ Khat-Typ
Psychische Abhängigkeit	+-++
Körperliche Abhängigkeit	ø
Toleranzerhöhung	+
Beeinträchtigung der psychischen Leistungen	++
Körperliche Schäden	+
Soziale Schäden	+++
Kreuztoleranz zwischen den Substanzen der Gruppe	ja

+	schwache Wirkung	+++	starke Wirkung
++	mittlere Wirkung	++++	sehr starke Wirkung
(-)	Erniedrigung	ø	ohne Wirkung

Tabelle 28

– Ihr langandauernder Gebrauch führt zu psychischer Abhängigkeit bei gleichzeitiger Mengensteigerung.

Es wird bezweifelt, ob es zu echten oder nur auf psychischen Eindrücken beruhenden Leistungssteigerungen kommt (Costill und Mitabeiter 1978). Zudem hält der stimulierende Effekt meistens nicht lange an; Schlafbedürfnisse werden gewöhnlich nur um wenige Stunden aufgeschoben. Nach Abklingen der Drogenwirkung setzen verstärkt Müdigkeit und ein starkes Rhebedürfnis ein. Diese Effekte verführen dennoch immer wieder zur Stimulantieneinnahme besonderes bei Personen, die als Sportler Höchstleistungen erbringen sollen oder auch bei Studenten, die vor einem Examen stehen.

Fraglos zählen aber die Amphetamine zu den gefährlichsten Dopingmitteln, deren Konsum auch bereits plötzliche Todesfälle bewirkte.

Weitere unerwünschte Wirkungen dieser psychomotorisch aktivierenden Stimulantien sind nicht selten psychische Abhängigkeiten, wobei die Toleranzentwicklung und damit verbundenes Nachlassen der euphorisierenden Wirkungen zu erheblichen Dosissteigerungen führen (d.h. statt üblicher 20–40 mg pro Tag in Tablettenform, Injektion bis zu 10 g/Tag).

Oftmals benutzten Amphetaminabhängige dämpfende Wirkstoffe, vor allem Barbiturate, Marihuana, Heroin und Alkohol zur Kompensation der hauptsächlich stimulierenden Amphetamine und versuchen damit, deren euphorisierende Wirkung zu erhalten. Das höhere Lebensalter verdient ganz besondere Aufmerksamkeit, z.B. auch bei ärztlicher Verordnung, weil hier namentlich bei bestehenden hirnorganischen Störungen es schnell zu paranoiden (Wahnvorstellungen) und paranoid-halluzinatorischen Psychosen kommen kann. Tabelle 28 zeigt die Abhängigkeitscharakteristika, Tabelle 29 gibt eine Übersicht über Häufigkeits- und Abhängigkeits- bzw. Umsatztendenz seit 1976.

Kokain wirkt gleichfalls stimulierend auf das Zentralnervensystem und wurde daher im Profisport populär in Form des Schnupfens (Wirkungseintritt innerhalb weniger Minuten mit Höhepunkt nach 15–20 Minuten und Abklingen nach einer Stunde). Zunahme der Herzarbeit ohne Adaptationsmöglichkeit kann zunehmend ungeordnete Herzaktionen bis hin zum Herzstillstand zur Folge haben. Ephedrin bedarf gleichfalls großer Aufmerksamkeit (Derivate: Pseudoephedrin, Phenylpropanolamin, Phenylephedrin), weil diese Stoffe in Medikamenten enthalten sind, die frei verkäuflich erhältlich sind (offiziell bei Erkältungen und Schnupfen). Deren absichtliche oder unverschuldete Anwendung kann zu einem positiven Dopingtest-Ergebnis führen.

Anwendung und Mißbrauch der anabolen Steroide (Anabolika) stellen vermutlich die widersprüchlichsten, heute im Sport diskutierten Themen. Oft vernimmt man ihre Kennzeichnung als „Frühstück des Sportlers", woraus resultiert, wie unschuldig sich die Anabolika konsumierenden Sportler fühlen. In der ehemaligen DDR wurde ihnen ein besonderes Forschungsinstitut gewidmet, das sich ihren physiologischen Wirkungen ebenso hingab (in Bad Kreischa), wie ihrer „zeitgerechten" Einnahme zum Zweck der Nichtidentifikation bei Dopingtests.

Ihre muskelbildende (anabole) Wirkung wurde erstmals in den 30er Jahren erkannt und seit den 50er Jahren erfolgte die Entwicklung dieser Derivate des männlichen Keimdrüsenhormons Testosteron. Zugleich wurden Versuche unternommen, die anabole und die androgenen Testosteroneffekte zu trennen. Im Ergebnis entstand das Dianabol, dessen Anwendung bei den Olympischen Spielen 1976 auf der Verbotsliste stand, im Gegensatz zum Testosteron. Erst in neuester Zeit wurde die Feststellung anaboler Steroide mit Einbeziehung des Testosterons durch die Anwendung zuverlässigster gaschromatographischer und massenspektrometrischer Analysen gesichert. Überdies wurden sie nicht allein auf die Liste im Sport verbotener Substanzen gesetzt, weil sie leistungssteigernd wirken, sondern weil sie leistungssteigernd und gesundheitsgefährdende Effekte aufweisen.

Tatsächlich ist nicht zu bezweifeln, daß zwar die Zufuhr von Anabolika eine „Zunahme magerer Körpermasse" bei gleichzeitig ausreichender „Ernährung und Training" bewirkt, daß ihre Anwendung aber eindeutig zur Steigerung von Muskelmasse, wohl auch von Muskelkraft führt, und damit als Einsatz unfairer Mittel im Sport einzuschätzen ist. Eindeutig ist eine Steigerung von Muskelkraft bisher offenbar bislang nicht erwiesen. So soll die Wiederherstellungszeit nach Belastungen unter Anabolika verkürzt werden, so daß häufiger trainiert werden muß. Zum andern enthalten die vergrößerten Muskeln eine höhere Wasser- und Salzkonzentration, wodurch

Die am häufigsten mißbrauchten Substanzen und Präparate der Psychostimulantien mit Abhängigkeitshäufigkeit und Umsatztendenz seit (1976)

Handels-name® (Hersteller)	Inhalts-stoff(e) m. Sucht-potential	Häufig-keits-Gruppe +	Abhän-gig-keits-Quote ++	Ten-denz seit 1976 +++	Verkaufte Packungs-einheiten 1983 in Tsd.	Industrie-umsatz 1983 in Tsd. DM
AN 1 (Voigt)	Amfeta-minil	1+	74,2	–	42	410
Captagon (Degussa PhGr. Homburg)	Fenetyllin	3+	74,1	+	311	4767
Ephedrin (Knoll)	Ephedrin	1+	60,5	+	273	312
Pervitin (Temmler)	Metham-phetamin	1+	73,0	+ ?	4	12
Ritalin (Ciba)	Methyl-phenidat	1+	76,1	–	40	151

\+ Häufigkeit: 1 + = 100 - 199 Nennungen
3 + = 300 - 399 Nennungen

\+ + Abhängigkeitsquote = % Anteil der Abhängigen an der Summe der gelegentlichen und regelmäßigen Mißbraucher (ohne Probierer)

\+ + + Tendenz im Jahresvergleich seit 1976 bis 1983
\+ = zunehmend; - - gleichbleibend; - - abnehmend;
? = fragliche Tendenz, nicht sicher zu beurteilen:
0 = Substanz/Präparat außer Handel oder obsolet

Tabelle 29

zwar eine Muskelvergrößerung, zugleich aber die Muskeln wegen der Zunahme der Wasser- und Salzkonzentration schwächer werden, woraus die Gefahr von Sehnenscheidenentzündungen und Sehnenrissen sich möglicherweise erhöht.

Zu den weiteren Nebenwirkungen sind das Auftreten männlicher Merkmale bei Frauen (Gesichtshaar, Kahlköpfigkeit, tiefe Stimme, Verringerung der Brustgröße, Vergrößerung der Klitoris, Uterusverkümmerung und Unregelmäßigkeiten im Menstruationszyklus), bei Männern testikuläre Atrophie, Vergrößerung der Brüste und Brustwarzen sowie erniedrigte HDL-Cholesterolspiegel u.a. mit arterioskleroseförderndem Effekt, zu nennen. So soll sich der damalige oberste Parteichef und Administrator des ehemaligen DDR-Sports, Ewald, zur Olympiade 1988 in Seoul auf die Frage, warum so

„viele DDR-Schwimmerinnen so tiefe Stimmen“ hätten, keineswegs verlegen gezeigt, sondern „fachgerecht“ geantwortet haben, daß sie doch zum Schwimmen, und nicht zum Singen angereist seien ...

Außer diesen beiden wohl bedeutendsten Dopingmittelgruppen sind noch die Betablocker zu nennen, die klinisch zur Hochdruck- und Migränebehandlung eingesetzt und besonders von Sportschützen, Golfspielern und Bogenschützen zur Ruhighaltung der Hände sowie außerdem als Schlafmittel vor Wettkämpfen gern eingenommen werden (seit 1986 auf der IOC-Verbotsliste). Neueste Ergänzung seit 1988 sind die Diuretika. Sie finden klinische Anwendung in der Hypertoniebehandlung und zur Therapie von Flüssigkeitsretention. Mißbrauch im Sport ist bei Sportarten, wie Rinigen, Boxen, Judo und Gewichtheben zu registrieren, wo sie zur Reduzierung der Körpermasse dienen. Auch Benutzer von Anabolika, mit Einschluß von Anhängern des recht fragwürdigen Bodybuildings, nehmen Diuretika, um den Organismus von den zusätzlich angesammelten Flüssigkeiten zu befreien.

Für die Identifikation des menschlichen Wachstumshormons, das von manchen Sportlern anstelle der leicht feststellbaren anabolen Steroide zur Steigerung von Muskelhypertrophie genommen wird ungeachtet bekannter Nebenwirkungen (Steigerung des Wachstums innerer Organe, Knochen, Hautdicke u.a.), besteht derzeit noch keine sichere Methode des exogenen Zufuhr-Nachweises.

Im Jahre 1975 ermittelte die Medizinische Kommission des IOC die Einnahme von Kortikosteroiden für andere, als therapeutische Zwecke. Mannschaftsärzte müssen die IOC-Kommission offiziell in Kenntnis setzen, wenn diese Mittel gegen Entzündungen z.B. bei Heuschnupfen, Asthma oder einer akuten ulzerativen Kolitis (Dickdarmentzündung) bei ihren Sportlern verordnet werden mußten. Ihr Dopingmißbrauch zur Erzeugung von Euphorie kann Ungleichgewicht der Elektrolyte, Bluthochdruck, Ödeme, Muskelschwäche u.a. zur Folge haben (Clasing 1992).

Beim Blutdoping erfolgt eine Übertragung von Blut oder Analogem auf einen Sportler aus anderen Gründen, als denen der Therapie. Solches Vorgehen ist meistens mit Blutentnahme von einem Athleten verbunden, der danach in „blutvermindertem Zustand weiter trainiert“ (Dirix 1989). Dieses gleichfalls „der Ethik der Medizin und des Sports widersprechende“ Verfahren ist zudem auch deswegen nicht indiziert, weil mit allergischen Reaktionen bis hin zum tödlichen anaphylaktischen Schock, zumindest aber in der Regel fehlender immunoligscher Voruntersuchung mit allergischen Haut- und Schleimhautreaktionen, sodann mit verzögerten Transfusionsreaktionen in Form der Gelbsucht (Hepatitis) und weiterern schwerern Infektionskrankheiten (z.B. AIDS), gerechnet werden muß. Auch deswegen wurde das Blutdoping vom Medizinischen IOC-Komitee verboten. Erst kürzlich kostete diese Dopingmethode einem belgischen Fußballspieler das Leben; vgl. auch Berendonk (1991).

Obwohl nur bedingt zum Thema gehörend: Die Sauerstoffzufuhr in Gestalt der „Sauerstoff-Mehrschritt-Therapie“ (SMT) M. v. Ardennes stellt nach gründlichen Untersuchungen, zuletzt auch seitens des Kölner Deutschen Sporthochschule, einschließlich Doppelblindversuchen, keinen wirklichen Behandlungsforschritt im Sinne eines „Zusatzes zu einem Ausdauertraining Älterer“ o. dgl. dar. Es handelt sich bei der SMT um eine Kombinationsbehandlung medikamentös provozierter Gefäßdilatation, Hyperoxie und dosierter physischer Belastung.

Dopingtests, mit denen wir uns jetzt noch kurz zu beschäftigen haben, bieten neben anderem eine gute Gelegenheit zur Aufklärung über das Unmoralische und Gesundheitsgefährliche des Dopings. Ohne Nachweis gibt es keine wirksame Abschreckung, und ohne Abschreckung keine nachhaltige Erziehung, zumindest in diesem Bereich.

Zur Notwendigkeit wirksamer Dopingprophylaxe und lückenloser Dopingkontrollen

Am Übel des Dopings, daß man kaum zu Unrecht als „Krebsgeschwür des Sports“ bezeichnete, dürften sich die Geister scheiden. Doch wie kommt man ihm therapeutisch und vor allem prophylaktisch bei? Darüber können hier nur wenige, doch fest im Grundtenor dieses Buches verwurzelte Reflexionen geboten werden:

1. Auch hier sollte man sich nicht scheuen, bei der „Erziehung der Erzieher“ anzusetzen. Wer „Wasser predigt und selbst Wein säuft“ wird kaum Befriedigendes erreichen. Als pars pro toto und ohne moralisieren zu wollen: Sollte man nicht bei der eigenen Lebensweise jedes Sportarztes und Trainers zuerst ansetzen? Bedenkt bereits jeder, daß Zigarettenrauchen eine Form des Doping ist? Es betrügt um echte Freude und Glücksgefühl, die hohe Leistungsfähigkeit und Gesundheit bereiten. Wer von jenen, die es wissen und „lassen“ sollten, will schon weiterhin unsportlich leben und sich mit solchem Doping in Form halten, wo es anders geht, und wo es anders besser geht?

2. Eine aussichtsvolle Maßnahme dürfte das vom DSB ins Auge gefaßte „Programm aktiver Regeneration“ für Spitzensportler sein. Der Erfolg solcher „Aktiverholung“ müßte allerdings in einer langfristigen Trainings-

planung abgesichert sein, zumal als die pathogenetische Alternative zu den bestensfalls kurzfristig erholsam wirkenden anabolen Steroiden. In die hier gut zu durchdenkenden und zu planenden Maßnahmepläne müßten gut sport- und physiotherapeutisch ausgestattete Sanatorien o. dgl. in günstiger klimatischer Lage vorgesehen werden, wo auch die Möglichkeit der Psychotherapie (Autogenes Training, Mentales Training u. dgl.) besteht. Die Kuren sollten in regelmäßigen Abständen erfolgen und natürlich auch Gelegenheit geben, die völlige Sanierung im Wettkampf oder Training erlittener Klein- und Kleinstbeschädigungen zu erreichen. In solcher sowohl die Gesundheit und Leistungsfähigkeit von Sportlern sowie Trainern, als auch das Prestige des Vereins o. dgl. berührenden Frage sowie spezifischen Zielstellung sollte so wenig wie möglich dem Selbstlauf überlassen werden (Berendonk 1991).

3. Durch die neu gegründete Unabhängige Doping-Untersuchungskommission des NOK und DSB sollte sowohl ebenso genau, wie möglichst zügig festgestellt, „was gewesen ist", als auch gewissenhaft geprüft werden, wer aktiv und wider besseres Wissen an der ärztlichen Organisation und Dopingfehlbehandlung teilnahm und wer sich als Trainer und Sportler in analoger Weise mitschuldig machte. Auch inzwischen „Gewendete" sollten nicht weiterhin an leitender Stelle fungieren dürfen, im übrigen aber entsprechend den Empfehlungen des Präsidenten des Internationalen Verbandes für Sportmedizin, W. Hollmann (1986), eine Amnestie ausgesprochen werden, sofern sich die Betreffenden gegenüber den verantwortlichen Gremien offenbarten.

Diese Kommission sollte zudem versuchen, auch auf die industriellen Sponsoren jeglicher Dimension Einfluß zu nehmen, etwa mit dem Motto: Wer Dopingsport unterstützt, schadet auch seinem eigenen Ruf. Mit der Moral des Chefarchitekten des stalinistischen Sportsystems Ewald („Doping ist, wenn man erwischt wird"), muß es in ganz Deutschland ein Ende haben. Dabei dürfte es sich nicht um einen „Kampf gegen Windmühlen" handeln, wohl aber auf „das Streben nach der höchsten menschlichen Leistung" ankommen und „in diesem Fall ist es das Streben nach Fairplay". Wirkliches Abrüsten ist auch hier geboten, zumal staatspolitischer und sportlicher Militarismus fraglos der gleichen kulturellen bzw. gesellschaftlichen Wurzel entstammen.

4. Zu wenig und ohne ausreichende Konsequenz wurde wohl bislang bedacht, daß bei Verschreibung bestimmter Dopingmittel ein strafbarer Verstoß gegen das Betäubungsmittelgesetz vorliegt, aber noch immer die Rezeptur von Dopingmitteln straffrei ist (wenn die Wirkstoffe lediglich dem Arzneimittelgesetz unterliegen). Auf diese seit Jahren klaffende Gesetzes-

lücke wurde kürzlich zum Symposion „Doping und Leistungssteigerung" von Laufs (1989) hingewiesen. Entscheidend sei für die Therapie auch sportbedingter Mangelzustände, z.B. bei indizierter Hochdruckbehandlung mit (dem Dopingverbot unterliegenden) Beta-Blockern der Zweck, das Mittel und Maß der Behandlung. Die Behandelten dürften dann selbstverständlich nicht am Wettkampf teilnehmen.

Verwiesen wird auch auf eine Festlegung des Europarates, wonach grundsätzlich gilt, daß die „Gabe körperfremder Substanzen und physiologischer Stoffe in abnormer Menge als Doping (gilt), wenn sie mit dem Ziel der künstlichen und unfairen Leistungssteigerung im Wettkampf erfolgt." Ein dagegen verstoßender Mediziner handele standes- und sittenwidrig. „In diesem Fall entlastet ihn auch die Einwilligung des Sportlers nicht, wenn der Athlet durch das ärztliche Doping einen gesundheitlichen Schaden erleidet" (Hollmann 1965).

5. Fester Bestandteil einer effizienten Dopingkontrolle ist die Dopinganalyse. Deren Ziel liegt in der eindeutigen, auf exakt-wissenschaftlicher Grundlage beruhender medizinisch relevanter Datenerfassung. Dabei wird die „Anzahl der zu ermittelnden Substanzen (oder ihrer Metaboliten) durch die Dopingdefinition der Medizinischen Kommissino des IOC und der anderer Organisationen bestimmt".

Es besteht jetzt die Möglichkeit, die vom IOC als Beispiele definierten Klassen von Dopingmitteln bzw. angeführten Substanzen nach ihren chemischen und biochemischen Eigenschaften in fünf Gruppen einzuleiten, und zwar

1. Stickstoffhaltige Verbindungen, die als Konjugate von Schwefel- oder Glukoronsäure ausgeschieden und mit der Gaschromatographie nach Derivatisierung (Ableitung) nachweisbar sind,

2. Stickstoffhaltige Verbindungen, die im Urin frei ausgeschieden werden,

3. Stimulation mit spezifischer chemischer Struktur und entsprechenden Eigenschaften,

4. Anabole Steroide,

5. Saure Verbindungen, wie die meisten Diuretika.

Zur endgültigen Identifizierung durch ein vom IOC akkreditiertes Laboratorium – diese wurden 1980 durch die Medizinische Kommission des IOC gebildet – wird der Urin bei Hinweisen auf eine verbotene Substanz, ihre Stoffwechselprodukte oder verwandte Stoffe, noch differenzierteren Analyseverfahren unterzogen. Die abschließende Identifikation erfolgt nach Vergleich der Analysewerte des angenommenen Dopingmittels mit denen authentischer Bezugssubstanzen (reine Mittel, bei nötigem Nachweis von

Häufigkeiten nachgewiesener zum Doping verwendeter Substanzen, gruppiert nach definierten Dopingmittel-Klassen

Dopingmittel-Klassen	Zahl der positiven Befunde
Stimulanzien	177
Narkotika	23
Anabole Steroide	439
ß-Blocker	31
Diuretika	2
Sedativa	15
Gesamt	687

Tabelle 30:
Nach Donicke. In A. Dirix und Mitarbeiter (1989)

Stoffwechselprodukten Verwendung von Urin Freiwilliger nach Einnahme verbotener Pharmaka). Immer ist nur dann ein positives Ergebnis annehmbar, wenn die chromatographischen und die massenspektrometrischen Daten der verdächtigen Person mit denen der Referenzprobe in Einklang stehen.

In den mittlerweile 18 akkreditierten Laboratorien wurden 1986 insgesamt 32982 Urinanalysen durchgeführt, von denen 623 (1,9 %) positiv ausfielen. Letztere gestatteten den Nachweis von 687 Substanzen, unter denen die anabolen Steroide trotz zumeist in der Trainingsphase erfolgender Einnahme eindeutig dominierten (63,9 %, d.h. 2/3) , vgl. Tabelle 30. Dieser Umstand unterstreicht einmal mehr die Notwendigkeit, nicht nur bei Wettkämpfen, sondern auch außerhalb dieser (Trianingsperiode) regelmäßige Dopingkontrollen vorzunehmen.

6. Unumgänglich erscheint auch, wie bereits von einigen Sportverbänden beschlossen, die bestehenden gesetzlichen Festlegungen des Verbotes von Dopingmitteln bei jeglicher sportlicher Tätigkeit nunmehr tatsächlich mit größter Konsequenz durchzusetzen. Demnach schließt die anzustrebende Lückenlosigkeit die systematische Kontrollerweiterung auf den Trainingsprozeß ein. Diese Forderung erscheint umso berechtigter, als auch nach den Ausführungen des Vizepräsidenten des DSB, M. v. Richthofen (1991) gerade auch die um die Gesundheit ihrer Kinder besorgten Eltern das Recht haben, diese ohne Besorgnis, sondern mit ungetrübter Zuversicht den Sportvereinen und Leistungszentren anvertrauen zu können, vgl. auch Kapitel 4.

Mit Recht verweist der Heidelberger Molekularbiologe und Antidopingkämpfer W. Franke auf hier vorbildliche US-amerikanische sowie französische gesetzliche Festlegungen, denen zufolge der Handel z.B. mit anabolen Steroiden mit bis zu drei Jahren Gefängnis bestrafbar ist. Das hier bei uns noch bestehende Defizit – Unterstellung der Dopingmittel lediglich unter das Arzneimittel –, nicht aber Betäubungsmittelgesetz! – sollte nicht nur jeder Arzt, sondern auch jeder „saubere“ Sportler mit beseitigen helfen.

Bei nötigem Konsens aller Beteiligten (Sportler jeder Art, Trainer, Lehrer, Ärzte u.a.) über die Notwendigkeit strikter Durchsetzung sportlicher Fairneß in allen sportlichen Bereichen, sind zur Vermeidung jeglichen sportlichen Betruges wirksame Kontrollen naturgemäß unumgänglich. Das genannte Grundanliegen ist aber selbstverständlich nicht in erster Linie – wie man noch immer den Eindruck hat – eine Frage medizinisch-pharmakologischer Forschung, von Finanzierungen, der Hinnahme oder Begrenzung sportlichen Gewinnstrebens u. dgl. Primär handelt es sich hier um ein – fraglos nicht in kürzester Frist zu bewältigendes – kulturell eminent bedeutsames psychologisches sowie umfassend erzieherisches und ärztlich-ethisches Problem. Es scheint an der Zeit, daß sich ihm mit Blick auf die wahren menschlichen Werte des Sports, die Führungen der Sportverbände ebenso vorbehaltlos widmen, wie jede Schule, Hoch- und Fachschule, Universität sowie auch das IOC-Nationalkomitee!

Das Wort „Sport" entstammt dem Lateinischen und bedeutet so viel, wie sich zerstreuen, sich vergnügen. Nicht jeder wird sich vorbehaltlos mit diesem Bedeutungsgehalt identifizieren wollen. Aber in jedem Fall sollte die Reue nicht über das Vergnügen triumphieren, wozu „die" Gesundheit und „der" Sport einen bescheidenen Beitrag leisten möchten.

Kapitel 6

Vom Lernen, „Streß zu genießen" – Praxis einer bewährten Dreistufenmethode

Streß und Persönlichkeitsstruktur

Mehrmals wurde bereits darauf verwiesen, daß spezifische mütterliche Antikörper (vgl. Kapitel 1, Abbildung 45), auch im Blut und in der Rückenmarksflüssigkeit von Rattenembryonen anzutreffen sind. Später wurden diese Befunde bei menschlichen noch Ungeborenen bestätigt. Andererseits ist die enge Mutter-Kiind-Beziehung, von der Geburt an, ein wichtiger immunitätsbildender Faktor. Dies bezieht sich nicht allein auf die Übertragung von mütterlichen Antikörpern mit der Muttermilch auf den

Säugling beim möglichst langen Stillen (vgl. Abbildung 45). Darüber hinaus konnte festgestellt werden, daß die frühzeitige Beschäftigung mit der neugeborenen Ratte einen nachhaltigen Effekt auf die Entwicklung des Immunsystems des Tieres ausübt (Solomon 1968). Später fanden sich auch diese Beobachtungen beim Menschen in vielfacher Weise bestätigt (Ader 1983). Eine längere Trennung von Mutter und Kind zeigte bei der Ratte, wie auch beim Affen und Menschen, Hemmung der Lymphozytenfunktionen und erhöhte Infektionsanfälligkeit.

Daß diese Verläufe grundsätzlich auch beim Menschen zutreffend sind zeigte, daß frühkindliche Deprivation, also der Mangel an lebenswichtiger sozialer Zuwendung, in frühester Kindheit als ernst zu nehmender (Di-) Streßfaktor zu gelten hat. Neueste Beobachtungen ergaben, daß die Notwendigkeit ständiger sozialer Zuwendung schon beim Neugeborenen gegeben ist. Ist es tatsächlich noch vertretbar, den Säuling quasi auf „traditionelle" Weise noch lediglich als passives Objekt zu behandeln, das zum Stillen an die Mutterbrust gelegt, danach gereinigt und in weitgehender Isolation gehalten wird? Und dies, wenn wir wissen, daß sich das Leben im Mutterleib in einer außerordentlich komplexen Umwelt mit zahllosen mechanischen, chemischen, akustischen und anderen Einwirkungen abspielt, mit dem sich der Embryo ständig auseinandersetzen muß, und unter deren Einfluß er sich entwickelt? Es scheint somit vollauf verständlich, daß sich unter solcher Isolation keine ptimalen Bedingungen für eine biosozial angemessene Auseinandersetzung mit den Umwelteinwirkungen herausbilden können. Deprivation stellt somit einen starken (Di-)Streßfaktor dar, der vermieden werden sollte.

Abgesehen von eindeutig genetisch bedingten Krankheitsfaktoren entwickelt sich jedes Individuum eben in ständiger dynamischer Wechselwirkung mit den physikalischen, biotischen und sozialen Bedingungen seiner Umgebung (vgl. Abbildung 49). Dabei handelt es sich immer um eine aktive Auseinandersetzung, in der das Individuum seine lebenswichtigen und entwicklungsfördernden Zielsetzungen durchzusetzen bestrebt ist. Bei der aktiv schöpferischen Persönlichkeit verfügen die zentralen Steuerungsfunktionen des Zentralnervensystems und Immunsystems über alle Voraussetzungen, schädliche Umwelteinwirkungen (Noxen) abzuwehren und vor allzu starken psychosozialen Belastungen zu schützen. Bereits L. Pasteur (1822–19885) verwies auf den Faktor Kondition, der im Sport besonders geläufig ist, als wichtige positive oder negative Bedingungen der Krankheitsentstehung: „Wie oft kommt es doch vor, daß die Kondition des Patienten – seine Schwäche, sein Seelenzustand – eine allzu ungenügende Barriere gegen die „Invasion der unendlich Kleinen" darstellt – (gemeint sind

Psychisch stark belastende Lebensereignisse, die den Menschen stark belasten

Lebensereignis	Mittel wert
Tod eines Ehepartners	100
Ehescheidung	73
Trennung vom Ehepartner	65
Gefängnisaufenthalt	63
Tod eines nahen Familien angehörigen	63
eigene Verletzung oder Krankheit	53
Verlust des Arbeitsplatzes	47
Pensionierung	45
Änderung des Gesundheits zustandes von Familien mitgliedern	44
sexuelle Schwierigkeiten	39
Veränderung der finanziel len Lage	38
Tod eines guten Freundes	37
Änderung des Verantwortungsbereichs am Arbeits platz	29
Änderung der Lebensumstände	25
Schwierigkeiten mit dem Chef	23

Das Lebensereignis wird aufgrund von Befragungen bezüglich der individuellen Wertigkeit mit Punkten verdeutlicht
Tabelle 31:
Nach Rahe. In D. G. R. Findeisen u. Mitarb. (1990)

Bakterien und Viren).

Auch nach weitgehender Ausrottung der schweren Infektionskrankheiten (Pest, Cholera u.a.) sind wir – wie eingangs schon bemerkt – ständig Viren ausgesetzt. Doch eine „Erkältungskrankheit“ mit Schnupfen bzw. als „Rhinopharyngitis“ tritt erst dann in Erscheinung, wenn das Immunsystem eine Hemmung seiner Funktion – oft „psychoimmunologisch“ – erfahren hat und damit die natürlichen Schutzfunktionen vermindert sind. Ein weithin bekanntes Beispiel ist der vor einer Prüfung an fieberhafter Erkältung erkrankte Student, oder auch – kaum weniger häufig – der auf analoge Weise verhinderte Sportler vor einem bedeutenden Wettkampf.

Schon lange vor dem Wirken des großen französischen Biologen Pasteur wurden enge Zusammenhänge bei der Krebsbildung und der individuellen Situation vermutet. So schrieb der griechische Arzt Galenos (129–199 u.Z.), daß der Brustkrebs der Frau (Mammakarzinom) häufiger bei „melancholischen“ als bei „sanguinischen“ Personen auftrete, wobei Affekte wie Angst, Trauer und Zorn eine wichtige Rolle spielen würden. Obwohl sich der Melancholiebegriff seither erheblich gewandelt hat, weisen doch solche bereits in der Antike formulierten Beobachtungen (vgl. auch Kapitel 1) auf einen tatsächlich gegebenen Zusammenhang von Krebsentwicklung und psychosozialen Faktoren hin, vgl. Tabelle 31.

Die erste wissenschaftliche Beschreibung hier bestehender enger Verbindungen gab der englische Arzt H. Snow gegen Ende des vergangenen Jahrhunderts im Jahre 1893. Er fand, daß von den 250 Patienten, die von 1883 bis 1893 im Londoner Krebshospital behandelt wurden, 156 (d.h. bei 62,4 %) vor dem ersten Auftreten der Erkrankung unter enormen emotionalen Belastungen (Di-Streß) und starken Depressionen gelitten hatten. In ihrem 1926 erschienenen Buch äußerte E. Evans, daß der Verlust „der wichtigen emotionalen Beziehung zum Leben" bei der Krebsentstehung eine bedeutende Rolle spielt.

Eines der eindrucksvollsten Beispiele hierfür ist der Verlust des Ehepartners nach jahrelanger glücklicher Gemeinschaft. In mehreren Untersuchungen konnte nachgewiesen werden, daß bei dem überlebenden Partner eine oft starke Funktionsabschwächung der T- und B-Lymphozyten eintritt und diese Beeinträchtigung des Immunsystems ein Jahr und länger anhalten kann. Dies kann dazu führen, daß Risikopersönlichkeiten (vgl. Kapitel 5), insbesondere aber ältere Menschen, deren Immunsystem ohnedies bereits geschwächt ist, schon kurz nach dem Tode ihres Ehepartners ebenfalls sterben „weil es keinen Sinn mehr hat": Ein vorhandenes Krebsleiden kann sich schlagartig verschlechtern, andere chronische Krankheiten können neu auftreten oder sich verschlimmern. Das Weiterführen oder auch die Übernahme verantwortungsvoller Aufgaben („Man wird gebraucht"), z.B. bei der Betreuung von Sportlern, hat gerade auch in solchen Situationen oft entscheidende gesundheitsstabilisierende Bedeutung, vergleichbar auch mit der Haltung und Pflege eines Haustieres (Hund, Katze, Kanarienvogel), aus wissenschaftlicher Sicht als „dringend indizierte", ärztlich leider noch nicht genügend praktizierte „Neuroimmunomodulation" (vgl. Kapitel 1).

Streß – Stressoren – Eustreß – Distreß

Aus heutigem Kenntnisstand war solche seelische Einwirkung bei der Schaffung des Streßbegriffs durch den kanadischen Wissenschaftler H. Selye (1907–1982) noch nicht praktisch verwertbar. Immerhin unterschied bereits Selye konsequent zwischen lebensförderndem „Eustreß" und lebensbedrohenden „Distreß" (vgl. Abbilkdung 29 b bzw. c und d).

Ausgangspunkt der Selyeschen Untersuchungen für die Begründung seines Allgemeinen Anpassungs-Syndroms (AAS) war der weltbekannte Katze-Mäuse-Versuch: Die in einen Käfig eingesperrten Mäuse waren in kurzer Zeit „mausetot", weil sie weder kämpfen, noch fliehen konnten. Als Verf. anfangs der sechziger Jahre das Glück hatte, einige Zeit im Selyeschen

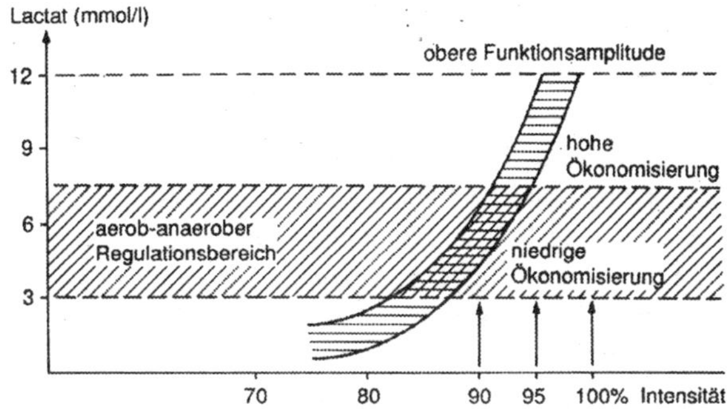

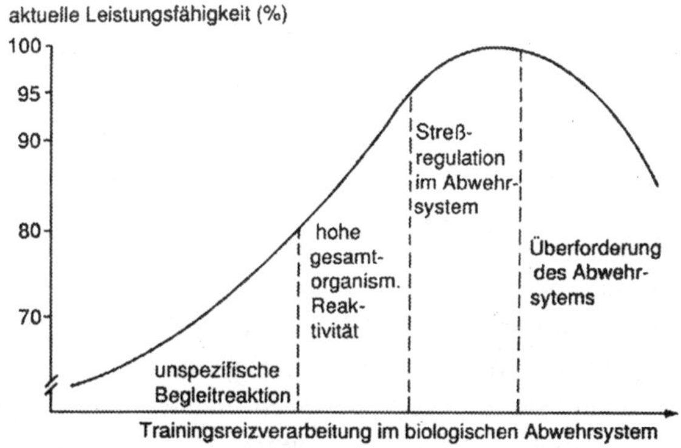

Abbildung 59: Intensität zunehmender physischer Belastungen beim Hochleistungstraining und unter Raumfahrtbedingungen in Beziehung zur Reaktivität des Immunsystems und Nervensystems.
Durch eine Häufung intensiver Belastungen in hoher Dichte kann die gesamtorganismische Rekativität überschritten werden und werden die Funktionssysteme zunehmend in die Streßregulation einbezogen. Als deren Folge kommt es zu depressivem Einfluß auf Immunfunktionen. Ähnlich wie beim Hochleistungstraning zeigten nach 9 Wochen Raumflug die zweite Salut-4-Besatzung kurze Zeit nach der Landung einen deutlichen Abfall der T-Lymphozytenwerte sowie Abnahme der Blastentransformationsrate. Darüber hinaus wurde nach der Landung eine Verminderung der eosinophilen Lymphozyten (Eosinopenie) ermittelt, was jetzt als obligater Befund bei Langzeitausdauer-Belastungen insgesamt gilt.
Nach G. Neumann u. Mitarb. In D. G. R. Findeisen und L. Pickenhain (1990).

Forschungsinstitut in Montreal/Kanada zu verbringen, wurde von Selye darauf verwiesen, daß der Mensch in Wirklichkeit solchem Streß nur sehr selten ausgeliefert sei.

Was Selye seinerzeit eben noch nicht wußte, war die erst später experimentell untermauerte Erkenntnis, daß die durch den biolgischen Streß ausgelösten Mechanismen auch einen entscheidenden Einfluß auf das Immunsystem ausüben. So werden uns viele Folgeerscheinungen „des" Streß heute erst über Kenntnisnahme der hier bestehenden Zusammenhänge verständlich. Entscheidend für die Entstehung eines Streß ist aber vor allem die Aktivierung des limbischen Systems im Gehirn (vgl. Kapitel 1). Hier werden die subjektiv als Emotionen empfundenen Vorgänge durch Streß auslösende Faktoren (Stressoren) organisiert. Diese Aktivierung geht bei jeder psychischen und/oder physischen Anforderung an den Organismus vonstatten, und das limbische System ist in entscheidendem Maß in ihre Bewältigung einbezogen. Von hier aus werden in erster Linie die Voraussetzngen geschaffen, die Anforderungen an den Organismus zu bewältigen, indem vom limbischen System aus die Aktivierung der vegetativen Funktionen zur Bereitstellung der nötigen Energie z.B. für Herz, Kreislauf und Atmung sowie auch der Stoffwechselprozesse erfolgt, um die Energie in Leistungen und Tätigkeit umzusetzen.

Mit Blick auf unsere derzeitige Umwelt ist zu berücksichtigen, daß beim Menschen körperliche Stressoren, wie starke körperliche Belastungen im gewöhnlichen Alltag, Infektionen u. dgl., in den letzten fünf Jahrzehnten deutlich abgenommen haben. Dagegen haben psychosoziale Stressoren in Form von psychischen Belastungen oder auch ungewollte Zwangs- und Bedrohungssituationen oft erheblich zugenommen.

Hier entpuppt sich Streß als „emotionale Reaktion auf eine gesellschaftliche Umwelt". Während Belastungen als Bestandteile einer aktiven Organismus-Umweltbeziehung einen durchaus positiven Effekt im Sinne von Gesundheits- und Leistungsförderung (über vermehrte Katecholaminausscheidung, z.B. bei sportlicher Leistung, vgl. Kapitel 2) haben, treten pathologische Erscheinungen dann auf, wenn Bestandteile dieses dynamischen selbstregulierenden Systems betroffen sind, wie

1. Veränderungen in der Persönlichkeitsstruktur und ihrer Anpassungsfähigkeit an psycho-emotionale Belastungen,

2. langdauernde, übermäßig starke psycho-emotionale Belastungen, die zur Unterdrückung der Funktionen des Immunsystems führen,

3. Gestaltung der individuellen Lebensführung, die dem Immunsystem keine Möglichkeiten zu seiner vollen Entfaltung und Wirksamkeit geben (vgl. Kapitel 4 und 5). In diesem Fall besteht die Gefahr von (Di-)Streß mit Krankheitsfolge.

Wir sind an anderer Stelle, weitgehend auf Grund klinischer Erfahrungen bei Allergikern und namentlich Asthmatikern (vgl. Kapitel 3), auf die Möglichkeiten eingegangen, Streß stärker als Therapeutikum zu nutzen. Dies erfolgte nicht zuletzt im Hinglick darauf, daß derzeit das Wort „Streß", wie auch „Allergie" in aller Munde ist, und dies oft nicht in zutreffendem Sinn. So unterschiedlich die Entstehungsweise und klinische Bedeutung beider auch ist, so haben sie zumindest dreierlei gemeinsam, 1. Sie stimmen oft, sowohl in positiver, wie negativer Hinsicht mit den psychophysiologischen Merkmalen bestimmter Persönlichkeiten und deren Gesundheitsauswirkungen überein, 2. die ihnen zugrundeliegenden körperlichen Vorgänge sind sowohl in bezug auf Gesundheit und Leistungsfähigkeit, als auch auf Krankheit sehr ähnlich und psychosozialem Einfluß zugänglich, worauf besonders sportwissenschaftliche und raumfahrtmedizinische Untersuchungen hinweisen, vgl. Abbildung 59), 3. sie stehen in enger Beziehung zum Alltagsgeschehen der Menschen unserer Zeit und ihrem „Körpererleben", negativ ausgedrückt: Chronischem Bewegungsmangel.

Ein weiterer Aspekt: Müssen wir heute nicht häufig feststellen, daß Menschen in den industriell hochentwickelten Ländern paradoxerweise zwar die Möglichkeit zu einem lebenserfüllten Wechselspiel zwischen (vorgegebener bzw. geplanter) Arbeitszeit und verfügbarer Freizeit selbst vernichten? Mit ihrem ständigen Blick auf Uhr und Kalender – auch in Freizeit und Urlaub – schaden sie sich gerade dort, wo ihnen neue Kraft für die Befriedigung des zutiefst menschlichen Bedürfnisses nach Arbeit immer wieder aufs Neue zuwachsen sollte. Nicht zufällig suchen daher heute viele nach einem einfachen Leben mit einer neuen Muße-Kultur. Doch auch hier gibt es kein „Zurück"; unser Streben sollte dagegen in Richtung eines neuen Zeit-Erlebnis gehen, anstelle voller Unterwerfung unter die Diktatur der Uhr. Zwangsläufig damit verbunden ist ein gesundheitsbewußterer, zugleich lockerer Umgang mit unserem Körper.

Und es war H. Selye, der seinen Gast – den Verfasser dieser Zeilen Mitte der 60er Jahre – aus Montreal mit den Worten verabschiedete: Dieser habe sicherlich während seines Aufenthaltes im Forschungsinstitut festgestellt, daß man an Streß durchaus nicht leiden müsse, sondern man lernen könne, „den Streß eines erfolgreichen Lebens zu genießen". Und er fuhr sogleich fort, daß jene naiv seien, die glaubten, daß „dies ohne geistige und körperliche Anstrengung" möglich sei. Diese Worte hinterließen großen Eindruck und regten zu intensivem Nachdenken an und zu praktischem ärztlichen Tun. Dies erwies sich umso bedeutungsvoller und zugleich persönlich befriedigend, als es in einer Epoche am Wirkungsort des Verf. in der ehemaligen DDR mit gröbster Versimpelung und dem Mißbrauch staatlicher Machtpolitik erfolgte, der die vom Arzt ausgehende Politik als Hilfe für ein lebenswertes Leben entgegenzusetzen war, als Ausgangspunkt für das Gute und Edle entsprechend den Maximen des Aristoteles (384–422) „So notwendig wie die Freundschaft ist nichts im Leben", oder auch im Sinne von Demokrit (um 460–370): „... denn eine gut geleitete Polis ist der größte Halt. Darin ist alles beschlossen; wenn das heil ist, ist alles heil, und wenn das zugrunde geht, geht alles zugrunde" (Stobaios 4, 1, 43). Unter Polis wurde von Demokrit die (Sorge um die) Stadt verstanden, und solche Politik dürfte kaum zu Verdrossenheit führen...

Methodik unserer „Dreiklangstrategie"

Im Ergebnis genannten Bemühens entstand unsere Dreistufenmethode oder „Dreiklangstrategie zum Genießen von Streß", auf die hier noch etwas näher eingegangen werden soll.

Erste und bedeutendste Komponente ist das Gewinnen von mehr „innerer", d.h. physiologischer Zeit zu Lasten der physikalischen Uhrzeit, und dies für jeden Tag für etwa eine Stunde. Wir erreichen dieses am Ende beglückende Ziel selten auf Anhieb, trotz nötiger konsequenter kurz-, mittel- und langfristiger Zeitplanung. Dabei werden wir sehr schnell gewahr, daß die Uhrzeit durch eine Eigenart besonderer Art gekennzeichnet ist: Sie vergeht immer, sowohl bei der bedeutendsten, als auch bei der belanglosesten Tätigkeit ...

Gewonnene Zeit läßt sich auf vielerlei sinnvolle Weise nutzen, z.B. einen Theaterbesuch, Lektüre eines guten Buches, Saunabaden, Wandern o. dgl., mit besonderem Gewinn für die Herz-Kreislauffunktion, die Atmung und das Immunsystem, durch regelmäßiges Betreiben einer Ausdauersportart. Hier sind zwei wöchentlich etwa 20–30 Minuten Schwimmen. Radfahren, Skilanglaufen oder am besten wohl Laufen (Joggen) zu empfehlen. Ganz besonders bei letzterem kommt es zu einer schnellen Steigerung des Körpergefühls mit Abbau von Angst auf dem Wege erweiterter Zeitwahrnehmung. Damit physiologisch verbunden ist gesetzmäßig (vgl. Kapitel 1) eine als durchgehend positiv einzuschätzenden Funktionssteigerung des Immunsystems. Bei Übungsbeginn jenseits des 40. Lebensjahres sollte unbedingt eine sportärztliche Untersuchung vorangehen.

Gewöhnlich kommt es schon nach drei- bis vierwochenlangem Üben zu objektivierbarem Trainingsgewinn, meßbar an der Steigerung der Pulsfrequenz (Tasten am Jugularpuls bzw. Halsschlagader; ratsame Erhöhung auf 180 bzw. 170/min minus Lebensalter). Es wurde schon darauf verwiesen, daß der über längere Zeit und mit entsprechender Intensität übende Ausdauersportler ein regelrechtes Glücksgefühl („Joggers High") zu empfinden vermag, das aufgrund von Gehirn-Objektivierungsversuchen (EEG) auf einer physiologischen Freisetzung von Beta-Endorphinen (den Enkephalinen verwandte Neuropeptide mit opiatartigem Effekt) beruht. Dieser „natürliche Lustgewinn" dürfte als treffliche Belohnung sportlicher Aktivität gelten.

Die dritte Komponente unserer Dreiklangstrategie besteht in regelmäßigem, täglich mehrmaligem Üben der konzentrativen Selbstentspannung mittels Autogenem Training (Unterstufe, und ggf. 2 Organübungen), in der Regel dreimal 5 bis 8 Minuten). Praktisch ist dafür jeder Ort geeignet (außer am Steuer des Autos, eher schon notfalls das „stille Örtchen"). Schon nach wenigen Wochen können auch dadurch positive Auswirkungen auf die neuroendokrinen Funktionen (z.B. Mobilisierung von Thymosin und Noradrenalin) sowie auf die Neuroimmunmodulation (vgl. Abbildung 46, Kapitel 3) registriert werden.

Bemerkenswerte Ergebnisse bei Asthmavorbeugung und -behandlung

Die bisherigen praktisch-medizinischen Ergebnisse unserer Dreistufenbehandlung bzw. „Dreiklangstrategie" sind als sehr ermutigend anzusehen, insbesondere bei den bisher behandelten Asthmakranken (Findeisen 1990; 1992). Bei ihnen wirkt sehr häufig die Angst als anfallauslösender Reiz („Trigger"), nicht selten geradezu lebensschädigend, und deren Überwindung erfordert im allgemeinen sehr viel Kraft. Gerade bei dieser weitverbreiten Krankheit dürfte die gelungene Kombinationsbehandlung, ausgehend vom Physischen mit Wirkung auf das Psychische sowie umgekehrt, vom Seelischen auf das Körperliche, den Schlüssel für den Erfolg liefern. Behandlung und Vorbeugung erweisen sich hier immer wieder als oft geradezu überraschende Einheit.

Sowohl praktisch, wie auch theoretisch hat bereits 1931 zum Allgemeinen Ärztekongreß für Psychotherapie in Dresden, G. R. Heyer Mitbegründer, einer modernen psychosomatischen Medizin und praktischer Psychotherapeut, sehr wertvolle Anstöße gegeben. Sein 1929 in Potsdam erschienenes Buch über Seelenführung (Heyer 1929) begleitete uns während der gesamten Studien- und Studentenzeit und dürfte einer der „Urväter" unserer Dreiklangstrategie und ihrer segensreichen Auswirkungen, insbesondere bei unseren bisher damit behandelten fast 500 chronischen Asthmatikern im Alter von 19 bis 67 Jahren, sein.

Bei ihnen war in rd. 70 % gutes bis sehr gutes Ergebnis innerhalb von 4–6 Wochen nach unserer „komplementären" Behandlung, eben des „ganzen" biopsychosozialen Menschen erreichbar, in Form völliger Rückbildung oder bedeutender Abschwächung von Häufigkeit und Heftigkeit bislang allein medikamentös (Betaadrenergika, Xanthine, DNCG- oder Ketotifen-Protektivbehandlung, inhalierbare bzw. topische sowie einzunehmende – systemische – Kortisonpräparate u.a.) nicht befriedigend beeinflußbaren Asthmas (chronisch exogen-allergisch, vorwiegend bakteriell bedingt, Mischtypen, vgl. Kapitel 3). Bei 40 % von zumeist diesseits des 50. Lebensjahres stehenden Asthmakranken mit überwiegend funktionell-rückbildungsfähiger Einschränkung der wichtigsten Lungenfunktionswerte, konnte die erwähnte antiasthmatische Medikamentebehandlung wesentlich reduziert, in etwa 10% bis auf die erwähnte Protektivbehandlung (Nachbeobachtung: 2 Jahre), völlig abgesetzt werden. Bemerkenswert erscheint hier auch, daß selbst die restlichen, ojektiv und subjektiv nicht mehr deutlich besserungsfähigen, schon jahrzehntelang chronisch Asthmakranken, nur in ganz wenigen Fällen auf unsere Komplementärbehandlung mittels Dreiklangstrategie, verzichten wollten.

Bei kritischer Betrachtung von Behandlungsform und Ergebnissen zeigte sich immer wieder die Bestätigung der These „Der Weg ist das Ziel". Insgesamt dürfte mit Hilfe der Dreiklangstrategie zum Genießen von Streß, ein Beitrag zu leisten sein zur Erfüllung eines Wunsches wohl von uns allen: Jung zu sterben, doch möglichst spät!

Weiterführende Literatur

Badtke, G.: Sportmedizinische Grundlagen der Körpererziehung und des sportlichen Trainings. Leipzig 1987.

Berendonk, B.: Doping-Dokumente. Berlin; Heidelberg; New York 1991.

Dirix, A./Knuttgen, H.G./Tittel, K.: Olympia-Buch der Sportmedizin. Köln 1989.

Böning, G./Braumann, K.M./Busse, M.W./Maasen, N./Schmidt, W.: Sport. Rettung oder Risiko für die Gesundheit? Köln 1989.

Findeisen, D.G.R.: Physiotherapie im Aufbau. Leipzig 1986. Allergie. Berlin [4]1983. Asthma- und Heufieber-Ratgeber. Stuttgart 1986. Asthma bronchiale. Jena [4]1987. Genießen Sie Streß?. Ärztl. Prax. 88 (1992), Leitart. Sportimmunologie – Aufgabe und Verheißung. Ärztl. Prax. 55 (1993), Leitart.

Findeisen, D.G.R./Hansen, K.: Aktuelle Allergiefragen. Leipzig 1968.

Findeisen, D.G.R./Linke, P.-G./Pickenhain, L. (Hrsg.): Grundlagen der Sportmedizin. Mit progr. Lernteil. Leipzig [2]1980.

Findeisen, D.G.R./Pickenhain, L.: Immunantwort und Psyche. Stuttgart 1990.

Gemsa, D./Kalden, J.R./Resch, K.: Immunologie. Stutgart; New York [3]1991.

Haecker, R./de Marees, H.: Hormonelle Regulation und psychophysische Belastung im Leistungssport. Köln 1991.

Heipertz, W.: Sportmedizin. Suttgart; New York [7]1985.

Heiss, F.: Praktische Sportmedizin. Sportärztliche Untersuchungen und Beratungen. Stuttgart [2]1964.

Helal, B./King, J./Grange, W.: Sportverletzungen. Stuttgart; New York 1992.

Herxheimer, H.: Grundriß der Sportmedizin. Leipzig 1933.

Hollmann, W.: Höchst- und Dauerleistungsfähigkeit des Sportlers. München 1963. Körperliches Training als Prävention von Herz-Kreislauferkrankungen. Stuttgart 1965. Zentrale Themen der Sportmedizin. Berlin; Heidelberg 1986.

Hollmann, W./Hettinger, T.: Sportmedizin. Arbeits- und Trainingsgrundlagen. Stuttgart; New York 1990.

Israel, S.: Sport und Herzschlagfrequenz. Leipzig 1982.

Keul, J./Simon, G./Berg, A./Dickhut, H.H./Goetler, I./Kübel, R.: Bestimmung der individuellen anaeroben Schwelle zur Leistungsbewertung und Trainingsgestaltung. D.Z. Sportmedizin 30 (1979), 212.

Kisker, K.P./Freyberger, H./Rose, H.K./Wulff, E.: Psychiatrie, Psychosomatik, Psychotherapie. Stuttgart; New York [5]1990.

Kropiunigg, U.: Psyche und Immunsystem. Wien; New York 1990.

Pickenhain, L./Neumann, G./Scharschmidt, F.: Sportmedizin. Bern; Göttingen; Seattle; Toronto 1993.

Prigogine, I./Stengers, I.: Dialog mit der Natur. München; Zürich [5]1986.

Richter, H.-E.: Die hohe Kunst der Korruption. Hamburg 1989.

Rost, G.A./Findeisen, D.G.R./Niemand-Anderssen, I.: Praktikum der allergischen Krankheiten. Leipzig 1958.

Scheiffarth, F./Baenkler, H.-W.: Klinische Immunologie. Stuttgart [2]1989.

Schultz, J.H.: Das autogene Training. 16., unveränderte Auflage. Stuttgart 1979.

Selye, H.: A syndrome produced by diverse nocious agents. Nature 138 (1936), 32. Streß beherrscht unser Leben. München 1991.

Shepard, R.J./Astrand, P.-O.: Ausdauer im Sport. Übers. und bearb. von G. und R. Rost. Köln 1993.

Sönnichsen, N./Apostoloff, E.: Autoimmunkrankheiten. Jena; Stuttgart [2]1992.

Sylla, A.: Lungenkrankheiten. Bd. 1 und Bd. 2. Leipzig [2]1978.

Sylla, A./Findeisen, D.G.R.: Allergie des Atmungs- und Verdauungssystems und der Haut. Leipzig 1957.

Tittel, K.: In Dirix et al. a.a.O.

Uexküll, T. von: Psychosomatische Medizin. 4., erweiterte Auflage. München; Wien; Baltimore 1990.

Uexküll, T. von/Wesiack; W.: Theorie der Humanmedizin. Grundlagen ärztlichen Denkens und Handelns. München; Wien; Balimore 1988.

Uhlenbruck, G.: Heißer Draht zwischen Zentralnervensystem und Immunsystem. Ärztl. Prax. 103/104 (1992), 9.

Villiger, B./Egger, K./Lerch, R./Probst, H./Schneider, W./Spring, H./Tritschler, T.: Ausdauer. Stuttgart; New York 1991.

Vogler, P./Findeisen, D.G.R.: Physiotherapie und Gastroenteron.-Therapiegerichtete Modellbildung in der heutigen Medizin. Leipzig 1964.